Norbert Wieland

Die soziale Seite des Lernens

Norbert Wieland

Die soziale Seite des Lernens

Positionsbestimmung
von Schulsozialarbeit

VS VERLAG FÜR SOZIALWISSENSCHAFTEN

Bibliografische Information der Deutschen Nationalbibliothek
Die Deutsche Nationalbibliothek verzeichnet diese Publikation in der
Deutschen Nationalbibliografie; detaillierte bibliografische Daten sind im Internet über
<http://dnb.d-nb.de> abrufbar.

1. Auflage 2010

Alle Rechte vorbehalten
© VS Verlag für Sozialwissenschaften | GWV Fachverlage GmbH, Wiesbaden 2010

Lektorat: Stefanie Laux

VS Verlag für Sozialwissenschaften ist Teil der Fachverlagsgruppe
Springer Science+Business Media.
www.vs-verlag.de

Umschlaggestaltung: KünkelLopka Medienentwicklung, Heidelberg
Druck und buchbinderische Verarbeitung: Ten Brink, Meppel
Gedruckt auf säurefreiem und chlorfrei gebleichtem Papier
Printed in the Netherlands

ISBN 978-3-531-15496-1

Inhalt

Zweiter Teil
Die soziale Seite des Lernens

Dritter Teil
Positionsbestimmung von Schulsozialarbeit

1. Grundgedanken und Übersicht

Nach einer langen Pause ist Schulsozialarbeit seit den 90iger Jahren wieder stärker ins Bewusstsein der Öffentlichkeit gedrungen als eine Möglichkeit, auf Probleme von Schule zu antworten. Dieses neu erwachte Interesse hat allerdings eine Nebenwirkung: es wird sichtbar, dass es zwar an vielen Orten Konzepte gibt, bei denen Schulsozialarbeit eine Rolle spielt. Es gibt aber kein Konzept von Schulsozialarbeit insgesamt. Es fehlt eine grundlegende Positionsbestimmung für diesen Bereich Sozialer Arbeit.

1.1 Eine Bestimmung der Problemlage ...

Schule wurde und wird vornehmlich von LehrerInnen und SchülerInnen, Eltern und der Schulverwaltung bzw. -politik gemacht. Neben diesen Akteuren leisteten allerdings immer schon andere Berufsgruppen, w. z. B. die Schulschwester, ErzieherInnen, KünstlerInnen, SchulpsychologInnen und seit den siebziger Jahren auch SozialpädagogInnen ihren Beitrag zum Gelingen von Schule.

In den letzten 15 Jahren intensivierte sich der öffentlichen Diskurs über die Organisation Schule und ihre Leistungsfähigkeit enorm, angetrieben von immer neuen Schreckensmeldungen über Gewalt an Schulen, über den Zusammenbruch des Unterrichts, v.a. aber über das schlechte Abschneiden des deutschen Schulsystems im internationalen Vergleich. Dieser öffentliche Diskurs hat allerdings eines nicht bewirkt: eine gemeinsame Debatte aller Fachleute – von Schülern und Eltern soll an dieser Stelle noch nicht die Rede sein – im Bereich von Schule. Konkret: Es gibt keine Diskussion zwischen Schul- und Sozialpädagogik. Beide führen ihre Diskurse über die Situation des Schulsystems und über Möglichkeiten, den Problemen dort ab zu helfen, strikt getrennt voneinander und beschneiden damit viele ihrer Möglichkeiten. Die Gründe dafür lassen sich bei beiden Seiten finden.

SozialpädagogInnen brachten im Kontext der Bildungsreform in den siebziger Jahren eigene Konzepte von „guter" Schule hervor, auch mit der Absicht, ihren Beitrag als professionelles Handeln aus zu weisen und ihre marginale Position an der Organisation Schule auf zu werten. Es entstand die Vorstellung von Schulsozialarbeit als einem Praxisfeld Sozialer Arbeit (Thimm 2000; Chassé/ Wensierski 2002), genauer: als einem Teilbereich von Jugendhilfe. Deshalb wurde (Homfeldt et al. 1977) und wird (Drilling 2002) die sozialpädagogische Debatte über Schule aus der Perspektive von Jugendhilfe geführt und hat den Charakter einer Kritik von außen: Über alle möglichen Differenzen hinweg sind sich viele AutorInnen einig darüber, dass eine wesentliche Gefahr für Schulsozialarbeit von Schule selbst ausgeht, indem diese das kritische oder hilfreiche Potential von Fachkräften Sozialer Arbeit vernichtet, wenn und insofern sie diese Berufsgruppe ihren Anforderungen unterwirft (Tillmann 1976; Thimm 2000). Folgerichtig bestehen viele AutorInnen auf organisationeller Eigenständigkeit dieser Fachkräfte und sehen Schulsozialarbeit als Jugendhilfe an der Schule (Olk et al. 2000; Drilling 2002). Das hat eine weit reichende Folge: Schülerinnen und Schüler sowie deren Eltern werden nicht als Mitwirkende im System Schule gesehen, sondern als Menschen mit sozialen Problemen. Die SchülerInnen werden zu Jugendlichen, die Schülereltern zu Eltern. Diese Position gibt sich in Abgrenzung von Schule als ganzheitlich aus, blendet aber tatsächlich einen wichtigen Aspekt der Kinder, Jugendlichen und ihrer Eltern aus: Ihren Bezug zur Organisation Schule. Sie behandelt Schule tendenziell als Problemfaktor. Diese Position bringt eine gewisse Schuldistanziertheit von Schulsozialarbeit zum Ausdruck. Sie entspricht Interessen von Jugendhilfeträgern und denen von Schulsozialarbeitern, die als Einzelkämpfer in der Schule nach Bezugspunkten für eine professionelle Identität suchen. Sie entspricht auch den Interessen von SchülerInnen und Eltern an einer Unterstützung von außen gegen die Schule. Zugleich reduziert diese Position die Wirkung, die Schulsozialarbeit als Profession in der Schule entfalten könnte, wenn sie sich als Bestandteil von Schule verstehen und entsprechend agieren würde. Sie blockiert zum einen das Entstehen eines spezifischen Selbstverständnisses von Schulsozialarbeit und wird so zu einem Teil des Problems, das sie lösen wollte. Zum anderen reduziert die Schuldistanziertheit der Schulsozialarbeit deren Interesse und Chancen, mit der Schulpädagogik ins Gespräch zu kommen. Es wird so getan, als gäbe es kein gemeinsames Thema. Schulpädagogik, v. a. aber Didaktik dreht sich vornehmlich um den Unterricht als das Kerngeschäft von Schule. Die Schulsozialarbeit definiert den Unterricht als genuine Aufgabe von Lehrern und blendet ihn als Handlungsgegenstand für sich selbst aus oder definiert ihn sogar als Quelle der Probleme, die sie zu bearbeiten hat (vgl. Olk et al. 2000, Thimm 2000). Überspitzt gesagt: Die Schäden, die schlechter Unterricht anrichtet, muss Schulsozialarbeit wieder beheben.

Lehrer konzipieren Unterricht von seinem Ergebnis her, d.h. vom Wissen her, das die Schüler im Unterricht erwerben sollen (Bromme/Hömberg 1981, Wong 1996). Die Prozessseite des Unterrichts wird reduziert auf die Vermittlung von fachbezogenen Wissensinhalten (Wong 1996), weshalb sich die meisten Lehrerinnen und Lehrer auf die Didaktik als Wissenschaft von ihrem Handeln beziehen. Die Unterrichtsprozesse, die nicht unmittelbar der Wissensvermittlung dienen, werden danach beurteilt, ob sie diese begünstigen oder behindern. Daher sind Schüleraktivitäten, die das Lehren stören, ein Problem, dem das Lehrpersonal in spezifischer Weise hilflos gegenüber steht, weil die Didaktik dafür keine Lösungsansätze liefert.

Zugespitzt gesagt: Solange und weil sich Lehrer für ihr Handeln vornehmlich auf Didaktik beziehen und die soziale Seite des Unterrichts nicht als ihren Handlungsgegenstand definieren, sondern als – letztlich unbeeinflussbare – Bedingung für das Lehren, machen sie sich konzeptionell und praktisch hilflos gegen Unterrichtsprozesse, die die herkömmliche Art von Wissensvermittlung blockieren. Es lassen sich durchaus auch in der Schulpädagogik neue Unterrichtskonzeptionen und Lösungsansätze für diese Unterrichtsprobleme finden (Dreikurs 2003). Die scheinen aber die Schulpraxis wenig zu beeinflussen.

Die vorherrschende Zentrierung auf die Didaktik als Bezugswissenschaft spiegelt zwar die Schwerpunkte der Lehrerausbildung wider, bildet aber keineswegs die Bildungsforschung insgesamt ab, auch und erst recht nicht die Unterrichtsforschung. Diese versteht Unterricht seit langem als Interaktion von Schülern und LehrerInnen (Flanders 1970) und beforscht z. B. sowohl die Folgen von Unterricht für die Identitätsentwicklung der Schüler (Neuenschwander 2001) als auch die Entwicklung der sozialen Kompetenzen von Schülern in der Schule (Krappmann/ Oswald 1995). Sie hat von daher ein Augenmerk auch auf jene sozialen Aspekte in der Schule, innerhalb und außerhalb von Unterricht, die nicht unmittelbar der Vermittlung schulischen Wissens dienen, und geht in dieser Hinsicht weit über die Schulpraxis hinaus. Allerdings beklagen VertreterInnen der Bildungsforschung, ihre Arbeit bleibe bezogen auf die Lehrpraxis relativ wirkungslos (Blömecke et al. 2003, Wong 1996).

In dieser Situation, v.a. unter dem Aspekt der Unterrichtssicherung, sehen einige Lehrer für sich einen Bedarf an zusätzlichen Fachleuten mit „fremden" Qualifikationen, z. B. Bedarf an Fachkräften Sozialer Arbeit. Sie versprechen sich eine Erleichterung der eigenen Arbeit, wenn andere Professionen die Schüler "unterrichtsfähig" machen. Mit diesem Ansinnen treffen sie auf Seiten der Schulsozialarbeit nicht gerade auf Entgegenkommen, vor allem wenn sie dabei ihren eigenen Unterricht nicht zum Thema machen wollen.

So sind beide Professionen in Diskursen mit völlig unterschiedlichen Zentralthemen verankert: Die Schulpädagogik als Diskurssystem für Lehrer dreht sich vornehmlich um die Wissensvermittlung, die Sozialpädagogik als Diskurssystem der Jugendhilfe, dem sich auch die Schulsozialarbeit zurechnet, hat soziale Probleme von Kindern und Jugendlichen im Auge, v.a. insofern sie deren Sozialisation beeinträchtigen. Dabei wird vonseiten der Sozialpädagogik die Schule auch unter dem Gesichtspunkt „Sozialisationsrisiko" betrachtet. Die Schulpädagogik dagegen hat anscheinend wenig Verwendung für die Ansätze der Sozialpädagogik, weil sie schulspezifische soziale Probleme nicht im Blick hat.

1.2 ... und eine viel versprechende Lösung

In dieser Situation hat sich, zumindest im Rahmen einiger Schulprojekte, eine praktische Zusammenarbeit verschiedener Professionen, v.a. zwischen Lehrern und Fachkräften Sozialer Arbeit, entwickelt. Betrachtet man diese Projekte, z.B. im Kontext einer Evaluation, werden dort Vorstellungen davon sichtbar, vor welchen Problemen Schulen als konkrete Organisationen stehen und wie sie dieser Probleme Herr werden können. Die Zusammenarbeit realisiert sich manchmal unter dem Dach von Schule, d.h. die Fachkräfte Sozialer Arbeit sind beim Schulträger angestellt. Manchmal beruht sie auf höchst unterschiedlich verfassten Kooperationsvereinbarungen von einzelnen Schulen und einzelnen freien Trägern der Jugendhilfe. Manchmal finden sich auch umfassende Kooperationsvereinbarungen zwischen Schule und Jugendhilfe vor Ort, in einigen Fällen durch Vereinbarungen auf Landesebene gestützt.

Diese begrüßenswerte Entwicklung wird weder in der Schulpädagogik noch in der Debatte um Schulsozialarbeit umfassend wahrgenommen. Es scheint eine Diskrepanz zu entstehen zwischen einer in Ansätzen multiprofessionellen Praxis in Schulen und einer nach Disziplinen streng geschiedenen Forschung bzw. Theoriedebatte.

Dieser Umstand legt nahe, eine Lösung für die oben beschriebenen Probleme aus der Praxisforschung heraus zu entwickeln, genauer: aus der Forschung über die sich entwickelnde multiprofessionelle Praxis an Schulen.

Eine solche Forschung sollte nicht bei der Evaluation dieser Praxis stehen bleiben in dem Sinne, dass sie „funktionierende" Praxiselemente identifiziert. Sie muss vielmehr die in der Praxis wirksamen Annahmen der Fachleute – und die von SchülerInnen und Eltern – so rekonstruieren, dass von dort aus die Fachdebatten und die dort herrschenden Konzepte befragt und kritisiert werden können.

Ein solcher Weg wird in diesem Buch beschritten: In der Evaluation des „Kooperationsmodells Schule / Jugendhilfe im Südviertel" in Münster zeigte sich

a.   dass die Sicherung des Unterrichts für alle Fachkräfte ein zentrales Anliegen und eine Maßgabe für ihr Handeln war und

b.   dass dabei alle Fachkräfte vornehmlich über die soziale Seite des Unterrichts miteinander verhandelten.

Von dieser gemeinsamen Orientierung ausgehend, bestimmten die verschiedenen Fachleute ihren professionsbezogenen Beitrag durchaus unterschiedlich. Dabei nahmen die Angehörigen der Jugendhilfeorganisationen, die am Modellprojekt beteiligt waren, Jugendhilfe als „außen" wahr, „ihre" Schule aber als „innen". Das schloss nicht aus, dass sie sich gleichzeitig durchaus ihrer Jugendhilfeorganisation zugehörig fühlten.

Dieses Ergebnis lenkt den Blick auf den *Unterricht und andere schulische Lernangebote als eine Interaktion*, d.h. auf die soziale Seite des Lernens. Damit ist in einem ersten Zugriff ein Gegenstandsbereich definiert, den LehrerInnen und Fachkräfte Sozialer Arbeit an der Schule gemeinsam haben. Soziale Prozesse – und also auch die soziale Seite des Lernens – sind Gegenstand Sozialer Arbeit (vgl. 9.1.2); Fachkräfte Sozialer Arbeit haben spezifische Qualifikationen für die Gestaltung sozialer Prozesse generell, wenn auch nicht speziell für die, die Unterricht ausmachen. Unterrichten bedeutet, soziale Prozesse organisieren. Deshalb gehört die Gestaltung sozialer Prozesse im Unterricht sicherlich zu den Kernkompetenzen von Lehrern, auch wenn diese Kompetenz in der Lehrerausbildung keine Rolle spielt und manchem Lehrer, mancher Lehrerin gar nicht so bewusst ist.

Es liegt also nahe, in der sozialen Seite des Lernens ein Thema zu sehen, das Unterrichtsforschung und Sozialpädagogik gemeinsam bearbeiten können und das ein zentraler Bezugspunkt sein kann sowohl für Bemühungen von Praktikern, Unterricht zu sichern und zu verbessern, als auch für eine Positionsbestimmung von Schulsozialarbeit.

1.3 Überblick

Die Argumentation erfolgt insgesamt in drei Schritten, die in den drei Teilen des Buches dargestellt werden.

Nach der Entfaltung des Grundgedankens wird im *ersten Teil* die Evaluation eines Kooperationsmodells von Schule und Jugendhilfe dargestellt.

Dies beginnt mit der Beschreibung des Kooperationsmodells „Schule und Jugendhilfe im Südviertel" (Kapitel 2). Es folgt die Darstellung seiner Evaluation und deren Ergebnisse (Kapitel 3). Dabei stellt sich heraus, dass die Funktionsträger im Kooperationsmodell sich bei ihren Kooperationen vornehmlich auf die soziale Seite des Lernens beziehen.

Die ist deshalb Gegenstand des *zweiten Teils*. Nachdem geklärt ist, was überhaupt unter Lernen verstanden werden soll (4. Kapitel), wird im fünften Kapitel der Begriff „Lernumwelt" eingeführt und damit die soziale Seite des Lernens definiert. Die Darstellung der psychophysischen Voraussetzungen bzw. der subjektiven Seite des Lernens (Kapitel 6) schließt die allgemeine Auseinandersetzung mit dem Thema Lernen ab. Das siebte Kapitel (Schulisches Lernen) bezieht die bis dahin gemachten Aussagen konkret auf Schule.

Im *dritten Teil* wird die eigentliche Aufgabe angegangen und eine Positionsbestimmung von Schulsozialarbeit vorgenommen. Diese beginnt mit einer Reflexion über den Begriff „Schulerfolg", auf den sich die Funktionsträger im Kooperationsmodell als gemeinsames Interaktionsziel bezogen haben (Kapitel 8). Im neunten Kapitel geht es um die inhaltsbezogene Positionsbestimmung: Welchen Beitrag leistet Schulsozialarbeit zur Sicherung bedrohten Schulerfolges? Im zehnten Kapitel wird die Positionsbestimmung von Schulsozialarbeit organisationsbezogen vorgenommen: Welche Rolle spielt Schulsozialarbeit in der Organisation Schule?

Von dieser Argumentation her wird im elften Kapitel die oben skizzierte Debatte über Schulsozialarbeit wieder aufgegriffen und die Frage nach der Kooperation von Schule und Jugendhilfe neu formuliert.

Erster Teil:
Das Kooperationsmodell Schule / Jugendhilfe im Südviertel in Münster und seine Evaluation

Praktisch-empirischer Ausgangspunkt der gesamten Argumentation sind die in einer Evaluation aufbereiteten Erfahrungen aus dem Kooperationsmodell Schule / Jugendhilfe im Südviertel Münsters. Daher wird dieses Kooperationsmodell und seine Evaluation vor Aufnahme der eigentlichen Argumentation ausführlich dargestellt.

2. Ein Kooperationsmodell von Schule und Jugendhilfe

2.1 Die Entstehungsgeschichte des Kooperationsmodells in Münster

Das Südviertel in Münster ist ein innenstadtnaher Bezirk mit einem für die Stadt vergleichsweise hohen Anteil an Menschen mit Migrationshintergrund, Einelternfamilien und armen Familien. Andererseits gibt es Wohnbereiche „gutbürgerlicher" Familien und eine differenzierte Infrastruktur bezogen auf den Einzelhandel. Ein sehr aktives soziales Leben in Kirchengemeinden und verschiedenen Vereinen, d.h. ein vielfältiges bürgerschaftliches Engagement zeichnet den Stadtteil aus. Die Zufriedenheit und die Identifizierung der Bürgerinnen und Bürger mit dem Stadtteil sind hoch.

Seit den siebziger Jahren entstand eine Struktur und Kultur von Kooperation zwischen Trägern sozialer Leistungen (Jugendhilfe und Sozialhilfe), Schulen, Wohnungsbaugesellschaften und Kommunalverwaltung, woraus der „Arbeitskreis Südviertel" hervorging. Dieser Arbeitskreis, an dem VertreterInnen aus o.g. Organisationen beteiligt sind, hat sich die Aufgabe gestellt, aktuelle Probleme im Stadtteil auf zu greifen, zu analysieren und erste Schritte zu ihrer Lösung ein zu leiten.

Im Kontext dieser Aufgabe diskutierte 1998 der Arbeitskreis auf Initiative der Schulen und der Erziehungsberatungsstelle Südviertel die Situation von Haupt- und GrundschülerInnen im Stadtteil. In diesen Organisationen war der Eindruck entstanden, es mehre sich die Zahl der SchulverweigerInnen. Auch war man sich nicht schlüssig, welche Angebote Schulen und Jugendhilfeträger diesen Jungen und Mädchen machen sollten. Ein zu dieser Zeit bestehender gesamtstädtischer Arbeitskreis zum Thema „Schulmüdigkeit" betätigte den Eindruck, die Zahl der Schulverweigerer an Hauptschulen wachse. Der Arbeitskreis Südviertel beauftragte Fachleute aus Schule und Jugendhilfe, hierzu nähere Informationen zu erheben und Vorschläge zur Problemlösung zu erarbeiten. In dem 1999 vorgelegten Bericht wurde darauf hingewiesen, dass nach eigenen Erhebungen nahezu 10 % der HauptschülerInnen schulmüde sind oder die Schule verweigern. Für einen deutlich höheren Anteil war der Schulerfolg im Sinne eines Hauptschulabschlusses gefährdet. Diese Entwicklung fand sich vornehmlich bei Kindern mit Migrations- bzw. Aussiedlungshintergrund bzw. bei Kindern aus armen Familien. Anzeichen dafür waren bereits in der Grundschule erkennbar. Man schlug vor,

- „die vorhandenen, in der Regel einzelfallbezogenen Kooperationen (zwischen Schule und Jugendhilfe – d. A.) auszubauen, d.h. zu institutionalisieren."

- „neue Angebote zu entwickeln, die die Lebenslage von Grund- und Hauptschülern angemessener als bisher berücksichtigen; d.h. Angebote zu entwickeln, die soziale und Leistungsprobleme zugleich bearbeiten"
- „und dabei das Experiment zu wagen, beide Berufsgruppen, Lehrer und Sozialpädagogen gemeinsam, d.h. in einem gemeinsamen Projekt, mit den o.g. Schülergruppen arbeiten zu lassen." (AK Südviertel o.J.: 2f)

Dieser Bericht wurde dem Schul- und dem Jugendhilfeausschuss der Stadt vermittelt. Zugleich bekamen die o.g. Fachleute den Auftrag, eine Konzeption zu entwerfen, auf deren Grundlage erforderliche Mittel zur Umsetzung entsprechender Angebote bei Stadt und Land beantragt werden konnten. Dies geschah noch 1999, indem ein Konzept mit vier Projekten vorgelegt wurde: ein Projekt mit Angeboten an Grundschulen (Baustein 1) und drei Projekte mit Angeboten an der Hauptschule im Südviertel, nämlich Angebote an Schülerinnen und Schüler der Orientierungsstufe (Baustein 2), der Mittelstufe (Baustein 3) und der Abschlussklassen (Baustein 4).

Landesmittel ermöglichten im Sommer 2001 den Start eines Angebots für Schulverweigerer (Mittelstufe der Hauptschule) als Pilotprojekt. Gleichzeitig wurde eine bestehende Kooperation zwischen der Hauptschule und einem Jugendhilfeträger im Sinne des neuen Konzepts verändert, so dass ein Angebot für Schüler der Orientierungsstufe gemacht werden konnte, deren Schulerfolg bzw. Schulintegration gefährdet schienen. Mit dem Schuljahr 2001/02 bewilligte die Kommune umfangreiche Mittel, sodass die drei Projekte realisiert werden konnten, die sich an HauptschülerInnen wandten. Die Kommune band ihre Mittel an die Auflage, das Konzept zunächst im Rahmen eines dreijährigen Modellprojektes zu erproben und diese Probephase durch eine wissenschaftliche Evaluation zu begleiten. Es wurde am Ende des zweiten Jahres ein Zwischenbericht angefordert, um Beratungen über eine Verstetigung des Angebots rechtzeitig auf Evaluationsdaten stützen zu können. Diese erfolgte nach Ablauf der Probephase.

Die Angebote an HauptschülerInnen der Abschlussklassen wurden mit Mitteln aus dem Landesförderprogramm „Betrieb und Schule" BUS) (vgl. LMSWFNRW 2001) und mit Mitteln der „Initiative für Beschäftigung" e.V. realisiert. Die Umsetzung der vorgesehenen Angebote an Grundschulen wurde nicht finanziert und deswegen ausgesetzt.

Mit der Umsetzung der Konzeption entstand aus den Vertretern der beteiligten Träger ein Leitungsgremium für alle drei Bausteine, das sich einen Beirat organisierte, welcher ihm in Fragen der Konzeptentwicklung zur Seite stand.

2.2 Die Konzeption des Modellprojektes

Die ursprüngliche Konzeption wurde von Beginn ihrer Umsetzung an entsprechend den jeweiligen Erfahrungen weiterentwickelt. Daher geben die Aussagen über die Zielgruppen des Modellprojekts, seine Ziele und Maßnahmen in diesem Text den Stand von 2006 wieder.

2.2.1 Zielgruppe(n)

Die in der Konzeption beschriebenen Angebote richteten sich ursprünglich an Schülerinnen und Schüler der Hauptschule im Stadtteil *und* an Grundschüler dort. Aus Gründen der Finanzierung beschränkte man sich auf die Umsetzung der Angebote an HauptschülerInnen. Dennoch waren die Vertreterinnen der Grundschulen bei Arbeitsbesprechungen der Modellprojektträger stets anwesend. Die Konzeption enthielt keine Angebote für SchülerInnen aus Realschulen und Gymnasien, da diese Schulen an der Debatte nicht beteiligt waren.

Angesprochen sind Schülerinnen und Schüler, deren Schulerfolg bedroht ist,

- weil sie massive Lernprobleme haben und folglich Schulleistungsdefizite aufweisen, die ohne zusätzliche Hilfe nicht zu bewältigen sind
- weil sie sich sozial nicht in die Schule integrieren und deshalb den Schulablauf massiv stören und/oder sich Schule entziehen.

Dabei werden folgende Differenzierungen vorgenommen:

- SchülerInnen der Eingangsstufe der Hauptschule, die starke Verhaltensauffälligkeiten zeigen. Sie sind deswegen schlecht in ihre Klasse integriert und auch für die LehrerInnen oft belastend: Sie stören häufig den Unterricht und gehören eher selten zu den guten Schülern, d.h. sie haben Leistungs- und Sozialprobleme gleichermaßen. Es wird angenommen, dass diese SchülerInnen sich weniger als andere in der Lage sehen, im Rahmen von Schule für sie wichtige Bedürfnisse umzusetzen. Um die fehlende Kontrolle über ihr Leben (vgl. Flammer 1990) doch noch zu erlangen, wird der schulische Rahmen attackiert. Für sie ist der Baustein 2 „UVAS (Präventive Jugendhilfe: Unterstützung für verhaltensauffällige Schüler)" vorgesehen (vgl. UVAS o.J.; AK Südviertel o.J.)
- SchülerInnen der Mittelstufe (Klasse 7 und 8), die im jeweils vergangenen Schuljahr mehr als 50% des Unterrichts versäumt haben oder in diesem Jahr durchgehend 3 Monate der Schule ferngeblieben sind. Diese SchülerInnen haben massivste Schulleistungsprobleme, d.h. sie entsprechen in keiner Weise ihrer Altersnorm und gehen auch niedrigen Leistungsanforderungen aus dem Weg, um die erwarteten Misserfolge zu vermeiden; sie sind nicht in der Lage,

einen in der Regelschule üblichen Schultag von seiner Dauer her zu bewältigen, und reagieren, wenn sich ein Misserfolg abzeichnet, extrem frustriert. Da sich Misserfolge häufen, steigert sich auch die Frustration. Es kommen schwere soziale Probleme im Schulkontext hinzu, oft aufgrund von Ausgrenzungserfahrungen, was ihnen die Integration auch in kleine Lerngruppen schwer macht. Und schließlich entstammen viele von ihnen einem sehr problembelasteten familiären Hintergrund, wo es den Eltern nicht nur misslingt, für den Schulerfolg ihrer Kinder hinreichend Sorge zu tragen, sondern auch ihre Versorgung überhaupt sicher zu stellen. Sie können die „ProB-Klasse" (Baustein 3) besuchen (vgl. AK Südviertel o.J.).

▪ SchülerInnen der Abschlussklasse, deren Hauptschulabschluss gefährdet ist. Die Probleme dieser Gruppe ähneln z.T. denen, für die ProB eingerichtet ist. Sie stehen aber zudem am Ende ihrer Schulpflicht, d.h. die Frage der weiteren Ausbildungs- und Lebensperspektiven steht für sie deutlich und unabweisbar im Vordergrund. Für sie ist das „BUS-Projekt der Geistschule Münster" (Baustein 4) eingerichtet worden (AK Südviertel o.J.; BUS-Projekt o.J.; LMSW FNRW 2001).

2.2.2 Zielsetzung

Die Konzeption folgt der generellen Zielsetzung, den bedrohten Schulerfolg der Zielgruppe zu sichern, und definiert für jeden Baustein entsprechende Teilziele. Um die generelle Zielsetzung umsetzen zu können, soll das Gesamtmodell die Kooperation zwischen Schule und Jugendhilfe weiterentwickeln. Dies geschieht vor allem, indem in allen drei Bausteinen Fachleute aus der Schule (LehrerInnen) und der Jugendhilfe (SozialpädagogInnen) miteinander kooperieren. Jeder Baustein ist für sich genommen daher ein Kooperationsunternehmen.

Zum anderen sollen Kooperationen nach außen, zu Einrichtungen der Jugendhilfe, zu anderen Schulen usw. ausgebaut werden. Dies findet sich in den spezifischen Zielen der einzelnen Bausteine und den Bestimmungen für den Projektrahmen wieder.

2.2.3 Rahmenstruktur des Kooperationsmodells

Für den Rahmen des Kooperationsmodells sind fünf Ziele festgelegt:

▪ Die *Sicherung einer arbeitsfähigen Gesamtstruktur* des Projektmodells soll durch regelmäßige Besprechungen der beteiligten Träger gewährleistet werden.

▪ Der *Aufbau kooperativer Strukturen zu Trägern im Südviertel, bzw. zur Kommunalverwaltung* wird auf verschiedenen Ebenen realisiert. U.a. sind VertreterInnen von Schul- und Jugendamt an Trägerbesprechungen beteiligt, die Schulpsychologie sichert Supervisionen und Beratungen ab. Die Kontakte zu anderen Haupt-schulen nimmt der Schulleiter auf den kommunalen Schulleiterkonferenzen wahr.

- Die Qualitätssicherung durch *Mitarbeiterqualifizierung und den Aufbau von Team-strukturen* erfolgt durch gemeinsame Workshops für alle ProjektmitarbeiterIn-nen sowie für einzelne Bausteine bei Bedarf.

- *Die wissenschaftliche Begleitung* ist durch eine Evaluation des Modellprojekts über die ersten drei Jahre gesichert.

- Die *finanzielle Absicherung* wird durch gemeinsame Verhandlungen mit der Stadt Münster und die koordinierte Beantragung weiterer Mittel gewährleistet.

Die Umsetzung dieser Ziele liegt in erster Linie bei den Trägervertretern, das sind der Leiter der Hauptschule, ein Mitarbeiter der Erziehungsberatungsstelle Südviertel in freier Trägerschaft und ein Mitarbeiter des Diakonischen Werks Münster. Dabei steht ihnen ein Beirat aus insgesamt acht Personen zur Seite mit VertreterInnen der an der Konzeptentwicklung beteiligten Grundschulen, aus der kommunalen Schul-und Jugendverwaltung, der Schulpsychologischen Beratungsstelle und der Fach-hochschule Münster. Meist nehmen auch MitarbeiterInnen der Projekte an den Sitzungen teil.

2.2.4 Baustein 2: UVAS (Unterstützung für verhaltensauffällige Schüler)

Die ursprüngliche, stark von Vorstellungen der Jugendarbeit geprägte Konzeption dieses Bausteines wurde überarbeitet und dabei stärker auf schulische Belange be-zogen (siehe AK Südviertel o.J. und UVAS o.J.). Dies entsprach den Anliegen der Lehrerschaft sowie der SchülerInnen und ihrer Eltern.

Das Kernziel des Bausteins ist die Förderung der kommunikativen Kompetenz der betreffenden SchülerInnen so, dass diese die Überzeugung gewinnen können, sich selbst und ihre schulische Umgebung ihren Bedürfnissen entsprechend beein-flussen zu können. D.h. die Kontrollüberzeugung (vgl. Flammer 1990) der Schüle-rInnen soll gestärkt werden. Damit werden die sozialen Aspekte der Schülerprob-lematik zum Hauptgegenstand. Leistungsdefizite rücken dagegen in den Hinter-grund.

Die Förderung kommunikativer Kompetenz bestimmt die Einzelarbeit mit verhaltensauffälligen SchülerInnen und wird zugleich auf Klassenebene durch Klas-senräte umgesetzt. Diese fördern die kommunikative Kompetenz aller SchülerIn-nen. Davon haben die „verhaltensauffälligen" SchülerInnen in der Klasse zum einen direkten Nutzen, weil auch sie von dieser Förderung profitieren, zum anderen wird ein indirekter Nutzen angestrebt: Die Klasse soll durch die Klassenräte integrationsfähiger werden und einzelne, auffällige MitschülerInnen sozial besser stützen können.

Das Kernziel wird außerdem flankiert

- durch Einzelkontakte zu Eltern und die Moderation der Beziehung zwischen LehrerInnen und Eltern, dort wo das gewünscht wird. Auch dabei sollen die Eltern ihre Kontrollüberzeugung verbessern können, damit sie ihren Beitrag zur Förderung der Schulkarriere ihrer Kinder übernehmen können: Viele Eltern sehen sich nämlich außerstande, auf das schulische Verhalten ihrer Kinder Einfluss zu nehmen und empfinden die entsprechenden Anforderungen seitens der Schule als Überforderung.

- durch die Intensivierung der Kooperation mit den LehrerInnen, die einerseits von einer kollegialen Haltung gegenüber den LehrerInnen getragen ist, andererseits das Ziel verfolgt, Anliegen der LehrerInnen aufzugreifen.

Leistungsbezogene Probleme der SchülerInnen, z.B. Konzentrationsprobleme, die eine Teilnahme am Unterricht erschweren, werden möglichst an Fachkräfte außerhalb der Schule delegiert, da die zeitlichen Ressourcen in UVAS dafür nicht reichen. Dort arbeitet nämlich nur eine sozialpädagogische Fachkraft mit reduzierter Stundenzahl.

Diese Fachkraft wird i.d.R. auf Anfrage von LehrerInnen aktiv, manchmal auch auf die Initiative von SchülerInnen hin.

2.2.5 Baustein 3: ProB-Klasse

Das zentrale Ziel der ProB-Klasse ist die Reintegration der Schulverweigerer in eine Regelschule. Fasst man dieses Ziel eng, so bedeutet es, dass diese Schüler nach dem Schuljahr in der ProB-Klasse dauerhaft eine Klasse einer Regelschule besuchen. Fasst man das Ziel dagegen weiter, geht es darum,

- die Entwicklung zur Schulverweigerung zu stoppen und die SchülerInnen an das ProB-Projekt zu binden, so dass sich dort ihre Anwesenheitsquote steigert.

- eine Motivation zu schulischen Leistungen bzw. eine generelle (evtl. betriebs- oder praxisbezogene) Leistungsbereitschaft zu vermitteln. Dies beinhaltet seitens der SchülerInnen eine Gewöhnung an die Zeitstrukturen und Anforderungen des Schulalltags und eine Aneignung von Erfolg versprechenden Lernstrategien. Dabei steht im Vordergrund, dass leistungsbezogene schulische und praktische Erfolge möglich werden und die SchülerInnen ihre Leistungsvermeidung abbauen können.

- eine soziale Unterrichtsfähigkeit zu entwickeln, d.h. sich an Diskussionen im Unterricht beteiligen zu können, Frustrationen im Unterricht ertragen zu können, ohne den Unterricht zu verlassen, und soziale Konflikte mit Fachkräften und Mitschülern konstruktiv zu lösen.

Da die Schulprobleme vor dem konkreten Lebenshintergrund der SchülerInnen und ihrer Familien gesehen werden, werden auch biografische Themen angesprochen und bearbeitet, soweit es der Rahmen von ProB zulässt.

Im Sinne dieser Zielsetzung weicht ProB in vielerlei Hinsicht erheblich von Regelklassen der Hauptschule ab, wird aber als Erfüllung der Schulpflicht anerkannt.

ProB findet nicht in den Räumen der Schule, sondern in einem Jugendzentrum in der Nähe statt und verfügt dort über ein Klassenzimmer mit Küchenzeile, ein Büro und Zugang zu Werkräumen und einem PC-Pool. Die Arbeit wird von einer Lehrerin mit spezifischer Zusatzausbildung, einem Sozialpädagogen und verschiedenen Honorarkräften, v.a. Studierenden Sozialer Arbeit, geleistet.

Die SchülerInnen kommen aus Hauptschulen im ganzen Stadtgebiet und schließen zum Eintritt in ProB vor Schuljahresbeginn eine Vereinbarung mit den beiden Fachkräften. Dem geht die Einverständniserklärung der Eltern voraus. Das Projekt endet mit dem Schuljahr. Eine Verlängerung ist nicht vorgesehen, wohl aber eine Nachbetreuung, d.h. eine Begleitung in dem neuen Lernumfeld. Es werden maximal 10 Schüler aufgenommen. Das Angebot an die SchülerInnen umfasst fünf Bereiche:

- Unterricht in der Zeit von 8.00 bis 12.00 sowie Förderangebote zwischen 13.00 und 15.00; es gibt eine reduzierte Stundentafel und längere Pausen, als an der Regelschule vorgesehen; es können situationsbedingt Pausen eingelegt werden. Der Unterricht findet – auch wegen der enormen Unterschiede in der Leistungsfähigkeit – eher selten in der gesamten Lerngruppe und häufiger in noch kleineren Einheiten statt.
- Arbeit an einem Werkstück und, bei Bedarf, ein Praktikum in einem Betrieb
- Projektarbeiten im erweiterten schulischen Kontext
- Freizeitangebote, wozu auch eine Klassenfahrt zu Beginn des Projektes und ein allmorgendliches gemeinsames Frühstück gehört
- Einzelgespräche mit den Fachkräften über die aktuelle Situation im Projekt und über allfällige Probleme in der Familie oder mit Peers

Das Angebot umfasst vier, bzw. fünf Phasen:
- eine Aufnahmephase, in der es primär um die erste Kontaktaufnahme zu Schüler und Eltern und eine Vorbereitung auf das Projekt geht. Sie beginnt vor Ab-

lauf des vorangegangenen Schuljahres endet mit Beginn des neuen mit der Aufnahme der Schüler in die ProB-Klasse.

- eine Eingangsphase, in der sich die SchülerInnen aneinander, an die Schule und die Fachkräfte gewöhnen. Es liegt ein Schwerpunkt auf Gruppen bildenden Maßnahmen. Am Ende dieser Phase steht ein individueller Förderplan für jeden Schüler und jede Schülerin auf der Grundlage einer Leistungsdiagnostik.

- eine Stabilisierungsphase, in die auch ein beschreibendes Halbjahreszeugnis und ggfls. ein Betriebspraktikum gehört. Die Arbeit mit dem Werkstück beginnt.

- eine Integrationsphase, in der die weitere Ausbildungsperspektive festgelegt und angegangen wird. Hier müssen sich die SchülerInnen individuell auf die Lernbedingungen der anschließenden Institutionen vorbereiten. Es wird ein benotetes Zeugnis über das Schuljahr vergeben.

- nach Schuljahresende ist u. U. eine Nachbetreuung vorgesehen, um die Integration in den neuen Lernkontext sicher zu stellen.

Die Angebote an die SchülerInnen werden durch Elternarbeit ergänzt. Sie besteht aus Gruppenangeboten an die Eltern, regelmäßigen telefonischen Kontakten und/ oder Hausbesuchen und hat häufig eine Vermittlung zu Angeboten der Jugendhilfe zum Inhalt. Folgerichtig ist die Kooperation mit Fachkräften der Jugendhilfe, das sind Fachkräfte des KSD (Kommunaler Sozialer Dienst) und der Träger erzieherischer Hilfen, ein Bestandteil der Arbeit. Die Kooperation mit den Lehrkräften der Hauptschule kommt hinzu. Da viele ProB-SchülerInnen in die BUS-Klasse wechseln, ist dieser Kontakt besonders eng.

2.2.6 Baustein 4: BUS-Projekt der Geistschule

Die ursprüngliche Konzeption für Angebote an HauptschülerInnen der Abschlussstufe konnte in der beabsichtigten Form nicht umgesetzt werden, da eine entsprechende Finanzierung ausblieb.

Daher bemühte sich die beteiligte Schule erfolgreich, an dem Landesprogramm BUS (Betrieb und Schule) teilzunehmen (LMSWFNRW 2001) und den SchülerInnen, die keine Aussicht haben, den Hauptschulabschluss zu erreichen, in ihrem letzten Pflichtschuljahr Förderpraktika anzubieten. Damit übernahmen die Träger die im Landesprogramm festgeschriebene zentrale Zielsetzung: Die SchülerInnen sollen ausbildungsfähig gemacht werden, ihnen soll eine Ausbildungsstelle vermittelt werden. Dies soll gewährleistet werden dadurch, dass die SchülerInnen neben drei Unterrichtstagen pro Woche an zwei Tagen ein Praktikum in einem Betrieb absolvieren. Dieser Zielsetzung gegenüber wird im Landesprogramm das

Ziel „Hauptschulabschluss" nachrangig behandelt mit dem Hinweis, der Ausbildungsabschluss, d.h. eine erfolgreiche Prüfung vor der Handwerkskammer, beinhalte diesen (LMSWFNRW 2001).

Da viele Praktikumsstellen nicht ausbilden und daher eine Ausbildungsstelle häufig nicht vermittelbar sein dürfte, bleibt der mit Ausbildungsabschluss vergebene Hauptschulabschluss in diesen Fällen aus. Deshalb vollziehen die Träger des Modellprojekts die vom Land vorgegebene Prioritätensetzung nicht nach und rücken die schulleistungsbezogenen Ziele stärker in den Vordergrund. Die SchülerInnen sollen zumindest eine weitere Ausbildungsperspektive entwickeln. Folgerichtig wird der Bewältigung der schulischen Leistungen einiges Gewicht beigemessen und es werden sowohl der erfolgreiche Schulabschluss nach Klasse 9 als auch andere Ausbildungsoptionen als relevante Zielsetzungen festgelegt.

Zudem wird – anders als im Landesprogramm – zusätzlich zur darin vorgesehenen Lehrkraft eine sozialpädagogische Fachkraft eingesetzt. Diese soll eine kontinuierliche sozialpädagogische Begleitung der Schüler und ein Krisenmanagement leisten, durch das einzelne SchülerInnen bei persönlichen Krisen, Konflikten im Betrieb oder in der Schule unterstützt werden sollen. Damit wird die im Landesprogramm eng gefasste Zielsetzung „Ausbildungsplatz" nochmals erweitert um Themen wie Lebensplanung, Berufswahlorientierung und psychosoziale Hilfestellung bei persönlichen schulbezogenen Problemen. Folgerichtig werden die beiden im Landesprogramm vorgesehenen Maßnahmebereiche „Praktikum" und „Unterricht" ergänzt u. a. um Projekttage, eine Klassenfahrt und Einzel- bzw. Gruppengespräche. Elternabende und -gespräche sind gleichfalls vorgesehen (BUS-Projekt o.J.).

2.3 Eine Analyse der Konzeption

Die Weiterentwicklungen der ursprünglichen Konzeption während der Evaluation verweisen auf sechs Entscheidungen, die die Fachleute im Modellprojekt aus ihren praktischen Erfahrungen heraus getroffen haben. Diese Entscheidungen begründen grundlegende Orientierungen, die das Kooperationsmodell in seiner aktuellen Form besonders charakterisieren. Es sind dies:

- die Entscheidung, das Kooperationsmodell von Beginn an gemeinsam zu entwickeln.
- die Entscheidung, bedrohten Schulerfolg multifaktoriell zu erklären.
- die Entscheidung, die Beiträge Sozialer Arbeit weitgehend auf die Anforderungen im Rahmen von Schule zu orientieren.

- die Entscheidung, von Vorgaben der Regelschule systematisch abzuweichen, wenn das im Sinne der Zielgruppe erforderlich scheint
- die Entscheidung, die Kooperation der verschiedenen Berufsgruppen in der Struktur des Modellprojektes zu verankern.
- die Entscheidung, der Kooperation mit den Eltern eine eigenständige Position einzuräumen.

Die sechs Entscheidungen repräsentieren „ein Konzept hinter dem Konzept" und benennen insofern die Kernpunkte, die zu evaluieren sind. Sie spielen deshalb bei dem Vorhaben, aus der Evaluation Anhaltspunkte für eine Positionsbestimmung von Schulsozialarbeit zu gewinnen, eine besondere Rolle.

1. gemeinsame Projektentwicklung

Die Entscheidung, das Modellprojekt gemeinsam zu entwickeln, ergibt sich aus der oben beschriebenen Kooperationsstruktur im Südviertel. Diese ermöglicht zum einen, Bedarfsmeldungen aus Schule und Jugendhilfe frühzeitig miteinander zu verknüpfen. Zudem bietet sie einen erprobten Rahmen für eine gemeinsame Projektentwicklung: Es gibt ein Kooperationsgremium, den AK-Südviertel, das Arbeitsgruppen einzurichten pflegt, wenn umfassende Probleme im Stadtteil zu identifizieren und zu lösen sind. Diese Struktur vor Ort ist in die politischen und die Verwaltungsstrukturen der Kommune insgesamt eingebunden. Problemmeldungen seitens des AK-Südviertel werden von Politik und Verwaltung i. d. R. zur weiteren Bearbeitung aufgegriffen.

Schulprobleme werden in diesem Kontext zu Problemen des gesamten Stadtteils, und es verbietet sich, sie einer einzelnen Organisation, sei es die Schule oder ein Jugendhilfeträger, zu überlassen bzw. auf zu bürden. Das bedeutet für die beteiligten Organisationen, dass sie ihren Auftrag nicht nur im Rahmen ihres Bezugssystems erledigen. Das sind die Schulverwaltung und die organisationsübergreifenden Strukturen der Jugendhilfe. Sie haben vielmehr immer den Stadtteil bzw. die Kooperationspartner dort im Blick. Dies zwingt die getrennt organisierten Bereiche der Kommunalverwaltung zur Kooperation und sei die auch nur auf ein einzelnes Modellprojekt bezogen.

Es wird eine kommunalpolitische Struktur sichtbar, die nicht nur durch die in den Verfassungen vorgesehenen Gremien und Parteien geprägt ist, sondern auch durch selbst initiierte Zusammenschlüsse von sozialen Akteuren (Organisationen) vor Ort.

2. Multifaktorielles Erklärungsmodell für bedrohten Schulerfolg

„Bedrohter Schulerfolg" wurde in den Konzeptdebatten formal bestimmt, nämlich als Gefahr, keinen Schulabschluss zu bekommen. Das Konzeptentwicklungsteam geht von einem multifaktoriellen Erklärungsmodell aus und stellt fest, dass der Schulerfolg durch drei Bedingungskomplexe bedroht sein kann:

- durch die außerschulischen sozialen Verhältnisse, v.a. in der Familie,
- durch die sozialen Verhältnisse in der Schule, z.b. durch Mobbing seitens der Klassenkameraden, aber auch durch Konflikte mit Lehrern,
- durch mangelndes Leistungsvermögen oder -interesse einzelner SchülerInnen bezogen auf Schulleistungen.

Sie gehen also davon aus, dass die Problemlagen der SchülerInnen als Zusammenspiel dieser drei Probleminhalte verstanden werden müssen. Das multifaktorielle Erklärungsmodell ist allerdings nicht ausformuliert, da das genaue Zusammenwirken dieser Bedingungen, bzw. dieser Probleminhalte nicht geklärt ist. Es ist aber dennoch Grundlage der zentralen Vorgaben des Konzepts und insofern handlungsleitend. Es werden Veränderungen von Schulstruktur festgeschrieben w.z.B. ein außerschulischer Lernort für ProB, die Implementierung von Förderpraktika beim BUS-Projekt oder Projekte anstelle von Unterricht bei UVAS. Dies dürfte v.a. schulische soziale Verhältnisse beeinflussen. Es sollen spezifische Wissensvermittlungsmethoden für diese Zielgruppe entwickelt werden (vgl. AK-Südviertel o.J.: 12), wodurch mangelndes Leistungsvermögen und v.a. geringe Schulleistungsmotivation kompensiert werden können. Und schließlich werden Angebote gemacht zur Bearbeitung konkreter sozialer Probleme in der Schule (vgl. Ak-Südviertel o.J.: 13/14 und 18), bzw. es werden SchülerInnen mit massiven familiären Problemen an Jugendhilfe verwiesen. Letzteres öffnet den Weg zur Veränderung außerschulischer sozialer Verhältnisse.

3. Konzentration auf schulbezogene Probleme

Mit Ausnahme von Baustein 2 (UVAS) verfolgen im ursprünglichen Konzept alle anderen Teilprojekte konsequent nur das Ziel, bedrohten Schulerfolg zu sichern, d.h. es geht um die soziale Integration in die Schule und um die Schulleistungen. Die Bearbeitung der außerschulischen sozialen bzw. biografischen Probleme tritt in den Hintergrund bzw. wird nur relevant, wenn diese Probleme konkret im Schulalltag auftauchen. So heißt es für Baustein 1 (Ak-Südviertel o.J. : 7) „Die sozialpädagogische Fachkraft leistet Krisenhilfe und keine längerfristige Einzelfallhilfe." Weder bei den Zielen, noch den Maßnahmen von ProB und BUS-Projekt werden außerschulische soziale Probleme benannt. Wenn daher von der Arbeit mit psychosozialen Problemen die Rede ist, kann sich das nur auf psychosoziale Probleme in der Schule beziehen (Ak-Südviertel o.J. S. 14 und 19). Allfällige Probleme in der Familie bzw. im außerschulischen Freizeitbereich werden als Aufgabe von Jugendhilfe verstanden; an deren Fachkräfte wird vermittelt, wenn derartige Probleme im Schulalltag sichtbar werden (Ak-Südviertel,: 14 und 19). Diese Vermittlungsaufgabe wird in späteren Konzeptversionen, z.B. zur ProB-Klasse als Aspekt der Elternarbeit genauer ausgeführt.

Nur Baustein 2 enthält Zielvorgaben, die sich auf außerschulische Bereiche beziehen (Ak-Südviertel o.J.:8) und Maßnahmenbeschreibungen, die eine Nähe zur offenen Jugendarbeit haben: Freizeitangebote mit der allgemeinen Zielsetzung „Selbstbild und Soziale Kompetenz (Ak-Südviertel o.J.: 9) und „Thematische Veranstaltungen", die inhaltlich nicht näher bestimmt sind (Ak-Südviertel o.J. : 10). Dies ändert sich in der Konzeptfortschreibung: Die Freizeitangebote und die Thematischen Veranstaltungen entfallen, die Zielsetzung wird explizit auf schulische Integration ausgerichtet.

Diese Orientierung auf Schulprobleme enthält eine Vorstellung von der Arbeitsteilung zwischen Schule und Jugendhilfe und ordnet das Kooperationsmodell deutlich dem Bereich Schule zu.

4. Abweichungen von der Regelschule

Im Konzept werden v. a. zwei Abweichungen von Vorschriften der Regelschule festgelegt: die reduzierte Stundentafel und eine vom Üblichen abweichende Zeitstruktur. Diese Festlegungen bedienen die eingeschränkte Leistungsfähigkeit und -motivation der Schüler und machen einen entscheidenden Grundsatz deutlich: die Vorschriften der Regelschule werden den Bedürfnissen und Leistungsvoraussetzungen der SchülerInnen offiziell, d.h. in Absprache mit vorgesetzten Schulbehörden, nachgeordnet. Die darin enthaltene Kritik an der Regelschule wird aber nicht nur nicht expliziert, sondern entschärft: Das Leitziel der Modellprojektes bleibt die Integration in die Regelschule. Damit ist der Konflikt zwischen den subjektiven Voraussetzungen der SchülerInnen und den Vorgaben der Regelschule, der die Abweichungen von Regelschulnormen motiviert hat, letztlich doch konserviert. Das scheinen die AutorInnen des Konzeptes bemerkt zu haben, wie das Beispiel ProB zeigt: Sie schließen zwar eine Verlängerung des ProB-Projekts über ein Schuljahr hinaus aus, versuchen aber durch Nachsorge das erwartete Problem zu mildern (vgl. Ak-Südviertel o.J.: 14).

5. Kooperation verschiedener Berufsgruppen (Professionen)

Der Kooperation verschiedener Berufgruppen wird im Konzept eine große Bedeutung zugeschrieben. Daher wird sie in ProB und im BUS-Projekt als Strukturelement festgeschrieben und nicht als Ziel benannt: in beiden Projekten arbeiten LehrerInnen und Fachkräfte Sozialer Arbeit zusammen, bilden ein Team (Ak-Südviertel o.J.: 14 und 19). Damit tritt die Tatsache in den Hintergrund, dass die verschiedenen Fachkräfte zu verschiedenen Organisationen, ja Organisationssystemen gehören. In den Vordergrund treten Fragen der konkreten Kooperation verschiedener Professionen im Kontext einer konkreten Organisation. Das sind Fragen nach der Arbeitsteilung im Projekt sowie nach der beruflichen Identität unter der Bedingung einer derart engen Zusammenarbeit.

6. Elternarbeit

Der Elternarbeit wird im ursprünglichen Konzept nur eine randständige Position eingeräumt: Baustein 1 sieht sie gar nicht vor, Baustein 2 nennt die Eltern als mögliche Adressaten für thematische Veranstaltungen (Ak-Südviertel o.J.: 10). ProB und das BUS-Projekt erwähnen den Kontakt zu den Eltern nur kurz; im Bus-Projektkonzept heißt es sogar „Die Fachkräfte nehmen Kontakt zu den Eltern auf mit dem Ziel, Mitarbeit oder zumindest Duldung hinsichtlich der Maßnahme zu erreichen."(AK-Südviertel o.J.: 18).

Dies ändert sich in den Fortschreibungen des Konzeptes; es werden genauere Vorstellungen zur Elternarbeit entwickelt. Aus „Kontaktaufnahme" wird Zusammenarbeit, die seitens der Fachkräfte das Ziel verfolgt, den Eltern zu helfen, ihren Einfluss auf ihre Kinder und v.a. deren Schulbesuch wieder zu gewinnen oder zu verstärken.

Diese sechs in der aktuellen Konzeption enthaltenen Entscheidungen haben die Dynamik der Weiterentwicklung dieses Konzepts wesentlich bestimmt und verweisen auf wichtige Elemente der Arbeit im Umfeld gefährdeten Schulerfolgs. Sie eröffnen ein Themenfeld, das sich in der Evaluation des Modellprojekts spiegeln müsste und aus dem sich für eine Positionsbestimmung von Schulsozialarbeit wichtige Anknüpfungspunkte gewinnen lassen.

Die Frage, ob diese Entscheidungen richtig waren, d.h. ob sie eine erfolgreiche Praxis begründeten, ist natürlich für die Akteure interessant. Deshalb wurde eine externe Überprüfung des Erfolgs im Rahmen einer wissenschaftlichen Begleitung im Konzept festgeschrieben. Damit befolgten die Träger einen seit einigen Jahren etablierten Standard und machten Evaluation zu einem Konzeptbestandteil (vgl. v. Spiegel 2000, Burkhard/Eikenbusch 2000, Böttcher et al. 2006). Die Selbstverpflichtung, nach dem Ablauf von drei Erprobungsjahren eine wissenschaftliche Evaluation vorzulegen, sollte außerdem das Kooperationsmodell über diese Probephase hinaus finanziell absichern.

3. Die Evaluation des Kooperationsmodells

Die Evaluation des Kooperationsmodells folgt einer bestimmten Konzeption, die auf der Annahme beruht, dass das Kooperationsmodell eine Dienstleistung ist, die die Schüler bzw. ihre Eltern nutzen (3.1). Dieser Annahme entsprechend wurde die Konzeption als formative Evaluation umgesetzt (3.2) und brachte als Ergebnis zum einen die Überprüfung der Konzeptziele (3.3.1), zum anderen Annahmen der verschiedenen Beteiligten (Akteursgruppen) hervor darüber, welches Problem mit welchen Maßnahmen erfolgreich oder erfolglos angegangen wurde (3.3.2).

3.1. Die Evaluationskonzeption

Es mag ungewöhnlich sein, Schule als eine Dienstleistungsorganisation zu verstehen, LehrerInnen und die anderen Funktionsträger dieser Organisation als Dienstleistende. Die SchülerInnen werden über eine solche Sicht wahrscheinlich verwundert sein, da sie sich nicht als Nutznießer einer Dienstleistung fühlen. Für sie steht im Vordergrund, dass sie die Schule besuchen *müssen* und dass ihnen dort Anforderungen begegnen, die sie zu bewältigen haben.

Dennoch ist dieses aus theoretischen Erwägungen entstandene Verständnis von Schule korrekt, denn Schule ist eine Organisation, deren Legitimation sich u.a. aus ihrer Funktion herleitet (vgl Kapitel 8; Vogel 2006), Bildung und/oder berufliche Qualifikationen zu vermitteln. Dies zu tun, erfüllt die Kriterien für Dienstleistungen völlig. Die FunktionsträgerInnen von Schule sind FunktionsträgerInnen nur deshalb, weil und wenn sie im weitesten Sinne Bildung bzw. Qualifikationen vermitteln. SchülerInnen und ihre Eltern sind NutzerInnen dieser Dienstleistungen, wenn und weil die SchülerInnen dort Bildung bzw. berufliche Qualifikationen erwerben. D. h.: wenn SchülerInnen lernen, nutzen sie die Dienstleistung von Schule. Es spielt also keine Rolle, ob Schule als Dienstleistungsorganisation gesehen wird, ob z. B. SchülerInnen sich als Nutzer von Schule fühlen (vgl. aber 9.2). Wichtig ist, ob sie einen Nutzen aus der Dienstleistung ziehen, bzw. welchen Nutzen sie ziehen. Dieser Gedanke hat weit reichende Folgen für die Evaluation von Organisationen, die Dienstleistungen erbringen.

Evaluationen sind Bewertungen und damit kriteriumsabhängig. Ob eine Handlung oder Interaktion erfolgreich ist, bemisst sich für den Akteur nur an ihrem Ziel (v. Spiegel 2000). Organisationen bzw. ihre Teilbereiche werden in Evaluationen gewöhnlich als Akteure gesehen und danach bewertet (evaluiert), ob bzw. wie weit sie das Organisationsziel erreichen (Burkard / Eikenbusch 2000). Der Erfolg von Schule bemisst sich an den Kompetenzen (vgl. 4.2), die Schüler dort erwerben konnten. Das ist z. B. das Prinzip der PISA-Studie (Baumert et al. 2001, Prenzel et al. 2004, Walter 2008).

Führt man die Kategorie des Nutzens als Evaluationskriterium ein, so wird dieses Prinzip fragwürdig. Denn der Nutzen einer Dienstleistung für den Dienstleistungsempfänger ergibt sich nicht danach, ob damit ein Organisationsziel erreicht wird, ob sie das bewirkt, was sie *im Sinne der Organisation* bewirken soll. Es geht vielmehr darum, welchen Nutzen ein Dienstleistungsempfänger aus der Dienstleistung zieht und der ist

- eine kreative Leistung der Nutzer (vgl. Oelerich / Schaarschuch 2005). Die Nutzer gewinnen ihren Nutzen aus der Interaktion mit den FunktionsträgerInnen. Dabei können sie sich dem Organisationsziel unterordnen. In dem Fall entspricht ihr Nutzen dem, was seitens der Organisation vorgesehen ist. Sie können aber auch einen Nutzen erzielen, der so nicht vorgesehen ist, der vielleicht sogar dem Organisationsziel widerspricht. SchülerInnen lernen im Unterricht z. B. auch, Unaufmerksamkeit zu kaschieren (vgl. Breidenstein 2006). Diese Kompetenz gehört sicher nicht zu den offiziellen Bildungs- und Qualifikationszielen von Schule.

- nur subjektgebunden zu bestimmen Es gibt so viele verschiedene Nutzen wie Nutzer. Eine Evaluation, die den Nutzen von Dienstleistungen erfassen will muss deshalb perspektivverschränkend angelegt sein.

Mit dem Begriff des Nutzens rücken die NutzerInnen einer Dienstleistung gegenüber der Organisation in den Vordergrund. Eine Evaluation kann sich dann nicht mehr nur auf die Organisationsziele als Kriterien beziehen, sondern muss den Nutzen der Dienstleistung konkret erfassen. Das leistet das Verfahren der perspektivverschränkenden Evaluation. Denn es erfasst neben dem Nutzen einer Dienstleistung auch, inwieweit die Dienstleistung organisationellen Vorgaben entspricht und inwieweit persönliche Interessen der Funktionsträger darin zum Zuge kommen. Perspektivverschränkende Evaluationen müssen drei Arten von Perspektiven mit einander in Beziehung setzen

a. die Perspektive der Organisation
Diese entspricht dem Organisationsziel, und das findet sich i. d. R. im schriftlich fixierten Konzept. Im Falle des Kooperationsmodells ist das die Modellkonzeption, die unter Kapitel 2 dargestellt worden ist.
Es ist Aufgabe der Funktionsträger, das Organisationsziel zu realisieren.

b. die Perspektiven der unterschiedlichen Nutzer
Die lassen sich nach den Zielen bestimmen, welche die NutzerInnen in der Interaktion mit den Funktionsträgerinnen verfolgen. Diese sind zwar grund-

sätzlich individuell, aber bei bestimmten Gruppen von NutzerInnen finden sich häufig ähnliche Ziele, die die Gruppeninteressen reflektieren. Es gibt Ziele, die die meisten SchülerInnen verfolgen, Ziele, die Eltern i. d. R. wichtig sind.

c. die persönlichen Perspektiven der FunktionsträgerInnen
Die FunktionsträgerInnen müssen natürlich zunächst das Organisationsziel verfolgen. Sie sind es, die das Organisationsziel gegenüber den anderen Akteuren repräsentieren (s.o.). Sie sind aber auch Menschen mit je persönlichen Interessen. Deshalb spielen ihre persönlichen Ziele eine Rolle bei ihren Interaktionsbeiträgen und konstituieren eine eigene Perspektive.

Diese drei Perspektiven reflektieren die Struktur organisationsgebundener Interaktionen (vgl. S. 79f) und machen deutlich, dass

▪ sich in Organisationen NutzerInnen und FunktionsträgerInnen gegenüberstehen

▪ die FunktionsträgerInnen potentiell Zielkonflikten ausgesetzt sind, und zwar zwischen den Organisationszielen, die sie qua Funktionsträgerschaft zu vertreten haben, und ihren persönlichen Zielen in diesem Kontext.

Das Verfahren der perspektivverschränkenden Evaluation ermöglicht insofern eine kritische Bewertung von Konzept und Praxis einer Dienstleistung. Dabei sind zwei Aspekte von besonderem Interesse:

a. Vergleicht man die Handlungsziele verschiedener Akteure mit den „offiziellen" Erfolgskriterien, also mit den Konzeptzielen, bzw. dem Organisationszweck, so zeigt sich, inwieweit die FunktionsträgerInnen und v.a die NutzerInnen die Konzeptziele als Handlungsziele übernommen bzw. ignoriert haben. D.h. es wird die *Umsetzung dieser Konzeptziele* geprüft. Dies verweist auf evtl. Konflikte zwischen den NutzerInnen, bzw. den FunktionsträgerInnen und der Organisation. Das ergibt Hinweise auf die Qualität der Organisation für NutzerInnen und FunktionsträgerInnen.

b. Vergleicht man die Handlungsziele verschiedener Akteure, ergeben sich Hinweise auf die Qualität der Interaktionen, also darauf ob die Interaktionsziele die Bedürfnisse aller Beteiligten hinreichend repräsentieren. Auf diese Weise können relevante Interessenkonflikte zwischen den Akteursgruppen „Nutzer" und „Funktionsträger" ebenso wie Konflikte innerhalb der Akteursgruppen sichtbar werden.

Die Ergebnisse einer perspektivverschränkenden Evaluation bilden folglich das Gesamt der Interessen ab, die in einer Organisation im Kontext bestimmter Dienstleistungen wirksam werden und zu bestimmten Bewertungen anderer Akteure bzw. der Organisation als solcher führen.

Die Bewertung von Dienstleistungen ist mit u.U. erheblichen Konflikten verbunden (Burkard / Eikenbusch 2000). In einer perspektivverschränkenden Evaluation werden diese Konflikte besonders deutlich sichtbar, und es stellt sich die Frage, wie damit bei der Anlage der Evaluation, v.a. bei der Präsentation der Ergebnisse, umzugehen ist. Bei der Beantwortung dieser Frage sind zwei Maßgaben zentral:

a. Man muss perspektivverschränkende Evaluation als einen sozialen Prozess sehen, der sehr konfliktträchtig sein kann und der deshalb wie ein Verfahren der Organisationsberatung (Wöhler 1978, Selvini-Palazzoli 1984) behandelt werden und entsprechend sorgfältig moderiert werden sollte. Dies lässt sich prinzipiell auch dann verwirklichen, wenn die Evaluation von einer Akteursgruppe aus der Organisation vorgenommen wird (vgl. Burkard / Eikenbusch 2000). Es dürfte aber einiges dafür sprechen, eine perspektivverschränkende Evaluation durch unbeteiligte Dritte durchführen zu lassen, also durch Fachkräfte, die in der Organisation keine eigenen Interessen vertreten, eben externe OrganisationsberaterInnen.

Ein Nebenaspekt dieser ersten zentralen Maßgabe ist es, dem Evaluationsauftrag besonderes Augenmerk zu schenken (Selvini-Palazzoli 1984). Dabei geht es nicht nur um die Frage, wer diesen Auftrag aus welchen Interessen heraus erteilt, sondern um mindestens zwei weitere Punkte:

Im Auftrag muss festgelegt werden, wie der Evaluationsprozess als sozialer Prozess gestaltet werden soll. V. a. muss die Frage geklärt werden, wer wie über die Ergebnisse informiert wird und damit die Möglichkeit hat, sie zu nutzen. Das Konzept von der perspektivverschränkenden Evaluation legt es nahe, alle an der Evaluation beteiligten Akteure auch bei der Veröffentlichung und Diskussion der Ergebnisse einzubinden. Das ist organisatorisch jedoch aufwändig. Leider ist es weitgehend unüblich, die NutzerInnen an der Diskussion über die Nutzung von Evaluationsergebnissen zu beteiligen. Damit vergibt man wichtige Chancen einer Evaluation.

Im Auftrag muss festgelegt werden, welche Akteursgruppen überhaupt in die Evaluation einbezogen werden sollen, so dass ihre Bewertungen Eingang finden. Schließlich werden nicht sämtliche Interaktionsbeiträge als wichtig für das Zustandekommen einer Dienstleistung erachtet: Reinigungskräfte werden z.B. kaum je bei einer Evaluation von Unterricht einbezogen werden; aber auch die vorgesetzten Schulbehörden nehmen eher selten an solchen Evaluationen teil.

Der besondere Nutzen perspektivverschränkender Evaluation liegt allerdings darin, dass alle Akteure bzw. Akteursgruppen gleichermaßen zu Wort kommen. Dieser Vorteil wird verschenkt, wenn die Aussagen einer Gruppe unterdrückt werden.

b. Man muss in der Anlage der Evaluation allen Aussagen, gleichgültig, wer sie macht, das gleiche Gewicht beimessen. Man muss sie im Sinne Rogers (1972) gleichermaßen wertschätzen, bzw. im Sinne systemischen Arbeitens Allparteilichkeit praktizieren.

Dieser Maßgabe kommt es entgegen, wenn perspektivverschränkende Evaluation als wissenschaftliche Erfolgsmessung angelegt wird, da diese dem Erfordernis der Objektivität verpflichtet ist und schon dadurch die Evaluationsfachkräfte angehalten sind, alle Aussagen gleichermaßen als Daten zu behandeln, d.h. sie nach wissenschaftlichen Kriterien zu erheben und zu verarbeiten, keine Aussage vor dem Hintergrund besonderer Interessen zu unterdrücken. Ein Rekurs auf das Gebot der Objektivität mag überdies die Evaluationsfachkräfte dabei stützen, gegenüber den Interessen verschiedener Akteursgruppen die erforderliche Neutralität zu wahren.

3.2 Evaluation des Kooperationsmodells Schule / Jugendhilfe im Südviertel

1. Der Evaluationsauftrag
    Der Evaluationsauftrag ergab sich vornehmlich aus der Auflage der Stadt, den dreijährigen Probelauf des Kooperationsmodells wissenschaftlich zu begleiten und den Erfolg zu prüfen. Das Gremium der Trägervertreter entschied, nicht nur die beiden von der Kommune finanzierten Bausteine, UVAS und ProB, in diese wissenschaftliche Begleitung einzubeziehen, sondern auch das BUS-Projekt. Der Auftrag erging zunächst unspezifisch, das daraufhin vorgelegte Evaluationskonzept wurde von den Trägervertretern und dem Projektbeirat samt Evaluationsziel akzeptiert. Dieses enthält zwei Aspekte: Sind die Vorgaben der Konzeption verwirklicht worden? Und: Welchen Nutzen ziehen SchülerInnen und Eltern aus den Angeboten, Die perspektivverschränkende formative Anlage der Evaluation wurde gleichfalls angenommen.
    Es wurde dort zudem entschieden, dass der Verlauf der Evaluation in unregelmäßigen Abständen Gegenstand von Sitzungen des Gremiums der Trägervertreter sein sollte. Damit sollte die Möglichkeit ausgeschöpft werden, auch Zwischenergebnisse den beteiligten Fachkräften zu vermitteln, um bei eventuellen Problemen zeitnah reagieren zu können. Es wurde zudem entschieden,

dass die Vermittlung der Evaluationsergebnisse an die weitere Öffentlichkeit dem Leitungsgremium und dem Beirat obliegt.

2. Die Datenerhebung
Die Evaluation stützte sich:

- auf Dokumentationen der Arbeit in den einzelnen Projekten
Das waren Jahresberichte bzw. Verwendungsnachweise, wie sie die Kommunalverwaltung zur Kontrolle der Arbeit einfordert, Zeugnisnoten und Sozialdaten von SchülerInnen, die Erfassung entschuldigten und unentschuldigten Fehlens, Berichte über einzelne SchülerInnen, Berichte von Praktikumsstellen u.ä., d.h. all jene Informationen, die brauchbar waren für eine Entscheidung darüber, ob bzw. in welchem Umfang ein Konzeptziel erreicht worden ist.

- auf semistrukturierte Interviews (Mayer 2002, Friebertshäuser / Prengel 2003) mit SchülerInnen und deren Eltern sowie mit Fachkräften.
Es kamen alle Fachkräfte der Projekte, LehrerInnen und SozialpädagogInnen, zu Wort und einzelne LehrerInnen, die zu ihren Erfahrungen mit der Arbeit (bzw. mit den KollegInnen) in den Projekten befragt wurden. Es wurden mehr SchülerInnen als Eltern befragt, aber nur die Eltern, deren Kinder zuvor befragt worden waren. Über diese SchülerInnen wurden die Fachkräfte gesondert befragt, um zu diesen „Fällen" eine vollständige Perspektivverschränkung zwischen Eltern, deren Kindern und Fachleuten zu ermöglichen.
Den InterviewerInnen wurden projektspezifische Gesprächsleitfäden an die Hand gegeben, jeweils für Fachkräfte im Projekt, Fachkräfte außerhalb des Projektes, SchülerInnen und ihre Eltern. Dabei galt die Anweisung, die im Gesprächsleitfaden formulierte Einstiegsfrage im Wortlaut einzusetzen, ansonsten aber dem Erzählfluss der Interviewpartner zu folgen. Erst am Ende des Interviews sollten bislang nicht thematisierte Inhalte aus dem Gesprächsleitfaden explizit nachgefragt werden. Bei Verweigerung sollte nicht weiter insistiert werden, wenn z.B. die Beurteilung eigener Leistungen für einen Schüler oder eine Schülerin offensichtlich schambesetzt war (Friebertshäuser / Prengel 2003).

- auf Fragebögen
a. zur Erfassung des Erfolgs in der Nachsorge zum ProB-Projekt
Es gab eine Fassung für die ehemaligen ProB-SchülerInnen und eine für deren neue KlassenlehrerInnen an der Regelschule (Mayer 2002).
b. an die Trägervertretung zur Umsetzung der Konzeption (Mayer 2002)

3. Die Datenauswertung

Da die quantitativen Daten, w.z.B. Fehlzeiten, Maßnahmeerfolg, Nutzung von Jugendhilfeangeboten i.d.R. Nominalskalenniveau hatten, wurden sie mit einfacher Häufigkeitsstatistik (Krämer 2006, Kriz 1973) ausgewertet. Der Maßnahmeerfolg wurde z.b. für die ProB-Klasse und das BUS-Projekt u.a. daran gemessen, welche weiteren Bildungsmöglichkeiten den SchülerInnen nach dem Jahr in der BUS- bzw. ProB-Klasse offen standen (Wieland o.J.). In den Fällen, in denen Daten aus den Nachsorgefragebögen zur Verfügung standen, konnte die Nachhaltigkeit dieses Erfolgs für ein Jahr eingeschätzt werden.

Die qualitativen Daten, d.h. die Aussagen von Akteuren in den Interviews, wurden interpretativ (vgl. Huber/ Mandl 1982) ausgewertet. Für die Interpretation der Interviews wurde ein Interpretationsleitfaden (Meuser / Nagel 2003) entwickelt, der auf dem Konzept von Meuser/ Nagel (1991) und auf dem Gutachtenverfahren von Wieland et al. (1991:38ff) beruht. So entstanden Gutachten über die Interviews, die zu evaluationsrelevanten Fragen Aussagen machten, das sind Aussagen über die Definition des Problems, die eigenen Absichten, die eigenen Versuche, das Problem absichtsgemäß zu lösen und über die Beurteilung der Handlungsergebnisse. Der Interpretationsleitfaden stützt sich also auf handlungs- bzw. interaktionspsychologische Grundlagen, wie sie unter 3.1. skizziert wurden.

Die Interpretationsergebnisse wurden unter den Interpretierenden diskutiert und den InterviewpartnerInnen vorgelegt; sie wurden also kommunikativ validiert (Wieland et al. 1991: 41ff).

Danach erst wurden zum einen die interpretierten Aussagen der verschiedenen Akteursgruppen, zum anderen die interpretierten Aussagen ausgewählter SchülerInnen, ihrer Eltern und der Fachkräfte über diese SchülerInnen und ihre Eltern zueinander in Beziehung gesetzt. D.h. auf der Grundlage der Interpretationen wurden Interaktionen akteursgruppenspezifisch und einzelfallbezogen, d.h. bezogen auf einzelne SchülerInnen, rekonstruiert. Dabei ging es darum, wie die Akteursgruppen, bzw. einzelne Akteure die Problemlagen und Lösungswege, sowie die Rahmenbedingungen des Projektes und den Erfolg der einzelnen Maßnahmen sehen. Auf diese Weise wurden Konvergenzen und Divergenzen zwischen den Perspektiven der Akteursgruppen und einzelner Akteure sichtbar.

4. Der Evaluationsprozess

Entsprechend dem Evaluationsauftrag (vgl. Burkard / Eikenbusch 2000) hatte die Evaluation einerseits den Charakter einer Erfolgsmessung, zum anderen diente sie der Beratung der Organisation bzw. der Akteure. Diese Beratung fand in zwei Kontexten statt:

- mit Trägervertretern und Beirat
  An diesen Terminen, wo auch die MitarbeiterInnen aus den Projekten anwesend waren, wurden Evaluationsergebnisse v.a. unter der Maßgabe diskutiert, wie der Erfolg von Maßnahmen besser gesichert, bzw. wie das Konzept besser an die Anforderungen der Praxis angepasst werden kann.
  Die Folge dieser Beratungen war eine Überarbeitung einzelner Konzeptteile und Entscheidungen zur Erfolgssicherung einzelner Maßnahmen. Inhalt dieser Beratungen war aber auch die Weiterentwicklung von allgemeinen Vorstellungen über die Entstehung von Schulproblemen und Möglichkeiten ihrer Bearbeitung. Dadurch konnten die LehrerInnen und SozialpädagogInnen Ansätze einer gemeinsamen Grundlage für ihre Arbeit entwickeln.
  Es herrschte Einvernehmen darüber, die Inhalte dieser Beratungen nicht ohne gemeinsamen Entschluss einer weiteren Öffentlichkeit zugänglich zu machen.

- bei der kommunikativen Validierung der Interpretationsergebnisse mit Fachkräften der Projekte
  Hier bestand verglichen mit den in gewisser Weise öffentlichen Beratungen im Beirat große Vertraulichkeit, zumal vereinbart war, die Inhalte dieser Beratung anderen EvaluationsteilnehmerInnen nur nach Absprache zugänglich zu machen. Daher kamen dort auch aktuelle Probleme bei der Arbeit zur Sprache, die kommunikative Validierung wurde Anlass für eine Beratung der Fachkräfte. Dies war nur möglich, weil und wenn die Fachkräfte diese Möglichkeit für sich wahrnahmen und die Evaluationsfachkraft über entsprechende Beratungskompetenzen verfügte (vgl. 2.2.1).

Der stete Kontakt zwischen Akteuren und Evaluationsfachkräften erlaubte eine Anpassung des Evaluationsprozesses an sich verändernde Bedingungen. Einer solchen Anpassung kam zugute, dass die Evaluation drei Jahrgänge erfasste. Daher wurde die als Anlage zum Evaluationsvertrag formulierte Evaluationskonzeption mit jedem Jahrgang verändert. Dies bezog sich nicht nur auf die konkrete Auswahl der InterviewpartnerInnen, sondern auch auf die Evaluationskriterien, die schließlich der im Lauf der Evaluation erfolgten Veränderung des Modellkonzeptes folgen mussten. Die Vereinbarung, vor Ablauf des zweiten Evaluationsjahres einen Zwischenbericht vorzulegen und zu diskutieren, bot für diesen Prozess steter Veränderung den Vorteil, die Veränderung selbst einmal zu reflektieren.

3.3 Die Evaluationsergebnisse

Die Evaluationsergebnisse spiegeln die Organisationsperspektive wider, insofern sie aus der Abrechnung der Konzeptionsziele hervorgehen. Sie spiegeln die Perspektiven der Funktionsträger und NutzerInnen wider, insofern sie die Aussagen der verschiedenen Akteure vergleichen. Sie lassen Rückschlüsse zu auf die Qualität der Interaktionen im Kooperationsmodell sowie darauf, inwieweit die Akteure die Konzeptionsziele umsetzen bzw. umdeuten.

3.3.1 Die Abrechnung der Projektziele
Die Abrechnung der Konzeptziele erfolgte für jedes Projekt und den Projektrahmen gesondert.

3.3.1.1 Der Projektrahmen
Die fünf im Konzept festgelegten Ziele (vgl. S. 20) wurden mit einer Ausnahme vollständig umgesetzt. So existiert z.b. eine arbeitsfähige Gesamtstruktur der Träger, die u.a. darauf achtet, dass Mitarbeiterqualifizierungen stattfinden. Das Kooperationsmodell ist aus der „Probephase" hinausgetreten. Die kommunalen Gelder sind im Haushalt gesichert. Dennoch führen finanzielle Engpässe und v.a. die ungenügende Absicherung der sozialpädagogischen Fachkraft im BUS-Projekt dazu, dass schließlich dieser Baustein aufgegeben werden muss.

3.3.1.2 UVAS
1. Ziel des Projekts ist v. a., dass die SchülerInnen die Überzeugung gewinnen können, sich selbst und ihre Umgebung ihren Bedürfnissen entsprechend zu beeinflussen. Diese Ich-Kompetenz wird in der Psychologie Kontrollüberzeugung genannt (Flammer 1990).
    Das Projektziel wird zum einen durch Einzelarbeit erfolgreich umgesetzt. Viele SchülerInnen verbessern ihre Kontrollüberzeugung u.a. durch verhaltensmodifikatorische Strategien der Selbstkontrolle. Zum anderen beruht nach Angabe der Funktionsträger der Erfolg von UVAS auf den Klassenräten, durch die die kommunikative Kompetenz aller SchülerInnen gefördert wird. Davon haben die „schwierigen" SchülerInnen in der Klasse einen direkten Nutzen, weil auch sie von dieser Förderung profitieren. Zudem wird ein indirekter Nutzen belegt: die Klasse ist integrationsfähiger und kann einzelne, auffällige MitschülerInnen besser integrieren.

2. Durch Einzelkontakte zu Eltern und durch die Moderation der Beziehung zwischen LehrerInnen und Eltern wird erfolgreich das Ziel verfolgt, die Eltern darin zu unterstützen, dass sie die Verantwortung für den Schulerfolg ihrer Kinder effektiver übernehmen. Dies geschieht, indem die Eltern angehalten werden, ihre eigene Wirksamkeit gegenüber ihren Kindern genauer wahrzunehmen und auszubauen, d.h. in einzelnen Fällen auch, Selbstvertrauen als Eltern zu gewinnen.

3. Eine Basis für diese Erfolge ist, dass es der Fachkraft von UVAS in der Selbst- und Fremdbeurteilung gelang, ein akzeptierend-kollegiales Verhältnis zu den LehrerInnen aufzubauen. Damit wird gegenüber dem ursprünglichen Konzept die Bedeutung einer neuen Dimension für den Erfolg der Arbeit sichtbar: die Gestaltung interner Kooperationen zwischen verschiedenen Professionen. Diese Kooperationen werden allerdings durch das innerschulische Zeitmanagement, das kaum Zeiträume für kollegiale Absprachen vorsieht, erheblich beeinträchtigt.

4. Die Arbeit an leistungsbezogenen Problemen der Schüler, z.B. Konzentrationsprobleme, die eine Teilnahme am Unterricht erschweren, trat im Evaluationszeitraum ganz in den Hintergrund. Die UVAS-Fachkraft hatte dafür nicht genügend Zeit (vgl. 8.2 und 9.1.3). In besonders schwierigen Fällen musste sie solche Aufgaben an Fachkräfte außerhalb der Schule delegieren.

3.3.1.3 ProB-Klasse

Das zentrale Ziel der ProB-Klasse ist die Reintegration der SchulverweigerInnen in eine Regelschule. Fasst man dieses Ziel eng und verbindet damit eine gute Aussicht auf den Hauptschulabschluss Klasse 10 auch ein Jahr nach Beendigung der ProB-Klasse – das entspricht nachhaltiger Zielerreichung –, so liegt die Erfolgsquote bei ca. 25%. Der erste Eindruck, dies sei eher wenig, relativiert sich durch einen Blick auf die Problemlagen der ProB-SchülerInnen.

▪ Sie haben massive Schulleistungsprobleme, d.h. sie entsprechen in keiner Weise ihrer Altersnorm und gehen Leistungsanforderungen aus dem Weg, um die erwarteten Misserfolge zu vermeiden; sie sind nicht in der Lage, einen in der Regelschule üblichen Schultag von seiner Dauer her zu bewältigen, und reagieren, wenn sich ein Misserfolg abzeichnet, extrem frustriert.

▪ Es kommen schwere soziale Probleme im Schulkontext hinzu, oft aufgrund von Ausgrenzungserfahrungen, die ihnen die Integration auch in die kleine ProB-Lerngruppe schwer machen.

▪ Sie entstammen häufig extrem problematischen Familien. Für Eltern wie Kinder ist Schule über längere Zeit nicht das bedrohlichste Problem, das sie haben. Schule tritt für sie in den Hintergrund. Das schlägt sich auch in ProB nieder

a. in den Problemen, Unterricht zu machen und bereits reduzierte Leistungsanforderungen umzusetzen.

b. in dem über den gesamten Untersuchungszeitraum steigenden Anteil an SchülerInnen, die Jugendhilfe als erzieherische Hilfe erhalten: Er liegt am Ende der Evaluationsphase bei 91%, die Hälfte davon bekommt stationäre Erziehungshilfe oder soll sie bekommen.

Angesichts dieser Zahlen stellt sich nicht die Frage, warum nur ca. 25% der Schüler die nachhaltige Integration in die Regelschule gelang, sondern warum es so viele waren und wie das gelingen konnte.

Die Auseinandersetzung mit der Situation der ProB-SchülerInnen über drei Jahre gab Anlass, das im Konzept fixierte Erfolgskriterium für die ProB-Klasse zu überdenken und auszudifferenzieren:

▪   sehr guter Erfolg: nachhaltige Reintegration in die Regelschule; dieses Kriterium erfüllen 25% der SchülerInnen.

▪   guter Erfolg: Integration in die BUS-Klasse der Geistschule; dieses Kriterium erfüllen weitere 40% der SchülerInnen. Es wird damit zwar „nur" der Hauptschulabschluss Klasse 9 möglich, aber zugleich ist eine erhöhte Chance auf eine berufliche Ausbildung gegeben (zur Quantifizierung dieser Chance siehe Wieland (o. J.)).

Daher war es sinnvoll, beide Kriterien als Erfolgskriterien im Sinne des Konzeptes zu nutzen und von einer ca. 65% – Erfolgsquote für ProB zu reden.

▪   mäßiger Erfolg: Integration in eine Förderschule bzw. eine andere Ausbildungsmaßnahme; die Quote der SchülerInnen, die dieses Kriterium erfüllen schwankt sehr stark, nämlich zwischen 10% und über 30%.

Dies mag ein Hinweis darauf sein, dass diese SchülerInnen nur eingeschränkt von ProB profitieren. Es bedeutet aber zumindest, dass die Entwicklung zur Schulverweigerung gestoppt ist und eine Ausbildungsperspektive aufgenommen wird.

Die Quote von SchülerInnen, die ohne jede Aussicht auf eine weitere Ausbildung ProB abbrechen oder das Projekt am Jahresende verlassen ohne Ansätze, die Schulverweigerung aufgeben zu können, schwankt ebenfalls stark und liegt zwischen 0% und über 20 %.

3.3.1.4 BUS-Projekt an der Geistschule

Das BUS-Projekt steht unter einer doppelten Zielsetzung:

- die Bewältigung schulischer Anforderungen so, dass ein Hauptschulabschluss nach Klasse 9 vergeben werden kann.
- die Bewältigung der Anforderungen des Praktikumsbetriebes so, dass ein Ausbildungsvertrag geschlossen wird.

Beide Erfolgskriterien erfassen nicht die Nachhaltigkeit der Integration ins Berufsleben, was insofern hinnehmbar ist, als sich mit Verlassen der Schule die Lebensumstände der meisten SchülerInnen erheblich verändern und deshalb eine längerfristige Prognose schwierig ist.

1. Die Quote für SchülerInnen, die einen Ausbildungsvertrag bekommen, liegt mit 15% bis 30% erfreulich hoch, vergleicht man sie mit der Quote für die Geistschule als Regelschule. Dies kann man für einige SchülerInnen auf das Angebot des zweitägigen Praktikums zurückführen Als Faktoren sind insbesondere zu nennen: die Kontakte der Schule zu den Praktikumsbetrieben, die Arbeit der Praktikumsbetriebe und die Arbeit der LehrerInnen und Schulsozialarbeiterin mit den SchülerInnen bezogen auf das Praktikum.

   Diese Quote weist darüber hinaus auf eine Überlegenheit des BUS-Angebotes über die Angebote der Regelschule hin, allerdings nur, was die Frage beruflicher Integration angeht. Und schließlich belegt sie, dass auch SchülerInnen, die im Regelschulbetrieb scheitern, bzw. zu scheitern drohen, diesen Nachteil in BUS kompensieren können.

2. Die Quote für SchülerInnen, die BUS abbrechen oder ohne Ausbildungsperspektive verlassen, ist mit über 30% ebenfalls hoch, aber angesichts der Ausgangssituation dieser SchülerInnen nicht verwunderlich.

   Eine Analyse der Entwicklung im Schuljahresverlauf zeigt, dass sich das Scheitern nach z.T. starken Schwankungen der Praktikums- wie der Schulleistungen gegen Schuljahresende einstellt,

a. wenn die SchülerInnen mit schlechten Schul- und Praktikumsleistungen in BUS keinen Sinn mehr sehen, das vorhersehbare Scheitern ihrer Schullaufbahn nicht mehr ignorieren können

b. oder wenn die SchülerInnen, die trotz guter bzw. akzeptabler Leistungen in Schule und Praktikum, dennoch nicht mit einem Ausbildungsplatz rechnen können, weil die Betriebe nicht ausbilden wollen oder dürfen.

   Diese letzte Gruppe scheitert nicht an den Angeboten von BUS und der eigenen Bewältigung dieser Anforderungen, sondern an den Bedingungen des Arbeitsmarktes und, das wird von den Fachkräften hervorgehoben, am Ausländergesetz: viele BUS-SchülerInnen haben nur Duldungsstatus und können deshalb gar keine Ausbildung machen. Ihnen wird gegen Ende des Schuljahres ihre Perspektivlosigkeit in Deutschland unabweislich klar.

3. Über die Zusammenhänge zwischen schulischem Erfolg (Hauptschulabschluss Klasse 9) und Erfolg im Praktikum (Bewertung der Praktikumsstelle) lassen sich aufgrund der geringen Datenmenge keine eindeutigen Aussagen machen. Zwar haben schwache SchülerInnen häufig auch Misserfolg im Betrieb, umgekehrt bedeutet aber Erfolg in der Schule nicht zwingend Erfolg im Praktikum.

3.3.2 Die akteursgebundene Beurteilung des Kooperationsmodells

Die akteursgebundene Beurteilung des Kooperationsmodells bezieht sich

a. auf eine Beurteilung der einzelnen Projekte und erfolgt deshalb in den Abschnitten 3.3.2.1 bis 3.3.2.3 für jedes Projekt gesondert.

b. auf eine Analyse von Einzelfällen. Dort wurden die Aussagen der SchülerInnen, ihrer Eltern und der Fachkräfte speziell zur Situation dieser SchülerInnen ausgewertet. Während die projektbezogenen Analysen v.a. das Verhältnis der Akteursziele untereinander in Bezug auf das Organisationsziel abbilden, geht es bei den Einzelfallanalysen vornehmlich um das Problem eines Schülers oder einer Schülerin und die entsprechenden Hilfen, d.h. es geht um die Analyse konkreter Interaktionen. Die Organisationsziele tauchen bei den Einzelfallanalysen als Rahmenbedingungen für diese Interaktionen nur am Rande auf. Damit gehen die Einzelfallanalysen über das Evaluationsziel im engen Sinne hinaus. Sie ermöglichen Aussagen über individuelle Problemdefinitionen und Lösungsstrategien.

3.3.2.1 UVAS

1. Perspektive der FunktionsträgerInnen

Die Vorstellungen der FunktionsträgerInnen über die Arbeit mit „schwierigen" SchülerInnen sind zwar unterschiedlich, weisen aber drei wichtige Gemeinsamkeiten auf, auf die sich die Kooperation der Fachleute stützt:

a. Soziale Prozesse sind von Bedeutung, weil sie verantwortlich sind dafür, ob Unterricht erfolgreich stattfinden kann oder nicht.

b. Aufgrund dieser Ansicht bekommen die Bedürfnisse der Schüler, die Unterrichtsstörungen verursachen, ihren Sinn. Die einzelne Störung kann sich im Blick auf die Bedürfnislage der Schüler als sinnvoll erweisen, und aus diesem Verständnis erwachsen Ansätze für Abhilfe.

c. Die sozialpädagogische Fachkraft bezieht sich in ihrem Tun genau wie die LehrerInnen vorrangig darauf, Unterricht zu ermöglichen, tut das aber aus ihrer fachspezifischen Perspektive: sie macht die soziale und die subjektive (psychische) Seite des Lernens zu ihrem zentralen Arbeitsgegenstand und befasst sich nur in diesem Rahmen auch mit Lerninhalten. Diese Unterschiedlichkeit ist Anlass für die spezifische Qualität der Interaktion zwischen beiden Professionen. Sie definiert den Beitrag der sozialpädagogischen Fachkraft: die sozialen Voraussetzungen von Unterricht (und Lernen) im Problemfall sicherstellen.

Die Auseinandersetzung über die fachspezifischen Vorstellungen von den zu bewältigenden Aufgaben und den geeigneten Lösungswegen zeigt sich damit als ein Kernelement des Erfolgs von UVAS.

Das bedeutet umgekehrt, dass dort wo diese Auseinandersetzung nicht stattfindet und die Vorstellungen von der Arbeit mit schwierigen SchülerInnen völlig unverbunden nebeneinander existieren, die Angebote von UVAS höchstens eingeschränkt erfolgreich sind. Dies führen die FunktionsträgerInnen u.a. darauf zurück, dass zu wenig Zeit für eine Entwicklung gemeinsamer Vorstellungen zur Verfügung steht, so dass auch den Bemühungen der Fachkraft von UVAS z.T. enge Grenzen gesetzt sind.

2. Perspektive von SchülerInnen und Eltern

Auch der Erfolg der Interaktion der FunktionsträgerInnen mit SchülerInnen und Eltern hängt davon ab, dass es eine Verständigung gibt über das, was als Problem gesehen wird, sowie darüber, welche Wege zu seiner Lösung entwickelt werden können. Das bedeutet in diesen Interaktionen i. d. R., dass den Eltern und SchülerInnen die Konzepte plausibel werden müssen, die die Fachkraft in der Interaktion vermittelt. Faktisch haben die FunktionsträgerInnen eine Deutungshoheit über das Problem und über geeignete Lösungen. Diese Lösungen sind am ehesten tragfähig, wenn sie den Eltern und SchülerInnen Handlungsoptionen eröffnen, d.h. wenn die NutzerInnen ihre Anliegen in der Interaktion mit den FunktionsträgerInnenn aufgehoben sehen. D.h. SchülerInnen wie Eltern beurteilen alle Angebote der Fachleute mit Blick auf ihre eigenen Anliegen und Bedürfnisse. In dem Kontext wird die Wahrung der Schweigepflicht durch die sozialpädagogische Fachkraft häufig als ein zentrales Anliegen benannt. Dies kann als Hinweis darauf gedeutet werden, dass die Schweigepflicht das Machtgefälle zwischen der Organisation Schule und den Schülern/Eltern, aber auch das zwischen Eltern und Kindern in erwünschter Weise verändert.

3. Exkurs zum Trainingsraumkonzept

Der Trainingsraum als eigenständiges Konzept für verhaltensauffällige SchülerInnen wird von den Beteiligten zwiespältig beurteilt. Manche SchülerInnen erleben – so behaupten Funktionsträger – die Maßnahme als Bestrafung, d.h. sie finden darin die Bestätigung dafür, dass die Anforderungen von Schule mit ihren Bedürfnissen nicht kompatibel sind. Für sie scheint der Trainingsraum nicht geeignet zu sein. Anders, wenn SchülerInnen die Zeit im Trainingsraum nutzen können, Strategien (der Selbstkontrolle) zu entwickeln, die ihnen helfen, eigene Bedürfnisse angemessen um zu setzen.

3.3.2.2 ProB-Klasse

1. Perspektive der FunktionsträgerInnen

Die beiden FunktionsträgerInnen gehen bei ihrer Arbeit von unterschiedlichen Vorstellungen über die Bedingungsgefüge für die Leistungsprobleme und die sozialen Probleme bei der Bewältigung der Unterrichtsanforderungen aus. Die eine Fachkraft (Lehrerin) schaut mehr auf die psychosoziale Situation der SchülerInnen insgesamt, v.a. auf deren familiären Hintergrund. Die andere (Sozialpädagoge) mehr auf ihre sozialen Kompetenzen im Unterricht, also die Bereitschaft, sich Regeln anzupassen, die Fähigkeit, sich im Klassenkontext zu behaupten und v.a. Leistungsmisserfolge zu verarbeiten. Beide akzeptieren die Problemdeutungen des Anderen und sind sich v. a. einig darüber, welcher Lösungsweg dieser komplexen Problemsituation am ehesten gerecht wird: Aufnahme und Sicherung von Kontakt zu SchülerInnen und Eltern auf der Grundlage der Anerkennung der jeweils unterschiedlichen Bedürfnisse.

Damit ist die besondere Bedeutung und Unverzichtbarkeit der Zusammenarbeit mit den Eltern impliziert.

Mit dieser Orientierung sind beide FunktionsträgerInnen in der Sicht der SchülerInnen und Eltern sehr erfolgreich (s.u.), nicht jedoch in ihrer Selbstbeurteilung. Denn beide sehen einen potentiellen und oft genug aktuellen Konflikt zum Organisationsziel „Reintegration in die Regelschule". Die auf Sicherung des Kontakts und Anerkennung der Bedürfnisse gerichtete Vorgehensweise kostet Zeit und bringt es mit sich, dass die enormen Wissenslücken nicht soweit geschlossen werden können, dass das Leistungsniveau einer entsprechenden Regelschulklasse erreicht wird. Dies zu erkennen und deshalb das Erfolgskriterium entsprechend zu differenzieren, hilft nur dann wirklich weiter, wenn die Differenzierung der Erfolgskriterien von den Funktionsträgern im weiteren Umfeld nachvollzogen wird. Dies ist für die Trägerebene, d.h. die Leitung des Projekts, sichergestellt, nicht aber für alle FunktionsträgerInnen der Schule. Für manche von ihnen ist z. B. der Wechsel in die Bus-Klasse kein Erfolg, sind die Leistungsrückstände der Schülerinnen nicht tolerabel. So bedauern beide Fachkräfte, dass sie wenig Interesse und entsprechend wenig Anerkennung für ihre Arbeit bei Teilen des Lehrerkollegiums finden.

2. Perspektive der SchülerInnen

Die SchülerInnen erklären ihre Probleme vornehmlich sozial: sie konnten sich in ihren alten Klassen nicht integrieren und/ oder eine Beziehung zu den LehrerInnen nicht aufbauen. Das hat ihnen die Beteiligung am Unterricht bzw. den Schulbesuch erschwert und eine Bewältigung der Leistungsanforderungen verunmöglicht. Die Hinweise darauf, den Leistungsanforderungen als solchen nicht gewachsen zu sein, bleiben aber versteckt bzw. werden nur dann offen benannt, wenn sie sich auf Teilleistungen in einem Fach beziehen. Dies kann als Hinweis darauf gewertet werden, dass dieser Problemaspekt für die SchülerInnen besonders schambesetzt ist.

Zu dieser Beschreibung der eigenen Probleme passt sehr gut die oben beschriebene Strategie der Fachleute, Kontakt herzustellen und die Bedürfnisse der SchülerInnen anzuerkennen. Beides war ihnen nämlich bislang nicht oder nur vereinzelt begegnet: viele berichten, dass ihre Schulverweigerung oft wochen- oder monatelang unbemerkt blieb, von Eltern wie LehrerInnen, und sie brachten eine gewisse Enttäuschung darüber zum Ausdruck. Sie fühlten sich von LehrerInnen (die Eltern tauchen hier nicht auf) im Stich gelassen oder sogar aus der Schule gedrängt.

Von diesen Verhaltensmustern der bisherigen LehrerInnen setzen sich die FunktionsträgerInnen in ProB deutlich ab, und so kommt es zu einer durchweg positiven Beurteilung des Projekts und zwar in zweierlei Hinsicht:

a. Die Rahmenbedingungen von ProB, nämlich kurze Unterrichtszeiten und ausreichend Pausenzeiten, entsprechen wichtigen Bedürfnissen der SchülerInnen und ermöglichen ihnen Leistung erst.

b. Die Fachkräfte erklären alles stets äußerst geduldig und unterscheiden sich in dieser Hinsicht von vielen LehrerInnen, mit denen die SchülerInnen vorher zu tun hatten. Und sie sind stets zu Gesprächen bereit über soziale Probleme im Projekt und mit den Eltern.

Das Konzeptziel thematisieren die SchülerInnen, wenn sie von ihren weiteren Ausbildungsperspektiven sprechen und davon, ob sie sie erreichen können: Sie machen damit zumindest deutlich, dass sie sich inhaltlich auf das Projekt eingelassen haben, zeigen aber auch Skepsis, ob sie die Integration in die Regelschule werden erreichen können.

3. Perspektive der Eltern

Die Eltern erklären die Schulverweigerung ihrer Kinder ähnlich wie die Fachleute und beurteilen die Wirksamkeit des Projekts für ihre Kinder ähnlich wie diese. Sie beurteilen das Projekt jedoch vornehmlich nach dem Kriterium, in wie weit sie selbst sich unterstützt fühlen. Denn das ist der Kern des Elternproblems: sie sehen bzw. sahen sich nicht in der Lage, der Anforderung der Schule nachzukommen und ihre Kinder zum Schulbesuch zu bewegen.

Die Eltern honorieren das Bemühen der ProB-Fachkräfte um Kontakt: sie fühlen sich und ihre Problematik (das ist ihre Ohnmacht angesichts der andauernden Schulverweigerung) angemessen wahrgenommen und sind daher bereit zu weiterer Interaktion. Sie bescheinigen dieser Interaktion Erfolg: die Kinder gehen relativ regelmäßig in die ProB-Klasse, wenn einmal nicht, nehmen die Fachkräfte Kontakt zu Eltern und Schülern auf. Sie brechen die Maßnahme wegen solcher Einbrüche nicht ab und übernehmen gemeinsam mit den Eltern einen Teil der Verantwortung für den Schulerfolg der Jugendlichen.

4. Exkurs zur Interaktionsqualität in ProB

Die Güte der Interaktion wird in ProB von allen Beteiligten zunächst nur daran festgemacht, dass die SchülerInnen sich am Projekt beteiligen, d.h. relativ regelmäßig kommen. Dieses minimale Erfolgskriterium entspricht dem Konzeptziel: Unterbrechung der Dynamik, die zur Schulverweigerung führt. Die Orientierung der Schüler (und z.T. auch der Eltern) auf eine Fortsetzung schulischer Ausbildung zeigt die Bereitschaft, auch das zentrale Konzeptziel für sich zu übernehmen: Reintegration in eine Regelschule.

Diese Bereitschaft handelnd umzusetzen, ist aber für einige SchülerInnen offensichtlich nicht möglich. Dementsprechend differieren die Einschätzungen darüber, ob im Einzelfall die Maßnahme erfolgreich ist bzw. sein wird: die Prognosen der Fachkräfte über den nachhaltigen Erfolg sind i. d. R. skeptischer als die von SchülerInnen und Eltern. Ein genauerer Blick auf die „kritischen Fälle" zeigt, dass SchülerInnen wie Eltern auch in ProB für sich oft keine klaren Wege sehen, wie sie z.B. Einbrüche und Krisen grundsätzlich beheben sollen. Auch die Fachkräfte finden in solchen Fällen keine Erfolg versprechenden Handlungsansätze. Alle sehen sich diesen Krisen ohnmächtig ausgesetzt: ihr Einfluss reicht in ihrer Wahrnehmung zu einer Veränderung nicht aus, obwohl sie – von außen gesehene – alle am Zustandekommen dieser Krisen beteiligt sind.

Zur Beschreibung der Vergangenheit und zur Erklärung solcher Misserfolge greifen die SchülerInnen und auch ihre Eltern zu Schuldzuweisungen an andere, an der Krise beteiligte Personen: die Mitschüler haben gemobbt, die LehrerInnen sich nicht gekümmert u. ä. Aus der Literatur ist bekannt, dass Fachleute sich ähnlicher Mechanismen bedienen: die SchülerInnen seien zu dumm oder unwillig, die Eltern nicht kooperationsbereit (z. B. Hurrelmann / Wolf 1986). Es scheint demnach ein allgemeines Wahrnehmungs- bzw. Verarbeitungsmuster zu sein, die eigene Ohnmacht ins Feld zu führen und anderen Akteuren mehr Wirksamkeit zu unterstellen, wenn Ziele verfehlt werden. Dieses Muster soll im Folgenden als *Ohnmachtssyndrom* bezeichnet werden. Es ist verknüpft mit einer ambivalenten Beurteilung bestehender Machtverhältnisse, welche die Bedeutung von Macht als Ausgangspunkt für Zwang und für Versorgung widerspiegelt.

Einerseits dient die eigene Ohnmacht als Begründung dafür, die eigenen Ziele nicht konsequent zu verfolgen: „Es geht nicht!" Andererseits wird der Machtüberhang der „Anderen", der Schuldzuschreibungen an sie nachvollziehbar macht, grundsätzlich akzeptiert. Denn er wird nicht nur beklagt als Einschränkung eigener Wirksamkeit, sondern auch gerne genutzt, wenn die mächtigen Anderen die eigene Versorgung gewährleisten. Die Neigung, die missliche Situation den anderen Akteuren anzulasten, entspricht damit einem Kompromiss mit den bestehenden Verhältnissen, der aber als schmerzhaft empfunden wird: um die eigene Versorgung z. B. durch die Funktionsträger einer Organisation zu sichern, wird der Zwang, d.h. die Beschneidung eigener Handlungsmöglichkeiten in Kauf genommen.

Die besondere Qualität der Interaktion in ProB lässt sich daran festmachen, dass das auch hier wirksame „Ohnmachtssyndrom" nicht zu gegenseitigen Schuldzuweisungen führt, die schließlich in einen Abbruch der Interaktion münden. Es bleibt bei Schuldzuweisungen nach außen, an Akteure außerhalb von ProB. Sich verweigernde Mitakteure innerhalb von ProB werden entschuldigt. Das bezeichnen SchülerInnen und Eltern als Bereitschaft der FunktionsträgerInnen, auf jeden Fall den Kontakt zu SchülerInnen und Eltern zu wahren, deren Bedürfnisse anzuerkennen. Das schätzen sie sehr.

Die Fachkräfte können dieses Lob allerdings nicht recht würdigen. Bei ihnen überwiegt der Eindruck, einen wichtigen Aspekt der Problemlage – meist den familiären – nicht angemessen bearbeiten zu können, d.h. ohnmächtig bzw. dafür nicht mächtig genug zu sein. Sie weisen den Eltern dafür aber nicht die Schuld in dem Sinne zu, dass diese diesen Aspekt des Problems unbearbeitet lassen würden. Sie „ent"-schuldigen vielmehr die Eltern mit deren begrenzten Handlungsoptionen und ermöglichen sich selbst dadurch, den Kontakt auch dann aufrecht zu erhalten, wenn die Eltern die Bearbeitung der familienbezogenen Aspekte des Schulproblems verweigern. Auf diese Weise wird das Ohnmachtssyndrom zu einer Vereinbarung aller Akteure, die den Kontakt miteinander sichert: wir können das Problem mit dem Schulerfolg letztlich alle gemeinsam auch nicht lösen, bzw. nur in Ansätzen lösen und sollten damit zufrieden sein.

3.3.2.3 BUS-Projekt an der Geistschule

1. Perspektive der Fachleute

    Die Fachleute sind sich darin einig, dass die Probleme der SchülerInnen, auch ihre Leistungsprobleme, vornehmlich aus der sozialen Seite des Lernens resultieren. SchülerInnen mit sehr geringer Intelligenz sind eher die Ausnahme. Die meisten SchülerInnen können sich im Unterricht nicht konzentrieren, können keine dauerhafte Leistungsmotivation aufbringen und v.a.: sie ertragen keine Misserfolgserlebnisse. Daher versuchen die Fachkräfte Misserfolgserlebnisse womöglich zu vermeiden, bzw. wenn dies nicht möglich ist, die SchülerInnen durch begleitende Gespräche zum Durchhalten zu ermuntern. Zudem senken sie die Leistungsanforderungen und gestalten den Unterricht verstärkt unter Berücksichtigung der psychosozialen Prozesse dort.

    Dabei bremst sie allerdings der Gedanke, dass die tatsächlichen Aussichten, einen Ausbildungsplatz zu bekommen, für die meisten ihrer SchülerInnen eher gering sind.

    Die Praktika, das Charakteristikum des Projekts, beurteilen sie insgesamt zwar positiv, da einige SchülerInnen dort eine arbeitsweltbezogene Leistungsmotivation erwerben können, stellen aber zugleich fest, dass dies zum einen nicht bei allen funktioniert und dass der Erfolg zum anderen in erheblichem Ausmaß von innerbetrieblichen Bedingungen abhängt, die weder sie selbst noch die Schüler beeinflussen können.

    Die Zeit, die für außerunterrichtliche Aktivitäten bleibt, ist nicht ausreichend: Praktikumsstellensuche, Praktikumsbegleitung, Krisengespräche mit SchülerInnen und Elternarbeit lassen sich weder von den Lehrkräften noch von der sozialpädagogischen Fachkraft im gewünschten Umfang realisieren. Die unsichere Finanzierung der Sozialpädagogin tut ihr übriges.

2. Perspektive der SchülerInnen

    Die SchülerInnen sprechen kaum über ihre Schulprobleme, weder was die einzelnen Fächer, noch was soziale Konflikte in der Klasse angeht, obwohl sie in letztere z. T. stark involviert sind. Dagegen betonen fast alle den Wunsch, einen Ausbildungsplatz zu bekommen und geben, jedenfalls zu Schuljahresmitte, an, dafür gute Chancen zu haben. Damit akzeptieren sie zwar den Interviewern gegenüber das BUS-Ziel, lassen aber wenig Ansatzpunkte erkennen, wie sie die Probleme aus dem Weg räumen könnten, die sie an der Umsetzung dieses Ziels für sich hindern. Sie bevorzugen die Lösungsstrategie, diese Probleme möglichst zu verschweigen, vielleicht auch zu ignorieren.

    Dabei wertschätzen sie die Fachkräfte, weil diese die sozialen und inhaltlichen Unterrichtsanforderungen nicht allzu hoch ansetzen und ihnen damit ihr

Interesse an ihnen und ihrer Leistungsfähigkeit vermitteln. Probleme mit Eltern werden verschlüsselt oder gar nicht angesprochen.

3. Perspektive der Eltern

   Die Eltern stehen, so die Interviews mit Fachkräften und SchülerInnen, der Schule eher distanziert gegenüber. Dies bestätigt sich im Elterninterview. Sie erwecken dabei keineswegs den Eindruck, am schulischen Fortkommen ihrer Kinder nicht interessiert zu sein, scheinen sich selbst in dieser Hinsicht aber keinerlei Wirksamkeit zuzuschreiben. Sie erklären die Probleme mit der Persönlichkeit ihrer Kinder, weisen aber auch auf familiäre Probleme als Hintergrund hin.

   Aus ihrer Distanz heraus können sie das Engagement der Fachkräfte erkennen und schätzen es.

4. Exkurs zur Verarbeitung anomischer Bedingungen durch die Interaktionspartner in BUS

   Die Interaktionen in BUS stehen unter dem offiziellen Ziel, Ausbildungsplätze zu vermitteln. Alle Beteiligten wissen aber, dass dieses Ziel von den meisten nicht erreicht werden wird. Die Funktionsträger wissen, dass das zu einem großen Teil daran liegt, dass Ausbildungsplätze rar und für derart schwache SchülerInnen nur schwer zu ergattern sind, bzw. daran, dass der ausländerrechtliche Duldungsstatus eine Ausbildung nicht (oder nur in Sonderfällen) erlaubt. Ob SchülerInnen und Eltern das in ähnlicher Weise wissen, ist nicht auszumachen. Es scheint aber, als setzte sich diese Erkenntnis gegen Ende des Schuljahres auch bei den SchülerInnen durch. Denn wenn die Ausbildungsoption endgültig zerschlagen ist, lassen sie in ihren Bemühungen im Sinne der BUS-Ziele deutlich nach. So gibt es anscheinend eine Übereinkunft, diese Bedingung für die Interaktion in BUS zu ignorieren und so zu tun, als stünde die Ausbildungsoption für alle offen. Diese Übereinkunft sichert allen Akteuren die für weiteres Handeln erforderliche Kontrollüberzeugung und der Interaktion ein Ziel, auf das sich alle einlassen können.

3.3.2.4 Die Einzelfallanalysen

Die Einzelfallanalysen erlauben Aussagen über die Problemlagen einzelner Schülerinnen und Schüler sowie über die speziell auf diese Problemlagen bezogenen Hilfen. Sie rekonstruieren daher die konkreten Interaktionsstrukturen, auf die sich die Akteure zur Bewältigung ihrer Probleme einigen. Sie liefern insofern Beispiele für erfolgreiche Interaktionen – erfolgreich im Sinne des ausgehandelten Interaktionsziels – und verschaffen Einblicke in den Prozess der Verständigung über dieses

Interaktionsziel. Dies setzt gleichermaßen eine gewisse Verständigung über die Problemlage voraus, auf die das Interaktionsziel antwortet.

1. Die Problemlagen der SchülerInnen
   Das multifaktorielle Modell von den Risiken, die Schulerfolg bedrohen (vgl. S. 26) wird in den Einzelfallanalysen bestätigt:

- Die SchülerInnen verfehlen die schulischen Leistungsanforderungen z.T. dramatisch und/oder
- scheitern bei ihrer sozialen Anpassung an Schule und/oder
- leiden unter massiven familiären Problemen bzw. gelten als Urheber solcher Probleme.

Die einzelnen SchülerInnen unterscheiden sich voneinander entsprechend der Bedeutung, den diese Inhalte für sie jeweils haben. Die SchülerInnen in der ProB-Klasse und im BUS-Projekt haben massive Probleme in allen drei Inhaltsbereichen. Das zeichnet sie gegenüber anderen SchülerInnenn aus, deren Schulerfolg nicht oder nicht so umfassend bedroht ist, und das wissen sie auch selbst. Sie weisen v.a. aber erhebliche Schulleistungsdefizite auf, die sie aber nur zurückhaltend thematisieren. In UVAS dagegen finden sich auch SchülerInnen, deren Probleme weniger im Schulleistungsbereich und mehr im sozialen Bereich liegen.

Die Einzelfallanalysen geben einen Einblick in die konkreten Interaktionen, d.h. die Art und Weise, wie die Akteure das Interaktionsziel aushandeln. Dazu gehört auch eine Verständigung über eine Definition der akuten Problemlage. In dem Zusammenhang versuchen die Akteure zum einen das Bedingungsgefüge zu identifizieren, in dem die Problemlage entstehen konnte. Dabei blicken sie auf die Organisation Schule einerseits und die Familie andererseits.

Die erwachsenen Akteure gehen von einem meist nicht genauer zu benennenden Zusammenhang zwischen diesen beiden Bedingungsgefügen aus, wobei die Fachleute oft die familiären Probleme als wichtige Rahmenbedingungen, wenn nicht sogar als entscheidende Ursache für die Schulprobleme beschreiben. Diese Sicht teilen die Eltern nur eingeschränkt: sie räumen zwar ein, dass die familiären Probleme einen bedeutenden Einfluss auf das Entstehen der Schulproblematik haben, das jedoch anzusprechen ist für die meisten anscheinend mit Scham verbunden. Die familiäre Situation wird folglich nicht näher entfaltet, so als ob sie im Kontext Schule nichts zu suchen hätte. Überdies wird von einigen Eltern betont, dass die Schule ihrerseits Probleme im Familienalltag verursacht und selbst Anteile an der Entstehung des Schulproblems hat.

Die SchülerInnen machen dagegen keine oder nur sehr verschlüsselte Aussagen über den familiären Anteil an der Schulproblematik, sind also eher bemüht, ihr Problem als eines in und mit Schule zu beschreiben. Zum andern werden die Probleme von allen Akteuren als psychosoziale Probleme beschrieben, also als Mischung aus psychischen und sozialen Aspekten. Dabei sind die sozialen Aspekte v.a. für Eltern und SchülerInnen dominant, und lassen sich gut mit dem Begriff „Ausgrenzung" beschreiben: Es gibt immer wieder soziale Konflikte mit anderen SchülerInnen, im Elternhaus, mit Lehrern und Sozialpädagogen und in der Folge dieser Konflikte fallen die SchülerInnen aus den entsprechenden Interaktionen heraus.

Diese Ausgrenzungsprozesse lösen bei den SchülerInnen und in spezifischer Weise auch den Eltern eine Reihe heftiger negativer Gefühle aus: Wut, Scham und Resignation bzw. Hilflosigkeit. Diese Gefühle werden aber meist nicht als eigenständiges Problem bzw. als relevanter Aspekt der Problemlage gewertet, sondern eben als Reaktion auf ein soziales Geschehen. Folgerichtig suchen sie eine Problemlösung fast ausschließlich im sozialen Bereich.

Die Fachleute beschreiben die Problemlagen der SchülerInnen zwar ebenfalls als Fälle von Ausgrenzung, benutzen zur Beschreibung jedoch nicht nur Modelle sozialer Interaktion sondern auch psychologische Konzepte. Für sie sind psychische Strukturen bei SchülerInnen und Eltern durchaus eigenständige und relevante Aspekte der Problemlage. Die konkreten Analysen sind diesbezüglich allerdings sehr heterogen, weil sie auf verschiedenen psychologischen Konzepten beruhen. Das scheint aber die Möglichkeit, eine gemeinsame Vorstellung von der jeweiligen Problemlage zu entwickeln, nicht wesentlich zu mindern.

Obwohl fast alle SchülerInnen z. T. erhebliche Defizite im Bereich schulischer Leistungen haben, spielen diese für die Problemdefinitionen eine randständige Rolle. Die SchülerInnen sprechen sie nur selten und dann eher bagatellisierend oder verschlüsselt an. Der häufig genannte „Stress mit Lehrern" hat wahrscheinlich Schulleistungsprobleme als Hintergrund, erscheint aber als soziale Kategorie. Die Eltern benennen die Leistungsprobleme ihrer Kinder, sehen darin aber eine kaum zu beeinflussende Größe und sind daher auch mehr an der Bewältigung der sozialen Konflikte rund um den Schulbesuch interessiert. Überraschenderweise ähneln ihnen darin die Fachkräfte, die bezogen auf die Projekte deutlich machen, dass sie darunter leiden, die SchülerInnen nur selten auf das Leistungsniveau von Regelklassen bringen zu können (siehe Wieland o. J.). Die Beschäftigung mit einzelnen SchülerInnen scheint das Leistungsproblem auch für die Fachkräfte in den Hintergrund zu drängen. Dabei könnte man gerade daraus, dass Eltern und v.a. SchülerInnen das Leistungsproblem kaum bzw. nur verschlüsselt ansprechen, schließen, dass es für sie wesentlich schwerer wiegt als das Ausgrenzungsproblem. Alle Äußerungen der SchülerInnen belegen die Brisanz des Leistungsproblems, weil sie die Scham zum Ausdruck bringen, die das Leistungsversagen begleitet.

Das soziale Gefühl der Scham scheint ein relevanter Bestandteil der Schülerperspektive zu sein. Sie bezieht sich stark auf das Leistungsversagen, aber auch auf das Erleben von Ausgrenzung. Auch die Eltern zeigen Scham, v.a. wenn es um familiäre Probleme geht, deren Bedeutung für den Schulerfolg der Kinder sie zwar sehen, aber nicht lösen können.

2. Die Hilfe

Die Problembeschreibung ist ein wichtiger Aspekt für das Aushandeln der Interaktionsziele. Der Kern aber ist die Auseinandersetzung um die „richtige" Hilfe. In dieser Hinsicht gilt für die Fachleute: das Gelingen der Hilfe hängt v.a. davon ab, ob sie zu den Eltern und SchülerInnenn einen guten bzw. tragfähigen Kontakt aufbauen und aufrechterhalten können. Die Eltern und SchülerInnen bezeichnen das Gleiche als Interesse bzw. als Verständnis, das die Fachleute ihnen und v.a. ihrem Problem entgegenbringen, und sie knüpfen ihre Hoffnungen auf eine Lösung ihres Problems daran.

Inhaltlich meinen die Begriffe „Kontakt", „Interesse" und „Verständnis" offenbar, dass die SchülerInnen nicht aufgrund ihrer Problematik ausgegrenzt werden, dass die Interaktion mit den Fachleuten Bestand hat, auch wenn sich das Problem in krisenhafter Zuspitzung zeigt: die Interaktion dreht sich nicht ausschließlich um das Verschwinden des Problems, um die Sicherung des Schulerfolgs, sondern sie enthält als Grundlage die Absprache, über das Problem und seine Lösung miteinander zu verhandeln. Das setzt nicht einmal voraus, dass sich die Akteure über die Definition der Problemlage völlig einig sind, sondern bedeutet nur, dass alle am Thema bleiben, will sagen: sich darüber zu verständigen suchen, was genau das Thema ist. Allerdings halten die Fachleute es für hilfreich, wenn sie hier eine gemeinsame Sprache finden und wenn auch Eltern und SchülerInnen sich dem anschließen. Diese orientieren sich anscheinend stärker an ihrem Gefühl zu den Fachleuten als an deren fachlichen Positionen. Die Übernahme fachsprachlicher Begriffe signalisiert ein positives Gefühl, genauer: eine Orientierung auf die Fachleute als solche.

Die Eltern und SchülerInnen kontrastieren das Interesse und das Verständnis der Fachleute an ihnen bzw. an ihrem Problem mit Erfahrungen in anderen Klassen oder Schulen. Sie zeigen auf diese Weise, dass sie die Organisation Schule als potentielle Begrenzung für dieses Interesse der Fachkräfte einschätzen. Dieser Gedanke ist den Fachkräften keineswegs fremd, da auch sie häufig auf organisationale Bedingungen verweisen, die es ihnen schwer machen, den Kontakt aufrecht zu erhalten. Anscheinend nehmen auch sie einen Widerspruch wahr zwischen Organisationszielen und den Interaktionszielen, die sie mit den NutzerInnen aushandeln. Erst durch Kontakt werden die einzelnen Maßnahmen, die Fachleute und NutzerInnen aushandeln, zu Hilfeangeboten der Fachkräfte. Deren Nutzen beurteilen die NutzerInnen nach den Bedürfnissen, die sie auf diese Weise stillen können. Dabei zeigen sich in allen Einzelfällen durchaus Divergenzen in der Einschätzung darüber, was die NutzerInnen und was die Fachleute für nützlich halten. Auf der Basis von Kontakt werden Konflikte darüber ausgetragen, was in der Interaktion geschehen soll (vgl. dazu die Ergebnisse von Dolic/Schaarschuch 2005). Dabei scheint den NutzerInnen das Machtgefälle in der Interaktion stärker präsent zu sein als den Fachleuten, ein Sachverhalt, der oben (S. 35) unter dem Begriff „Ohnmachtssyndrom bereits erläutert wurde. Sie schätzen nämlich einerseits die Interaktionsbeiträge besonders, die dieses Machtgefälle reduzieren – ein Beispiel: die Schweigepflicht. Andererseits nutzen sie die besonderen Ressourcen der Fachleute für sich, lassen sich von ihnen versorgen.

3.3.3. Zusammenfassung und Analyse der Evaluationsergebnisse

In der Zusammenfassung der Evaluationsergebnisse werden die Vorstellungen der Akteure darüber auf den Punkt gebracht, wie Schulerfolg gesichert und wovon er bedroht wird. Sie lassen sich dann auf ihren theoretischen Gehalt prüfen.

3.3.3.1 Zusammenfassung der Evaluationsergebnisse

Aus der Evaluation lassen sich sechzehn zentrale Ergebnisse auswählen und systematisieren als Aussagen über

- die zentralen Interaktionsziele und wichtige Akteursziele (1- 5)
- die „richtige" Hilfe (6 – 13)
- Faktoren, die eine „richtige" Hilfe erschweren (14 – 16)

Im Einzelnen:
1. „Bedrohten Schulerfolg sichern" ist das zentrale Interaktionsziel im Kooperationsmodell für nahezu alle Akteure.
2. Daneben verfolgen verschiedene Akteursgruppen häufig weitere Ziele:

- die Schüler: ihre soziale Integration
- die Eltern: Hilfe für ihre Elternrolle
- die Fachleute: kollegiale Anerkennung ihrer Arbeit.
3. Bei der konkreten Ausgestaltung des Interaktionszieles gibt es Konflikte:
- zwischen NutzerInnen und Fachleuten um die Bedeutung familiärer Bedingungen für die Schulprobleme.
- unter Fachleuten um fachliche Konzepte für die Arbeit.
4. „Bedrohter Schulerfolg" wird in erster Linie als soziales und nicht als Leistungsproblem einzelner SchülerInnen konzipiert. Hier erweist sich die Kategorie „Ausgrenzung" als zentral.
5. Ein wichtiger Aspekt massiver Schulprobleme ist psychosozialer Natur: die Scham der SchülerInnen über ihr Leistungsversagen bzw. ihre Ausgrenzung.
6. Aufbau und Sicherstellen von Kontakt ist der Kern jeder Erfolg versprechenden Hilfe. Er fordert von den SchülerInnen die Bereitschaft, ihre Scham über ihr Versagen tendenziell zu überwinden, von den Fachleuten, ihr Interesse an den SchülerInnen auch über schwere Krisen hinweg aufrecht zu erhalten.

Bestandteile Erfolg versprechender Hilfe sind:
7. inhaltliche und respektvolle Leistungsrückmeldungen
8. die Anpassung des Unterrichtsrahmens bis hin zu Abstrichen an den Leistungsanforderungen, orientiert an den Bedürfnissen der SchülerInnen
9. kleine Lerngruppen bis hin zum Einzelunterricht
10. Geduld der Fachleute mit den Leistungsanstrengungen der SchülerInnen als soziale Qualität der Wissensvermittlung
11. Verständlichkeit als persönliches Merkmal der Fachleute und nicht als Folge einer bestimmten Didaktik
12. Die Kooperation mit den Eltern ist eine entscheidende Rahmenbedingung für den Erfolg einer Maßnahme.
13. Eine Kooperation, die die wechselseitige fachliche Anerkennung der Fachleute sicherstellt, ist eine wichtige Rahmenbedingung für Erfolg versprechende Hilfe.
14. Das Ohnmachtssyndrom ist ein Kennzeichen vieler prekärer Interaktionen und behindert viele Bemühungen in der Interaktion um die Sicherung des Schulerfolgs.
15. Der Mangel an fest eingeplanten Zeiten für die soziale Organisation der Wissensvermittlung und für die Arbeitsteilung unter den Funktionsträgern behindert deren Arbeit erheblich.

16. Die anomischen Bedingungen, unter denen Schule existiert und die sie in ihrer eigenen Struktur aufgreift (vgl. Vogel 2006), provozieren bei den FunktionsträgerInnen und den NutzerInnen häufig die Frage nach dem Sinn ihres Tuns. Sie werden daher i. d. R. ausgeblendet. Gemeint sind z. B. die Knappheit an Ausbildungsstellen oder die Folgen der Ausländergesetzgebung.

Aus dieser Zusammenfassung ergibt sich, dass die impliziten Ziele des Konzeptes (vgl. 2.3) durchweg umgesetzt wurden:

- Das Kooperationsmodell blieb seinem Ziel, den Schulerfolg von SchülerInnen zu sichern, verpflichtet.
- Das multifaktorielle Modell vom Schulerfolg wurde zwar nicht aufgegeben, aber modifiziert: die soziale Seite des Lernens trat als Hauptansatz für jede Sicherung von Schulerfolg in den Vordergrund.
- Die sozialpädagogischen FunktionsträgerInnen wurden als FunktionsträgerInnen von Schule betrachtet, unabhängig von ihrer tatsächlichen formalen Anbindung.
- Von formalen Vorgaben der Regelschule abzuweichen, wurde als eine Erfolgsbedingung im Modellprojekt anerkannt.
- Die Kooperation der Professionen wurde als eine Erfolgsbedingung im Modellprojekt anerkannt.
- Die Elternarbeit wurde als eine Erfolgsbedingung im Modellprojekt anerkannt.

3.3.3.2 Analyse der Evaluationsergebnisse

Die differenzierten Aussagen über Ansätze zur Sicherung von Schulerfolg und über Bedingungen, die eine solche Sicherung gefährden, lassen sich in einem Satz zusammenfassen. Die Sicherung von Schulerfolg bedeutet:

1. Unterschiedliche Professionen kooperieren.
2. Sie kooperieren zum Thema „Die soziale Seite des Lernens".
3. Sie kooperieren auf der Grundlage der Kooperation ihrer Organisationen.

Die darin enthaltene Entscheidung, die Sicherung von Schulerfolg als die gemeinsame Aufgabe verschiedener Professionen zu bestimmen, stellt Lernen in den Mittelpunkt, weil es die Grundlage für jeden Schulerfolg ist. Damit wird die Frage nach der Sicherung von Schulerfolg zur Frage nach der Organisation bzw. der Unterstützung und Sicherung von Lernprozessen. Diese Frage wiederum zentriert den Blick auf die soziale Seite des Lernens. Denn Lernen ist ein genuin subjektiver Prozess und als solcher lässt er sich von außen nur beeinflussen durch Interaktion. Daher muss man Lernen von seiner sozialen Seite her betrachten, d.h. von den Interaktionen her, in deren Rahmen gelernt wird, um Lernprozesse anstoßen, modifizieren und fördern zu können. Genau das haben die Funktionsträger im Modellprojekt getan und sich genau darüber vereinbart: welche Interaktionsangebote und -muster Lernprozesse fördern, Lernblockaden auflösen können. Dieser praktische Ansatz muss theoretisch durch eine Konzeption von Lernen unterfüttert werden, die Lernen in seiner sozialen Einbettung modelliert. Was damit gemeint ist, wird im folgenden, zweiten Teil entfaltet.

Zweiter Teil:
Die soziale Seite des Lernens

Gleich zu Beginn, im ersten Kapitel, wurde der Gedanke eingeführt, Schulsozialarbeit aus dem Diskurskontext der Jugendhilfe herauszulösen und konsequent auf Schule zu beziehen als dem organisationellen Rahmen, in dem sie nun einmal stattfindet. Eine Positionsbestimmung von Schulsozialarbeit sucht daher einen Platz nicht in oder am Rande der Jugendhilfe, auch nicht zwischen Schule und Jugendhilfe sondern in der Schule und macht die Themen von Schulsozialarbeit zu Themen der Schule.

Völlig unberührt von der Debatte, ob Schule überhaupt Sozialpädagogik verträgt und wenn ja, wie viel (vgl. Thimm 2000, Giesecke 1997, Preuss-Lausitz 1993), ist die im ersten Teil dargestellte Praxis genau so vorgegangen. Das zeigen die Kapitel 2 und 3: die fachliche Auseinandersetzung über Sicherungsmöglichkeiten bedrohten Schulerfolgs setzt an den sozialen Prozessen an, die Lernen ermöglichen, eben an der sozialen Seite des Lernens, und schenkt didaktischen und v.a. schulstoffbezogenen Fragen eher wenig Beachtung. Der Schulstoff bedroht den Schulerfolg in der Sicht der PraktikerInnen anscheinend nicht, wohl der Lehrplan. Das aber nur, weil der Lehrplan die Interaktion zwischen FunktionsträgerInnen und SchülerInnen ungünstig beeinflusst, eine unerwünschte soziale Wirkung entfaltet und deshalb „kreativ" gehandhabt werden muss.

Da sich im Kooperationsmodell Schule / Jugendhilfe im Südviertel die beteiligten Professionen auf die soziale Seite des Lernen als gemeinsames Thema und Kooperationsinhalt beziehen, wenn sie bedrohten Schulerfolg sichern wollen, liegt es nahe, die soziale Seite des Lernens zum Bezugspunkt für eine Positionsbestimmung von Schulsozialarbeit zu machen. Das setzt eine intensive Auseinandersetzung mit diesem Aspekt von Lernen, hier: von schulischem Lernen voraus, und die findet jetzt, in den Kapiteln 4-7, statt. Das vierte Kapitel stellt u.a. die Aneignungstheorie vor. Das ist eine Lerntheorie, die Lernen als sozialen Prozess versteht. Das fünfte Kapitel dreht sich um den Begriff „Lernumwelt". Dieser Begriff schließt die soziale Seite des Lernens theoretisch auf. Die subjektive Seite des Lernens, also seine psychophysischen Voraussetzungen, kommt im sechsten Kapitel zur Sprache. Das siebte Kapitel fasst den zweiten Teil zusammen, und es werden die Besonderheiten schulischen Lernens dargestellt. Auf diesen Aussagen baut die Positionierung von Schulsozialarbeit im dritten und letzten Teil des Buches auf.

4. Was ist Lernen?

Lernen ist allgegenwärtig und darum glaubt jeder zu wissen, was das ist. Jeder lernt laufen und sprechen. Man lernt aber auch Mathematik, oder man lernt, sich in einer fremden Umgebung zurecht zu finden. Vom lebenslangen Lernen ist die Rede. Dagegen spricht die Volksweisheit „Was Hänschen nicht lernt, lernt Hans nimmermehr". Die behavioristischen Lerntheorien mit ihren Konzepten operanten und klassischen Konditionierens sind Alltagswissen bei bildungsnahen Menschen. Es kursieren aber auch Begriffe wie ganzheitliches Lernen oder Körperlernen, die eine Kritik am behavioristischen Lernkonzept beinhalten.

Die Frage „Was ist Lernen?" soll in zwei Schritten angegangen werden: auf der Prozessebene (4.1), hier bezogen auf psychologische Konzepte vom Lernen, und auf der Resultatebene als Erläuterung des Begriffs „Kompetenz" (4.2).

4.1 Psychologische Konzepte vom Lernen

Der Eindruck von der Unübersichtlichkeit des Gegenstandsbereiches bestätigt sich, wenn man die psychologische Literatur zum Thema Lernen zu Rate zieht.

4.1.1 Ein Ausflug in die psychologischen Lerntheorien

Lernen war früh ein zentrales Thema der Psychologie (Ebbinghaus 1885), und es gab um die Wende zum 20. Jahrhundert zwei konkurrierende Schulen, die Lerntheorien hervorgebracht haben: der Behaviorismus und die Gestaltpsychologie (Seel 2003, Mietzel 2007).

Ausgehend vom Prinzip, dass Wissenschaft sich auf beobachtbare (messbare) Sachverhalte zu beschränken hat, definierten die klassischen Behavioristen Lernen als die Veränderung von Verhalten (Foppa 1965) in Abhängigkeit von Reizkonstellationen. Sie erfassten die Regeln dieser Wechselwirkung und nannten diese „Lerngesetze".

Das Lernen selbst kann man nicht sehen, wohl aber seine Folgen: die neu erlernten Verhaltensweisen. Man kann Lernprozesse als innere Vorgänge nur annehmen und aus den nachfolgenden Verhaltensänderungen erschließen. Man sieht einen Menschen in ein Wörterbuch schauen und man kann den Erfolg seiner Bemühungen sehen/hören, wenn man die Vokabeln abfragt. Die Behavioristen haben sich geweigert, ihre Beobachtungen noch mit derartigen Schlüssen zu „belasten" und dabei einen entscheidenden Aspekt des Lernens verdeutlicht. Lernen bestimmt sich von seinem Ergebnis, ist funktional aufzufassen. Dieses Ergebnis ist ein neues, verändertes Verhalten.

Die strikt positivistische Position der Behavioristen teilten die Gestaltpsychologen nicht. Sie haben von ihren Beobachtungen auf nicht beobachtbare, innere Prozesse geschlossen und Lernen als Problemlösen betrachtet, d.h. als einen inneren, psychischen Vorgang (Mietzel 2007, Köhler 1917). Genau wie bei den Behavioristen ist das eine funktionale Sicht auf Lernen, wird Lernen am Auftauchen neuer Verhaltensweisen festgemacht. Allerdings gaben sich die Gestaltpsychologen nicht damit zufrieden, die Verhaltensänderungen (das sind die Lösungshandlungen) zu beschreiben, sondern sie befragten die Menschen über das, was in ihnen beim Problemlösen vor sich geht, und machten beides, die Introspektion der Problemlöser und ihr Lösungshandeln, zur empirischen Basis ihrer Theorien. Deshalb konnten Begriffe wie Denken und Wissen, die nicht beobachtbare psychische Vorgänge und Strukturen beschreiben, zu wissenschaftlichen, empirisch gesicherten Begriffen werden. Sie sind auch heute Kernbegriffe der kognitiven Lerntheorien (Seel 2003, Norman / Rumelhart 1978), die sich z. T. auf die Gestaltpsychologen, v.a. aber auf Piaget berufen. Seine genetische Erkenntnistheorie (Piaget 2003) beschreibt die Entwicklung des Denkens und liefert in Verbindung damit eine Vorstellung von den Mechanismen des Lernens, der Assimilation und der Akkommodation (vgl. 4.1.2).

Behaviorismus, Gestaltpsychologie und Piaget nehmen eine *individuumzentrierte* Perspektive ein, d.h. sie betrachten das einzelne lernende Subjekt im Kontext seiner Umwelt – Behavioristen sprechen von einem lernenden Organismus. Dass diese Umwelt z. T. sozialer Natur ist und dass die Qualität des Sozialen menschliches Lernen von tierischen Lernformen unterscheidet, bleibt unbeachtet.

Die Bedeutung des Sozialen für das Lernen auf den Begriff gebracht zu haben, ist Verdienst der Aneignungstheorie, die im Kontext der Tätigkeitstheorie von A.N. Leont´ev (1979) formuliert wurde (vgl. 4.1.3). Sie liefert daher den besten Ansatzpunkt für eine Auseinandersetzung mit der sozialen Seite des Lernens.

4.1.2 Die genetische Erkenntnistheorie von Piaget

Zum Verständnis des Lernens trägt die genetische Erkenntnistheorie (Piaget 2003) v.a. zwei Aspekte bei:
a.	Sie liefert ein Konzept von der Ontogenese des Denkens, welches klärt, was in welchem Alter erkannt, d. h. gelernt werden kann.
b.	Sie macht Aussagen über den Mechanismus des Lernens, die auch für einen aneignungstheoretischen Ansatz von Lernen relevant bleiben.

4.1.2.1 Die Ontogenese des Denkens

Piagets genetische Erkenntnistheorie (Piaget 2003, Montada 2002) zeigt, dass das Lernen sich im Lauf der Ontogenese verändert. Kleine Kinder lernen anders und deshalb Anderes als Schulkinder, und die wiederum anders als Jugendliche oder Erwachsene. Lernen führt im Laufe eines Lebens nicht nur zu einer Anhäufung von Wissen und Fähigkeiten, sondern verändert sich selbst als Prozess und bringt entsprechend unterschiedliche kognitive Strukturen hervor. Die genetische Erkenntnistheorie beschreibt diese Veränderung.

Piaget fasst die Entwicklung des Denkens als eine Linie auf, die mit den körpergebundenen sensumotorischen Schemata beginnt (Piaget 1969a) und auf die Bildung geistiger Operationen, genauer: auf formal-logische Operationen, abzielt, die ohne direkte sinnliche Anschauung (ausschließlich „im Kopf") eine Problem lösende Auseinandersetzung mit der Welt ermöglichen. Die geschieht ausnahmslos im Rahmen handelnder Auseinandersetzung mit der Umwelt.

Die geistigen Operationen erweitern den Handlungsspielraum von Menschen enorm: von dem, was er mit Händen greifen kann, auf das, was er gedanklich erfassen kann.

In dieser Entwicklung bleiben die in früheren Phasen erworbenen Strukturen beim Übergang in eine neue Phase weiter wirksam. Menschen gewinnen auch dann noch sensumotorische Schemata hinzu, wenn sie schon längst die formallogische Phase erreicht haben. Ein Großteil menschlicher Handlungsfähigkeit beruht auf sensumotorischen Schemata. Wenn ein älteres Kind Radfahren lernt, wenn ein Handwerker sich eine neue Technik aneignet, müssen immer auch sensumotorische Schemata erworben werden. Freilich sorgt die Einbindung solcher Schemata in weiter entwickelte kognitive Strukturen dafür, dass die Qualität des Lernens generell dem insgesamt erreichten Niveau entspricht. Die sensumotorischen Schemata, die z. B. das Radfahren ermöglichen, verbinden sich im Jugendalter mit Kompetenzen der formallogischen Phase zu einer komplexen Qualifikation, eine Radtour nach Landkarte durchzuführen.

Die grundlegende Bedeutung sensumotorischer Schemata zeigt, dass Lernen zunächst kein bewusster Vorgang ist. Folglich sind auch Kompetenzen häufig nicht bewusst oder haben zumindest nicht-bewusste Anteile. Im frühesten Säuglingsalter baut das Lernen auf angeborenen Reflexen auf. Deren wiederholte Ausführung ermöglicht z. B. die Herausbildung der Greifhandlung, den aufrechten Gang u. v. m. (Rauh 2002). Die Wiederholung von Reflexen und selbst einfacher Handlungen ist genauso wenig bewusst wie die frühe soziale Synchronisation von Mutter und Kind (vgl. Holodynski 1999: 44), durch das das Kind früheste soziale Kompetenzen, v. a. aber auch Selbststeuerungskompetenzen erwirbt. Das Kind schaut von der

Mutter deren Strategien emotionaler Steuerung ab, ohne sich dessen bewusst zu sein und v. a. ohne es zu beabsichtigen. Aber auch die Mutter appelliert nicht unbedingt bewusst an das Kind, sich zu steuern, so wenig wie sie ihre Strategien sozialer Steuerung, einen strengen, genervten Blick, eine ermunternde Geste, bewusst einsetzt. Diese Überlegungen verweisen auf zwei Punkte:

a. Lernen sollte nicht nur nicht ausschließlich als bewusster Vorgang konzipiert werden, vielmehr ist davon auszugehen, dass sehr viele und sehr wichtige Lernprozesse nicht-bewusst sind.

b. Sich seine Kompetenzen bewusst zu machen, ist ein keineswegs obligatorischer Prozess und doch wichtig im Kontext der weiteren Lernentwicklung (vgl. Kapitel 6).

4.1.2.2 Assimilation und Akkomodation: die Mechanismen des Lernens

Auf allen Entwicklungsstufen des Denkens hat der Erwerb psychischer Strukturen eine Grundstruktur: Assimilation und Akkommodation. In jeder Stufe finden sich diese beiden Prozesse, sie kennzeichnen gemeinsam, aber mit je unterschiedlichem Gewicht jeden Lernvorgang. Mit Assimilation bezeichnet Piaget die Einordnung von Sinneseindrücken in bestehende kognitive Strukturen, Akkommodation ist die Anpassung bzw. Veränderung bestehender kognitiver Strukturen an neue Erfahrungen.

Am Beispiel vom Erwerb der Greifhandlung lässt sich das veranschaulichen (Rauh 2002). Wenn ein Säugling nach einem Ball greifen kann, hat er bereits Auge und Hand koordiniert und auf diese Weise ein sensumotorisches Schema gebildet. Dieses Schema kann er einsetzen, wann immer er einen Ball sieht. Er erkennt den Ball als „Etwas zum Greifen" und lernt jedes Mal, wenn er einen Ball sieht, dass das jetzt wieder etwas zum Greifen ist. Wenn der Ball vor dem Säugling jedoch versteckt wird oder auf sonstige Weise aus dem Blickfeld gerät, kann er nicht nach ihm suchen, um ihn dann zu greifen. Er hat nämlich noch nicht das Muster der Gegenstandskonstanz entwickelt, „weiß" also nicht, dass Gegenstände existieren, auch wenn er sie gerade nicht sieht. Er kann den Ball nicht bekommen, wenn er die Erfahrung, dass der Ball plötzlich verschwunden ist, in sein altes sensumotorisches Schema assimiliert. Um diese Anforderung zu bewältigen, muss er seine inneren Strukturen akkommodieren und einen – allerdings nicht-sprachlichen – Begriff von Gegenstandskonstanz entwickeln (Montada 2002, Piaget 1969b). Nur dann wird er nach dem Ball an der Stelle suchen, an der er verschwunden, wenn er gelernt hat, dass er nach Dingen, die er haben will, suchen kann und muss.

4.1.3 Die Aneignungstheorie nach A. N. Leont´ew

Um die Aneignungstheorie verstehen zu können, ist es sinnvoll, die Tätigkeitstheorie kurz zu skizzieren, in deren Kontext sie entstanden ist.

4.1.3.1 Lernen und Tätigkeit / Handlung

Leont´ev (1973) identifiziert das Psychische als Funktion des Organismus, die sich im Laufe der Evolution herausgebildet hat. Gemeint ist die Funktion, differenzierte Abbilder von der Umwelt hervorzubringen, so dass sich der Organismus besser in dieser Umwelt orientieren kann. Das bedeutet, die Anforderungen, die diese Umwelt stellt, effektiver bewältigen zu können, bzw. diese Umwelt besser den eigenen Bedürfnissen entsprechend gestalten zu können. Orientierung, Bewältigung, Gestaltung – diese Begriffe fasst Leont´ev unter „Tätigkeit" zusammen und bestimmt das Verhältnis des Menschen zu seiner Umwelt – genau wie Piaget – als ein tätiges. Folglich ist das Psychische ein Ergebnis von Tätigkeit und zugleich ihre Voraussetzung. Denn Psychisches entsteht aufgrund von Tätigkeit und reguliert diese. Die inneren Modelle von der Umwelt steuern die Tätigkeit und garantieren deren spezifische menschliche Qualität. Tätigkeit hat bei Leont´ew stets eine innere, psychische und eine äußere, motorische Seite. Den Gedanken von der Steuerungsfunktion psychischer Prozesse hat die Handlungspsychologie mit dem Begriff von der (psychischen) Handlungsregulation weiterentwickelt (Oesterreich 1981, Kleiber 1981 siehe auch S. 65ff). Sie knüpft dabei an der Unterscheidung von Tätigkeit und Handlung an, die ebenfalls auf A. N. Leont´ev zurückgeht (Leont´ev 1979: 193). Tätigkeit bezeichnet Aktivität unter dem Gesichtspunkt ihres Sinns für das handelnde Subjekt. Sie ist durch Motive (Leont´ev 1979) bestimmt, die in der Regel nicht bewusst sind. Handlung hingegen kennzeichnet Aktivität als praktische, d.h. grundsätzlich auch motorische Bewältigungsleistung und ist durch Ziele bestimmt, die bewusst sein müssen. Die Tätigkeit gibt den Handlungen, durch die sie jeweils konkret realisiert wird, ihren Sinn. Die einzelnen Handlungen müssen in ihren Zielen auch die konkreten Bedingungen abbilden, unter denen dieser persönliche Sinn verwirklicht werden muss.

Menschliche Tätigkeit, auch das ein Erbe der Evolution, ist grundsätzlich sozial eingebunden, d.h. auf die Tätigkeit anderer Menschen bezogen (Leont´ev 1979). Denn das Überleben der Menschheit war und ist auf Interaktion angewiesen. Folglich ist die soziale Steuerung ein obligatorischer Aspekt von Tätigkeit: menschliche Umwelt ist nicht nur und nicht primär eine sachliche, sondern v.a. eine soziale. Menschen unterscheiden die sozialen Aspekte ihrer Umwelt früh in ihrer Ontogenese (Rauh 2002) von den sachlichen. Der Erwerb sozialer Kompetenzen (Kompetenzen zur sozialen Steuerung), steht daher zu Beginn jeder individuellen Lerngeschichte im Vordergrund. Das Neugeborene kann seine Mutter von Beginn an z. B. durch sein Schreien steuern und wird von ihr, z. B. durch Aufnehmen, gesteuert. Beide stimmen ihr Handeln zunehmend besser aufeinander ab (vgl. Holodynski 1999). Die Qualität dieses sozialen Prozesses entscheidet über das Überleben des Neugeborenen und seine weiteren Entwicklungschancen, wie v. a. die Bindungstheorie (Spangler / Zimmermann 2002, Grossmann / Grossmann 2004) hervorhebt.

Die Tätigkeitstheorie enthält zwei Aussagen über das Lernen:

1. Tätigkeit sichert die sinnvolle, bedürfnisgerechte Bewältigung von außen gestellter Anforderungen, indem sie die dafür erforderlichen Handlungsregulationsprozesse, das sind die Kompetenzen, hervorbringt. Tätigkeit verändert nicht nur die Umwelt des tätigen Subjektes sondern auch dieses Subjekt selbst. Es lernt bei seiner Tätigkeit; sie ist obligatorisch mit Lernen verbunden.

2. Tätigkeit ist nur im sozialen Kontext möglich. Daher findet auch Lernen nur in sozialen Kontexten statt. Es ist auf Vermittlung durch andere Menschen angewiesen.

4.1.3.2 Lernen: die Aneignung fremder Vergegenständlichungen

Zur Frage, wie psychische Strukturen entstehen, wie gelernt wird, gibt die Aneignungstheorie eine Antwort, die den sozialen Charakter des Lernens besonders betont. Sie fasst Lernen als Aneignung der Vergegenständlichungen anderer Menschen auf.

Wenn Menschen handeln, realisieren sie Ziele, das sind ihre Vorstellungen vom Handlungsergebnis, zeigen sie Gefühle, machen sie aktuelle Motive und grundsätzliche Haltungen sichtbar. Die psychischen Prozesse, die die Handlung steuern, werden in den Handlungsresultaten zu Gegenständen, die andere Menschen wahrnehmen und sich aneignen können. Menschen vergegenständlichen sich und ihre Sicht auf die Welt handelnd für andere. Die Welt ist eine Welt aus Handlungsresultaten Anderer. Erfahrungen machen in dieser Welt bedeutet, sich die Erfahrungen anderer Menschen aneignen. Folglich ist jede Erfahrung sozial vermittelte Erfahrung und das bedeutet für das Lernen: es ist nicht nur gebunden an die Vermittlung der Lerninhalte durch andere Menschen, also an Interaktion, sondern seine Resultate sind selbst sozialer Natur, da sie die Vergegenständlichungen anderer Menschen enthalten. Das kann am Beispiel vom Greifen-Lernen gezeigt werden:

Ein Säugling lernt greifen, wenn und nur wenn jemand ihm etwas zum Greifen gibt. Derjenige, der dem Säugling einen Ball zur Verfügung stellt, vergegenständlicht damit eigene Absichten und zugleich seine irgendwann einmal von anderen Menschen übernommenen Vorstellungen über Bälle, über die Bedeutung des Greifens für die Entwicklung von Säuglingen, über Kind-Sein und Erwachsener-Sein in der gegebenen Gesellschaft u. v. m.. Seine inneren, psychischen Prozesse werden in der Handlung „dem Säugling einen Ball geben" vergegenständlicht, sie werden zu einem wahrnehmbaren Bestandteil der Umwelt dieses Säuglings. Wenn der Säugling nach dem Ball greift und ihn festhält, eignet er sich dadurch die inneren Prozesse des Menschen an, der ihm den Ball gab, jedenfalls zum Teil, bzw. auf seine Weise. Er macht jene Teile davon, die er brauchen kann, zu eigenen psychischen Prozessen, zu eigenen Handlungsregulationsprozessen. Er erwirbt damit eine neue psychische Struktur (Kompetenz) und erweitert seinen Handlungsspielraum. Er „begreift" etwas von seinem Verhältnis zum Erwachsenen, von den Eigenschaften eines Balles und – das ist von besonderer Wichtigkeit – von sich selbst (vgl. Sève 1973). Das ist, wie Leont´ew (1973:. 230ff) darlegt, Aneignung und mithin ein Prozess, der sich wesentlich von dem unterscheidet, was geschieht, wenn ein Hund einen Ball apportieren lernt. Zwar entwickelt auch der Hund neue Verhaltensweisen und nutzt dafür angeborene Verhaltensdispositionen, aber er eignet sich dabei nicht an, was sein Herrchen in seiner Handlung vergegenständlicht hat, nämlich, dass er ein Hund, sein Herrchen aber ein Mensch ist, dass die Situation zur Kategorie „Freizeit" gehört, was ein Ball ist u.v.m.. Damit sind seine Möglichkeiten, aus dem Apportieren neue Handlungsmuster zu entwickeln gegenüber denen des Kindes entschieden begrenzt: dieses eignet sich im Umgang mit den Erwachsenen die Kultur seiner Gruppe, ja sogar die gesamt menschliche Tradition an.

Genau das ist eine Kernaussage der kulturhistorischen Schule, die die Tätigkeitstheorie und damit die Aneignungstheorie hervorgebracht hat (Braun 2004): mit der Entwicklung zum Menschen wurde die biologische Evolution von einem neuen Entwicklungsprinzip, der Tradition (die Rede ist stets von „Geschichte"), abgelöst. Tradition aber ist ein historisch-sozial zu deutender Sachverhalt. Die Aneignung vergegenständlichter Bedeutungen löst die rein praktische Anpassung an Umweltgegebenheiten als einziges Prinzip der Auseinandersetzung mit der Umwelt ab. Daher bedeutet Aneignung immer: Aneignung menschlicher Tradition, Lernen ist grundsätzlich auf historisch-sozial zu deutende Sachverhalte bezogen.

Das Beispiel von der Greifhandlung verweist auf zwei entscheidende Bestimmungsstücke im Verhältnis von Subjekt und Umwelt, die im Begriffspaar „Aneignung und Vergegenständlichung" zum Ausdruck kommen:

a. Aneignung ist nur möglich im Rahmen zwischenmenschlichen Verkehrs (A.A. Leont´ev 1982), bzw. im Rahmen von „Interaktion" (vgl. 5.1.1.1) und daher

b. an die Aktivität des aneignenden Subjektes ebenso gebunden wie an die Aktivität dessen, der Gegenstände zur Aneignung bereitstellt oder vorenthält und deshalb diesen Prozess maßgeblich beeinflusst.

Die Bindung an Interaktion, also das erste Bestimmungsstück von Aneignung, zwingt zu einer spezifischen Deutung des Alltagssatzes „Jeder macht seine Erfahrungen selbst". Gemeint ist damit nicht, dass jemand ohne Vermittlung anderer Menschen zu Erfahrungen kommt, sondern nur, dass er sie sich aneignet im o.g. Sinne, also ausschließlich aufgrund eigener Aktivität. Denn die Gegenstände und Strukturen der Umwelt können nicht unmittelbar angeeignet werden, weil sie nur sozial vermittelt verfügbar sind, d.h. vermittelt über die Erfahrungen, die andere Menschen mit dieser Umwelt gemacht haben. Diese Aussage bleibt auch für den Fall gültig, dass einem Kind z.b. ein Ball nicht von einem Erwachsenen gereicht wird, sondern es ihn im Bett vorfindet. Auch diese Situation ist Resultat der Handlungen anderer. Erst wenn ein Kind bereits Einiges angeeignet hat, kann es selbständig z.b. in einen Wald gehen und auf der Grundlage seiner bereits angeeigneten Bedeutungen von „Wald" Erfahrungen machen, ohne dass konkret jemand anderes anwesend ist oder konkret etwas im Wald bewirkt, also von seinen Absichten und Vorstellungen dort vergegenständlicht hat. Das Kind tritt dabei aber dennoch nicht dem Wald unmittelbar gegenüber, sondern bleibt auf Vorstellungen angewiesen, die es aus den Erfahrungen anderer gewonnen hat, indem es sich ihre Vergegenständlichungen angeeignet hat. Es sieht den Wald als „Wald", als eine Bedeutung, die seine Gesellschaft entwickelt hat und in ihrer kulturellen Praxis vergegenständlicht. Die Interaktionsbindung von Aneignung bedeutet die nicht auflösbare Bindung von Subjekten an menschliche Tradition, die entscheidend auf Sprache und ihrer Rolle bei der Aneignung beruht.

Die Aktivitätsbindung als zweites Bestimmungsstück von Aneignung relativiert die Interaktionsbindung insofern, als sie Aneignung nicht als passive Übernahme von Tradition kennzeichnet, sondern als Erarbeitung von Tradition. Sie stellt Aneignung in den Kontext konkreter subjektiver Bedürfnisse und macht die Aneignungsresultate zu etwas, das sich das Subjekt zu eigen gemacht hat (vgl. Braun 2004:19ff). Dadurch erbringt es einen neuen Beitrag zur Tradition, deren ständiger Wandel anders nicht denkbar wäre. Vor allem aber bedeutet Aktivitätsbindung von Aneignung, dass Subjekte ihrer Umwelt grundsätzlich aktiv gegenüberstehen, nur als Akteure in dieser Umwelt denkbar sind. Dies gilt auch, wenn jemand sinnend und ohne sichtbare äußere Aktivität zu Schlüssen über die Umwelt kommt, weil er dies nur mithilfe von geistigen Operationen tun kann und die resultieren, wie Galperin (1969) und vor ihm Piaget (2003, 1969b) gezeigt haben, letztlich aus äußeren Handlungen, weshalb Galperin Denken auch als „innere" Tätigkeit bezeichnet (Galperin 1973) und Piaget (1969b) von geistigen Operationen spricht.

4.2 Kompetenzen

Alle psychologischen Lerntheorien fassen Lernen funktional auf, d.h. sie definieren Lernen über die dadurch mögliche Erweiterung von Handlungsspielraum (vgl. 4.1). Damit schließen sie an das Bewältigungsparadigma an (Flammer 1990, Lazarus / Folkman 1984), wonach menschliche Aktivitäten stets als Bewältigungsleistungen interpretiert werden.

Vor diesem Hintergrund macht es Sinn, die Resultate von Lernprozessen als Kompetenzen zu bezeichnen. Dieser nicht sehr präzis gefasste Begriff steht für „Fähigkeit, etwas zu bewältigen", sollte aber genauer bestimmt werden. Kompetenzen werden hier im Text verstanden als:

a.   psychische Strukturen, die
b.   jeder Bewältigungsleistung zugrunde liegen und
c.   lernend erworben werden.

Die Entfaltung dieser Definition stellt uns vor drei Aufgaben:

1.   Der Begriff „Kompetenz" muss eingefügt werden in ein Gesamtmodell des Psychischen, damit klar ist, was „psychische Strukturen" überhaupt und was Kompetenzen als eine besondere Art psychischer Strukturen konkret sein sollen.

2.   Lernresultate als Kompetenzen und nicht als Wissen zu bezeichnen, ist auf den ersten Blick in einem schulischen Kontext befremdlich. Denn Schule gilt weit herum als Institution der Wissensvermittlung. Tatsache ist: der Lehrplan ist als Sammlung von Wissen formuliert. Allerdings hat sich im Zusammenhang mit der PISA-Studie ein gewisses Unbehagen darüber breit gemacht, den Erfolg von Schule ausschließlich als Wissen zu erfassen. Stattdessen versucht man, Lernerfolg als Kompetenz – Lese-, Schreib- und Rechenkompetenz – zu operationalisieren (Baumert et al. 2001). Es muss also die Frage nach dem Verhältnis beider Begriffe zueinander geklärt werden.

3.   Werden Kompetenzen als psychische Strukturen ausgewiesen, werden sie auch irgendwie erlebt und es stellen sich Fragen zum Kompetenzerleben, wie etwa: Wie fühlt es sich an, kochen zu können? Wie fühlt es sich an, nicht kochen zu können? Was wissen wir über unsere Kompetenzen? Was von unseren Kompetenzen ist uns bewusst?

4.2.1 Kompetenz als Element von Handlungsregulation

Das Modell von der Handlungsregulation ist das Kernmodell handlungstheoretisch orientierter Psychologie. Es beschreibt die inneren, d.h. psychischen Voraussetzungen für Handlungen (Oesterreich 1981) und ist deswegen geeignet als theoretischer Rahmen für eine genauere Definition von Kompetenzen.

Man unterscheidet zwei Handlungsregulationsbereiche: die Antriebs- und die Ausführungsregulation.

Die *Antriebsregulation* umfasst v.a. die Motive und Emotionen. Motive erfassen Umwelt unter dem Gesichtpunkt ihrer Bedürfnisrelevanz und nicht unter dem Gesichtspunkt ihrer Gegenständlichkeit (vgl. Leont´ev 1979). Hunger ist zwar stets Hunger nach etwas, Neugier stets das Interesse an etwas Neuem, aber dieses Etwas muss nicht gänzlich klar umrissen sein. So sind Motive i. d. R. nicht bewusst und erscheinen im Erleben als Emotionen, d. h. als Bewertungen von Umwelt. Die Antriebsregulation steuert die allgemeine bedürfnisorientierte Aktivierung des Subjektes und stellt sicher, dass die Aktivität den sie initiierenden Bedürfnissen auch entspricht. Das geschieht in Form einer emotionalen Bewertung der Umwelt, so dass bestimmte Situationen als bedürfnisrelevant, d.h. als Anforderungen oder Gefahren bzw. als Probleme eingestuft werden (vgl. Lazarus / Folkman 1984, Holodynski 1999).

Die *Ausführungsregulation* sorgt für die Anpassung der Aktivität an die äußeren und inneren Bedingungen. Sie wird vom *Ziel* definiert. Die Zielentwicklung ist der *Kernbereich* der Ausführungsregulation.

Ziele sind Vorstellungen vom Handlungsresultat und folglich stets bewusst und zugleich auf die nicht bewussten Motive bezogen. Sie erhalten ihre subjektive Dynamik von dort. Ziele können sinnlos werden und das kann einem Akteur erst allmählich klar werden, wenn ihn die Erreichung des Ziels nicht mehr zufrieden stellt. Er wird dieses Ziel aufgeben oder sich neu motivieren.

Ziele beziehen sich auf eine Analyse der Situation. D.h. sie berücksichtigen Merkmale der Situation, soweit sie zielrelevant sind. Zu dem Zweck werden aktuelle Sinneseindrücke mit psychischen Situationsmodellen verglichen und die Frage entschieden: Was ist jetzt konkret der Fall? Diese Entscheidung ist Ergebnis der *Bedingungsanalyse* und führt zur nächsten Frage: Was ist jetzt zu tun? Er schafft die Voraussetzung für die Beantwortung der nächsten Frage: „Was ist zu tun?". Zur Beantwortung dieser Frage wird die Situation in Beziehung gesetzt mit psychischen Modellen von Handlungsverfahren, über die der Akteur verfügt. Diesen Bereich der Ausführungsregulation nennt man *„Weg-Mittel-Analyse* (Oesterreich 1981). Wählt der Akteur ein Verfahren aus, entsteht ein *Handlungsplan* (Oesterreich 1981), nach dem er konkret handelt.

Dieses Modell von der Handlungsregulation stellt Kompetenzen sowohl in den Kontext der Bedingungs- wie auch in den Kontext der Weg-Mittel-Analyse. Einerseits ermöglichen Kompetenzen die Beurteilung der inneren und äußeren aktuellen Situation. Sie geben an, welcher Typ Situation vorliegt, und gehören daher in den Bereich der Bedingungsanalyse.

Andererseits ermöglichen Kompetenzen die Beurteilung der unterschiedlichen praktischen Möglichkeiten, das gesetzte Ziel zu erreichen. Sie geben an, welche der verfügbaren Handlungsverfahren in der gegebenen Situation in Frage kommen, und gehören daher in den Bereich der Weg-Mittel-Analyse.

Kompetenzen vereinigen zwei Bereiche der Handlungsregulation:

a. die Bedingungsanalyse, die eine Erkenntnis der Außen- und Innenwelt hervorbringt

Unter der Perspektive der Bedingungsanalyse sind Kompetenzen innere Modelle von äußeren und inneren Handlungsbedingungen, die als Kriterien dienen für eine Beurteilung der konkreten Situation. Einem Kind, das nicht gut Fahrradfahren kann, bietet ein älteres Kind sein eigenes Rad an und verspricht, ihm beim Aufsteigen zu helfen. Die Bedingungsanalyse ergibt eine günstige äußere und eine unsichere innere Bedingung. Das Kind ist unentschlossen, ob es auf die Hilfe vertrauen kann, ob Gefahr besteht, sich zu blamieren u. s. w.

b. die Weg-Mittel-Analyse, bei der mögliche Handlungsverfahren verglichen werden unter der Perspektive der Weg-Mittel-Analyse sind Kompetenzen innere Modelle von Verfahren, mit denen ein gesetztes Ziel erreicht werden kann. Im o.g. Beispiel verfügt das Kind nicht über ein sicheres inneres Modell vom Fahrradfahren. Derartige Modelle sind meist sensumotorische Schemata und deshalb nur ansatzweise zu versprachlichen.

4.2.2 Kompetenz und Wissen

Wenn Kompetenzen Erkenntnis und Handlungsverfahren miteinander verbinden, ist die Antwort auf die Frage nach dem Verhältnis von Kompetenz und Wissen klar: jede Kompetenz enthält Wissen, Wissen ist stets Bestandteil von Kompetenz.

Diese Aussage passt sehr gut zum Ansatz von Piaget (2003) und insbesondere zu seinem Begriff „Schema". Damit ist ein inneres, d.h. psychisches Modell von der Welt gemeint und keinesfalls nur die bildhafte oder sprachliche Wiedergabe von Weltausschnitten. Ein Schema beruht auf einer Abstraktion von Sinneseindrücken und deren Synthese in einer Weise, die eine Orientierung in der Welt ermöglicht. Seel (2003: 51) veranschaulicht das am sensumotorischen Schema des Saugens: „Die biologische Entwicklung des Gehirns bedingt, dass im Cortex zunächst die Funktionen für Wahrnehmung und Motorik und ihre Koordination entwickelt werden. Dementsprechend sind die Vorstellungen des Kleinkindes, die es in Bezug auf die Welt entwickelt, abhängig von seinen sensorischen und seinen motorischen Fähigkeiten. Um die Welt zu „begreifen",..., entwickelt das Kleinkind auf der Basis wiederholter Handlungen sensumotorische bzw. enaktive Schemata: was immer in einer Handlung transponiert, generalisiert oder differenziert wird, trägt zur Herausbildung eines solchen Schemas bei. Das Kind ist nicht zufrieden, nur zu saugen, wenn es gefüttert wird, es saugt auch zufällig. Es saugt an seinem Finger und an jedem Gegenstand, der in seine Reichweite gelangt. Was viele nicht wissen: das ist die Art, in der ein Baby jedes Objekt in seiner Umwelt definiert. Das Ding ist entweder zum Saugen da, oder es existiert nicht. Dasselbe gilt für alles „Schlagbare", „Klopfbare", „Kratzbare", „Essbare" u.s.w. Enaktive Schemata sind nach Piaget die Bausteine der sensumotorischen Intelligenz, auf der die gesamte weitere kognitive Entwicklung aufbaut." Die Verwurzelung sämtlicher Kompetenzen in sensumotorischen Schemata zeigt einerseits die beiden unterschiedlichen Seiten von Kompetenz: etwas als saugbar zu begreifen steht für die erkenntnisbezogene Seite, das Saugen selbst, also der motorische Teil des Schemas steht für die Seite des Verfahrens. Andererseits verweist sie auf die unauflösliche Verbindung beider: Erkenntnis ist nur sinnvoll, soweit sie umgesetzt wird, Handlungen sind nur vollziehbar auf der Grundlage von Erkenntnissen.

Die Übertragung dieser Einsichten auf schulisches Lernen erscheint auf den ersten Blick schwierig. Sie verspricht aber interessante Einsichten. Denn Piaget macht keine normative Aussage, wenn er den Zusammenhang von Erkenntnis und praktischer Bewältigung postuliert. Er stellt eine Behauptung auf. D.h. es geht nicht um die Anwendung schulischen Wissens in irgendeinem schulfremden Kontext – das wäre ein Problem der Übertragbarkeit von Kompetenzen auf einen neuen Situationstypus – sondern es geht um die Anwendung des Schulwissens im Schulkontext, z. B. in den Prüfungen.

4.2.3 Das Erleben von Kompetenz
Die Frage nach dem Erleben zielt in zwei Richtungen:
1. sie berührt die Frage, ob etwas bewusst ist, und
2. die Frage, in welcher Weise es bewusst ist.

Da Lernprozesse häufig nicht bewusst sind, sind es auch die Kompetenzen nicht, und zwar bezogen auf beide Aspekte. Wissen wird zwar im Allgemeinen als bewusste psychische Struktur behandelt (vgl. Norman / Rumelhart 1978, Seel 2003), es gibt aber auch Wissensformen, deren sich die Subjekte nicht bewusst sind. Das Beispiel früher Mutter-Kind-Kommunikation (vgl. Stern 1999) illustriert das. Bei den Handlungsverfahren liegt es näher, davon auszugehen, dass sie nicht-bewusst sind. Die komplizierten Bewegungsabläufe, die eine Sonate von Beethoven hervorbringen, sind nicht nur dafür ein Beispiel. Sie verweisen überdies auf den Umstand, dass gerade Handlungsverfahren überhaupt erst dann „richtig" funktionieren, wenn sie nicht-bewusst ablaufen. Jeder der ein Musikstück übt, weiß, dass er dieses Stück nur dann beherrscht, wenn er die einzelnen Abläufe nicht (mehr) bewusst realisieren muss. In der Psychologie heißen solche nicht bewussten Handlungsverfahren Routinen, soweit es sich um Abläufe handelt, die aus dem Bewusstsein abgesunken sind (vgl. Friedlmeier / Holodynski 1999), wie das beim Üben eines Musikstückes der Fall ist. Hier steht am Anfang des Kompetenzerwerbs das bewusste Vollziehen bestimmter Handlungsabläufe. Unbewusste Kompetenzen als Resultate durchgängig unbewussten Lernens haben dagegen – anscheinend – keinen eigenen Namen, d.h. sie sind kein Thema der Psychologie, obwohl sie, wie das o.g. Beispiel zeigt, eine große Bedeutung bei der Bewältigung des Alltags haben (vgl. dazu Breidenstein 2006). Das mag daher kommen, dass diese Art Kompetenzen nur schwer empirisch zu erfassen sind, sich letztlich nur durch Beobachtung erschließen lassen und dass dafür psychologische Konzepte fehlen (vgl. aber Breidenstein 2006).

Bewusste Handlungsverfahren heißen Handlungsprogramme (vgl. Oesterreich 1981). Über sie wird im Kontext verschiedener Methodenlehren (z. B. für die Sozialpädagogik: v. Spiegel 2008) intensiv geforscht und reflektiert. Auf ihnen beruhen sämtliche komplexen Kompetenzen wie z. B. die Kompetenz, klientzentrierte Beratung durchführen zu können, die Sitzung eines Jugendhilfeausschusses zu leiten oder das U-Bahnnetz einer Stadt zu nutzen. Klar, dass in diesen Fällen die bewussten Kompetenzanteile mit den unbewussten eng verwoben sind. Klar auch, dass die bewussten Kompetenzanteile, v. a. das Wissen, eine entscheidende, weil orientierende Rolle spielen.

Die Beschreibung nicht-bewusster Kompetenzen und die Beschreibung von Handlungsverfahren – auch wenn sie bewusst sind, ist schwierig und nur annäherungsweise möglich. Denn die Sprache als Beschreibungsmedium hat da ihre Grenzen, v.a. wenn sie unter der Anforderung steht, möglichst präzise und eindeutig zu sein. Das bemerkt jeder, der sensumotorische Schemata zu beschreiben versucht. Leichter ist es, sie zu zeigen. Dennoch werden Kompetenzen beschrieben, und das nicht nur im Schulkontext, wo z. T. Lehrpläne als Kompetenzbeschreibungen daherkommen (vgl. S.116). Denn Menschen möchten sich ihrer Kompetenzen versichern und das geschieht auch, indem sie zur Sprache gebracht oder sonst wie kommuniziert werden. Denn Menschen fühlen, wenn sie etwas können, und sie fühlen, dass sie etwas noch nicht richtig können oder nicht mehr können und können darüber auch reden.

Dieses „Kompetenzgefühl" ist nicht identisch mit der Kompetenz, die es anzeigt, aber es ist relevant dafür, dass eine Kompetenz entwickelt wird. Man übt, „bis man es kann". Man ist erschreckt, wenn man etwas nicht mehr kann, was man zu können glaubte.

4.3 Die drei Seiten des Lernens

Lernen ist Teil jeder Tätigkeit. Daher hat es, wie jede Tätigkeit, drei Seiten, die es bestimmen:
- eine sachbezogene
- eine soziale
- eine psychophysische
(vgl. dazu Sève 1974).

a.   Die sachbezogene Seite
Es wird immer *etwas* gelernt. Lernprozesse sind von Lerngegenständen abhängig, die angeeignet werden können (vgl. Kapitel 5.3). Diese werden im sozialen Kontext angeboten und im Kontext der Aneignungstheorie als Vergegenständlichungen der Mitakteure charakterisiert. Bekommt ein Kind einen Ball, so bekommt es die Vergegenständlichungen all der Menschen zur Aneignung, die Teil daran hatten, dass ihm dieser Ball zur Verfügung steht (vgl. dazu Holzkamp 1975, S. 175ff).

b.   Die soziale Seite
Es wird immer etwas *von jemandem* gelernt. Lernen findet nur im sozialen Kontext, das heißt in Interaktionen statt (vgl. Friedlmeier / Holodynski 1999, z. B. S. 44). V. a. zu Beginn der Lernbiografie sind das direkte Interaktionen, später werden auch indirekte, d.h. vermittelte Interaktionen wichtig.

c.   Die psychophysische Seite
Lernen ist nur als Aktivität möglich und hat folglich auch selbst subjektive Voraussetzungen, körperliche wie psychische. Das Subjekt muss seine Lernhandlungen, bzw. die lernrelevanten Handlungsaspekte steuern. Es muss wissen, wie man lernt. Es muss seine Aufmerksamkeit auf den Lerngegenstand richten. Es muss seine Lernmotivation sichern (vgl.6.1).

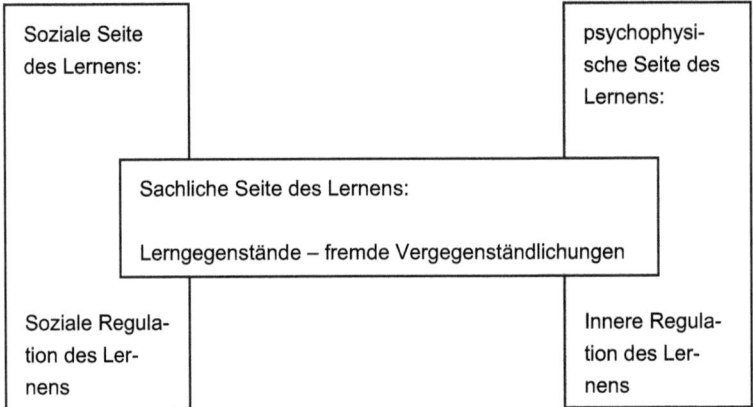

5. Die soziale Seite des Lernens: Lernumwelten

Oben hieß es:„Menschen lernen etwas von jemandem" und das meint: Lernen ist an soziale und physische Räume gebunden, wo Menschen einander ihre Vergegenständlichungen anbieten, so dass die zu Kompetenzen umgeformt werden können. Es ist mithin grundsätzlich ein wechselseitiger Prozess, der durch die sozialen Bezüge der Subjekte untereinander strukturiert ist. Diese Struktur ist die grundlegende Voraussetzung für das Lernen, weil sie darüber entscheidet, welche Lerngegenstände überhaupt zur Verfügung stehen: die soziale Seite des Lernens definiert seine sachbezogene Seite. Beides, die soziale Struktur und die dort verfügbaren Lerninhalte machen die Lernumwelt aus, die sich Menschen aneignen können.

5.1 Soziale Strukturen als Interaktionssysteme und soziale Praktiken

Lernumwelten lassen sich (a) bezogen auf Akteure und (b) bezogen auf Praktiken beschreiben.

Die akteursgebundene Beschreibung erfasst soziale Strukturen als Interaktionen bzw. Interaktionssysteme, also als etwas, das von den Akteuren gemacht wird und von ihren Motiven und Zielsetzungen abhängt. Die Beschreibung als Praktiken fasst soziale Strukturen als etwas Vorfindliches, woran sich aktive Subjekte beteiligen, was jedoch nicht vollständig auf deren Motive und Zielsetzungen zurückgeführt werden kann (vgl. Breidenstein 2006, auch Reckwitz 2003). Beide Beschreibungsmodi werden aktuell eher gegeneinander abgesetzt (Breidenstein 2006, S. 16ff). Das ist nicht zwingend, denn beide Modi stehen für basale Eigenschaften sozialer Strukturen: sie sind Resultat individueller Handlungen und zugleich vorgefundene, u. U. aufgezwungene Bedingung für individuelles Handeln (Crozier / Friedberg 1993).

5.1.1 Interaktionssysteme

Das Ganze ist mehr als die Summe seiner Teile. Das gilt für Interaktionssysteme und die Interaktionen, aus denen sie bestehen. Und es gilt für Interaktionen und die Handlungen, aus denen diese bestehen. In beiden Fällen macht sich das Mehr des Ganzen gegenüber der Summe seiner Teile an den Zielen fest, den Interaktions- und den Institutions- bzw. Organisationszielen.

Diese Ziele sind soziale Sachverhalte und als solche Kernbegriffe einer Interaktionstheorie, die sich deutlich am symbolischen Interaktionismus orientiert. Sie erfüllt die Funktion einer Grundlagentheorie.

5.1.1.1 Interaktionen

Was eine Interaktion ist, lässt sich an einem schulrelevanten Beispiel illustrieren: Herr Meier, ein Lehrer, ruft im Unterricht Jens, einen Schüler, zur Ordnung. Der guckt auf und setzt sich ruhig hin. Was ist geschehen? Herr Müller hat bemerkt, dass Jens ihn in seinem Ziel, den Unterricht fortzuführen, behindert und unterbricht deshalb seine unterrichtliche Erklärung. Sein Ordnungsruf verfolgt das Ziel, Jens zur Ruhe zu bringen. Der Handlungserfolg von Herrn Müller hängt nicht nur von seinem Ordnungsruf ab – ob der laut genug, richtig formuliert ist – sondern maßgeblich von Jens, genauer von psychischen Prozessen in Jens. Denn der muss entscheiden, ob er sein ursprüngliches Ziel, dem Banknachbarn etwas klarzumachen, beibehalten soll, oder ob er lieber auf Herrn Müller hört. Jens gerät wegen Herrn Müller in einen inneren Konflikt. Im Rahmen seiner Konfliktlösung spielt eine Rolle, dass er den Ordnungsruf des Lehrers versteht und einzuordnen weiß: der kann eine Vorstufe für Sanktionen sein oder eine sanfte Ermahnung, nicht ganz so laut zu sein: Jens schließt das alles aus der Äußerung von Herrn Müller und aus seinen Erfahrungen, die er diesbezüglich mit Herrn Müller hat. Genauso Herr Müller: auch der hat eine Vorstellung von dem, was Jens will, wenn er stört. Wenn er es bei einem kurzen Ordnungsruf bewenden lässt, glaubt er, dass Jens sich ohne Probleme anpassen kann. Er kann sich täuschen. Aber das wird er bemerken, wenn z. B. Jens auf den Ordnungsruf hin empört das Fehlverhalten seines Nachbarn beklagt.

Das Beispiel zeigt: in Interaktionen stimmen die Akteure ihre Einzelhandlungen aufeinander ab, indem sie ein Interaktionsziel aushandeln, auf das sie sich gemeinsam beziehen können. Das setzt voraus, dass die Akteure jeweils die Ziele und Motive aller anderen aus deren Handlungen erschließen und sich darauf einigen, was als Interaktionskontext gelten soll. Dieser Vorgang soll Perspektivverschränkung genannt werden (Lau 1978). Interaktionen haben also drei Bestimmungsstücke:

- die Motive der Akteure
- die Perspektivverschränkung
- das Interaktionsziel

a. Die Motive der Akteure
Sie sind Ausgangspunkt der einzelnen Interaktionsbeiträge und deshalb ein wichtiges Steuerungselement auch für die Interaktion insgesamt. Denn das Ausmaß, in dem eine Interaktion die Bedürfnisse eines Akteurs berücksichtigt, bestimmt dessen Beteiligung an ihr.

b. Die Perspektivverschränkung

Die Perspektivverschränkung bezieht sich auf zwei Bereiche: die wechselseitige Rekonstruktion der Motive aller Akteure und die Einigung über den Interaktionskontext. Sie beschreibt Interaktion als Prozess gegenseitigen Verstehens und Akzeptierens (vgl. Wunderlich 1972), greift ihre Kommunikationsseite auf. Insofern Interaktionen Aushandlungsprozesse sind, haben sie eine Doppelstruktur: einen durch das spezifische Interaktionsziel repräsentierten Inhaltsaspekt und als Basis dafür den Beziehungsaspekt (vgl. Watzlawick 1972). Interaktionen beinhalten daher stets Kommunikationsprozesse, die der gegenseitigen Handlungssteuerung dienen (vgl. Hildebrand-Nilshon 1980).

Die Perspektivverschränkung als kommunikative Seite von Interaktion liefert die soziale Grundlage dafür, ein Interaktionsziel aushandeln zu können: eine gemeinsame oder wenigstens zueinander passende Vorstellung von der Situation (dem Problem) und von den Möglichkeiten, mit dieser Situation (diesem Problem) umzugehen. Denn die Akteure können ihre Beiträge umso besser aufeinander abstimmen, je besser sie einander kennen und wissen, wie jeder die Ausgangssituation sieht und was jeder anstrebt, je besser sie Kompromissbereitschaften erahnen und Konflikte aufziehen sehen. Jeder Akteur berücksichtigt bei seiner Handlungsplanung die rekonstruierten Motive der anderen, soweit er kann bzw. will. Kern der Perspektivverschränkung ist für jeden Akteur die Prüfung, in welchem Verhältnis die Bedürfnisse der anderen Akteure zu den seinen stehen: besteht große Kongruenz, dürfte die Interaktion erfreulich und für alle zufrieden stellend sein. Hat ein Akteur Sonderinteressen und ist er für die Interaktion besonders wichtig, dann werden die anderen Akteure diese Sonderinteressen positiv aufnehmen, vielleicht an ihren Absichten Abstriche machen. Bestehen dagegen Interessengegensätze, wird jede Seite prüfen, ob sie sich wird durchsetzen können, ob sie Kompromisse eingehen will und falls ja, welche, oder vielleicht auch, mit wem noch am ehesten Kongruenz besteht u.ä.m.

Die Bedeutung des Interaktionskontextes als Gegenstand der Perspektivverschränkung ergibt sich aus dem Umstand, dass die Akteure nicht einfach ihren Motiven folgen. Vielmehr reflektieren die individuellen Ziele, aus denen sich das Interaktionsziel bildet, neben diesen Motiven auch den situativen Rahmen der Interaktion. Der wiederum enthält, mit den physischen Gegebenheiten, dem Zeitrahmen und dem Zeitpunkt für die Interaktion sachliche Elemente. Die Ziele reflektieren aber auch den sozialen Rahmen der Interaktion. Dieser definiert sich einerseits aus der Interaktionsgeschichte, die die Akteure miteinander haben und aus der viele Erwartungen aneinander resultieren. Er defi-

niert sich andererseits aus den kulturellen Bedeutungen, die die Akteure miteinander teilen (vgl. 5.1.1.4, sowie Reinhard 2004, Jung / Müller-Dohm 1994).
Der Interaktionskontext bezieht sich auf die Einbindung einer Interaktion in
ein System, und eine solche Einbindung gibt es immer: im Beispiel ist es das
Interaktionssystem Schule (vgl. 5.1.1.4 und Kapitel 7).

c. Das Interaktionsziel
Während die Akteure ihre Perspektiven verschränken, sich akzeptieren und
verstehen (vgl. Wunderlich 1974) und eine hinreichend gemeinsame Sicht der
Situation entwickeln, handeln sie ein gemeinsames Vorgehen aus. Sie einigen
sich auf ein Interaktionsziel. Dieses enthält als Aushandlungsergebnis Erwartungen aller Akteure an die Interaktion, d.h. es schlagen sich jene relevanten
Motive der Akteure im Interaktionsziel nieder, die diese Erwartungen hervorgebracht haben. Interaktionsziele markieren die inhaltliche Grundlage der
Interaktion und stehen nicht für ein gutes Einvernehmen miteinander: Auch
Konflikte, d. h. die Einigung darüber, dass man Interessengegensätze auszu-
kämpfen gedenkt, sind Interaktionsziele.

Das Interaktionsziel sichert die Abstimmung der Handlungen aller Akteure.
Dies gelingt besonders gut, weil bzw. wenn die Akteure das Interaktionsziel als
eine *objektive* Bedingung ihres Handelns wahrnehmen, also ähnlich wie die
Zielvergegenständlichungen der anderen Akteure. Dann tritt der Umstand in
den Hintergrund, dass das Interaktionsziel ausgehandelt ist, jeder an seinem
Zustandekommen beteiligt ist. Indem das Interaktionsziel objektiviert wird,
wird es dem Einfluss der Akteure scheinbar entzogen und seine Integrationsfunktion wird gestärkt. Warum das sehr häufig zu geschehen scheint – das auf
S. 49 beschriebene Ohnmachtssyndrom ist auch eine Variante dieses Geschehens –, lässt sich aus der großen Bedeutung erklären, die die Teilnahme an
Interaktionen für Menschen grundsätzlich hat. Die erste Erfahrung menschlichen Lebens ist die, von Interaktionen abhängig und in Interaktionen aufgehoben zu sein. Daher geben Menschen eine Beteiligung an Interaktionen nicht
ohne Not auf, nehmen auch massive Nachteile in Kauf, nur um nicht aus
überlebenswichtigen sozialen Zusammenhängen herauszufallen.

5.1.1.2 Die Machtverhältnisse in Interaktionen
Beim Aushandeln des Interaktionsziels haben nicht alle Akteure den gleichen Einfluss. Manche verfügen über besondere Machtmittel und können ihre Mit-Akteure
zwingen, auch solche Interaktionsziele zu akzeptieren, die für sie (ihre Bedürfnisse)
wenig zu bieten haben.

Das erklärt sich einesteils aus dem o. g. starken Bestreben, sich in Interaktionen zu integrieren, seien sie auch noch so problematisch. Es erklärt sich aber auch differenzialpsychologisch: Menschen mit geringem Selbstwertgefühl neigen dazu, ihren Mitakteuren Machtmittel zuzuschreiben, die sie nicht haben oder wenigstens nicht ohne Not einsetzen würden. Sie vermeiden auf diese Weise Konflikte, die die Gefahr bergen, aus einer Interaktion ausgeschlossen zu werden oder sie aufkündigen zu müssen. Schließlich und v. a. erklärt sich die Dynamik der Machtverhältnisse sozial: viele Machtmittel sind an bestimmte Funktionen gebunden, die bestimmten Akteuren verliehen wurden. Die Machtverhältnisse in einer Interaktion resultieren aus deren Einbindung in ein Interaktionssystem (vgl. 5.1.1.4).

Da in den meisten Interaktionen Menschen zusammenwirken, die unterschiedliche Interessen und Machtmittel haben und in unterschiedlichem Maße bereit sind, ihre Machtmittel einzusetzen oder ein Scheitern der Interaktion zu riskieren, ist das Aushandeln von Interaktionszielen oft mit Zwang (selbst ausgeübt oder erlitten) verbunden. Man kann deshalb Interaktionen danach beurteilen, ob und wie viel Zwang im Spiel ist, genauer: ob und wie sehr sich einzelne Akteure zur Teilnahme an der Interaktion gezwungen sehen. Denn ein starkes Machtgefälle kann durchaus von allen Akteuren akzeptiert werden. Dies ist z. B. zu erwarten, wenn die Machtmittel eines Akteurs den anderen nützen, sie von ihm versorgt werden und sich im Gegenzug dafür gerne nach ihm richten. Interaktionen, die von akzeptierten Autoritäten dominiert werden, gehören in diese Kategorie.

Wenn sich Akteure aber gezwungen sehen, für die Interaktion wichtige eigene Bedürfnisse zu ignorieren, beeinflusst das nicht nur ihr Gefühlsleben und ihre Beziehung zu den mächtigen Akteuren. Es beeinflusst auch die Art und Weise, wie sie interagieren. Sie können ihre Beiträge zur Interaktion schlampig erbringen, das Interaktionsziel sogar sabotieren oder sich – wenigstens zeitweise – der Interaktion entziehen. Derartige Interaktionen haben Interaktionsziele, die nicht alle Akteure optimal einbinden. Sie werden im weiteren Text als *prekäre* Interaktionen bezeichnet.

5.1.1.3 Eine Interaktionstypologie

Eine entscheidende, Typen bildende Qualität von Interaktionen bestimmt sich aus dem Interaktionsziel, genauer daraus, wie die verschiedenen Akteursziele im Interaktionsziel repräsentiert bzw. aufgehoben sind. Sind die Akteursziele in einer Interaktion hinreichend miteinander vereinbar, so kann das Interaktionsziel diese gut repräsentieren. Vom Interaktionsziel abweichende Akteursziele, das sind Sonderinteressen einzelner Akteure, werden dann das Interaktionsziel nicht infrage stellen. Damit ist die Voraussetzung gegeben dafür, dass die Interaktion zur *Kooperation* wird, und man kann unterschiedliche Ausprägungen von Kooperation unterscheiden:

1. Die Akteursziele sind identisch und es gibt keine davon abweichenden Sonderinteressen einzelner Akteure. Dies könnte man als ideale Kooperation bezeichnen.
2. Die Akteursziele sind identisch, es gibt aber auch davon abweichende Sonderinteressen einzelner Akteure. Dies könnte man als einsinnige Kooperation bezeichnen, da alle bezogen auf das Interaktionsziel eines Sinnes sind.
3. Die Akteursziele sind bezogen auf das Interaktionsziel komplementär, d.h. sie repräsentieren unterschiedliche Aspekte des Interaktionszieles. Dies ist eine ideale Arbeitsteilung, weil keinerlei Sonderinteressen die Wirkung des Interaktionszieles beeinträchtigen.
4. Die Akteursziele sind zwar bezogen auf das Interaktionsziel komplementär, es bestehen aber außerdem Sonderinteressen bei den Akteuren. Dies ist der Normalfall von Arbeitsteilung und das, was gemeinhin als Kooperation bezeichnet wird.

Wenn das Interaktionsziel die Akteursziele nicht hinreichend repräsentiert, wenn diese in nur geringem Maße kompatibel sind und wenn sich zudem die Akteursziele tendenziell und partiell ausschließen, lassen sich zwei weitere Interaktionstypen unterscheiden: der *Konflikt* und die *Konkurrenz*.

Bei der Konkurrenz besteht eine gewisse Kompatibilität der Akteursziele, weil alle das gleiche oder ein komplementäres (Sach-)ziel verfolgen. Es entsteht aber keine Kooperation, weil dieses Ziel zugleich inkompatible Elemente enthält: alle wollen gewinnen.

Die Konkurrenz kann – je nach Stärke des Konkurrenzanteils – unterschiedlich hart sein. Der nicht kompatible Zielbereich kann das gemeinsame Sachziel befördern (fruchtbare Konkurrenz) oder behindern (destruktive Konkurrenz).

Beim Konflikt gibt es die sachzielbezogene Kompatibilität nicht. Das Interaktionsziel ist der Konflikt, und es hält die Interaktion deswegen aufrecht, weil kein Akteur diese ohne erheblichen Nachteil verlassen kann. Wer um ein Stück Brot kämpft, gibt mit dem Kampf jede Option auf dieses Stück Brot auf. In Konflikten können die Akteure über ausgeglichene Machtressourcen verfügen oder es kann ein Machtungleichgewicht herrschen. In jedem Fall sind die Akteure aufeinander angewiesen, sonst würde die Interaktion und damit der Konflikt aufgelöst.

Die hier entfaltete Systematik verweist zwar auf die Machtverhältnisse in Interaktionen, weil sie an Qualitäten des Interaktionsziels gebunden ist und dieses grundsätzlich auch die Machtverhältnisse in einer Interaktion widerspiegelt. Das bedeutet aber nicht, dass in Kooperationen die Machtverhältnisse stets balanciert, in Konflikten oder Konkurrenzen unbalanciert sein müssen: wenn zwei Männer in idealer Kooperation eine schwere Last wegtragen und nur das wollen und nur so die Last bewegen können, können sie doch unterschiedlich stark sein und sich dieser Machtdifferenz auch noch bewusst sein. Die immer wieder aufgestellte Forderung nach Kooperation auf gleicher Augenhöhe (vgl. Seckinger / van Santen 2003) ergibt sich folglich nicht einfach aus dem Umstand, dass kooperiert wird. Eine „gleiche Augenhöhe" ist für das Gelingen von Kooperationen nicht notwendig.

Umgekehrt können sich Konflikte zwischen gleich starken Gegnern abspielen. Anders liegt der Fall, wenn sich der Konflikt zuspitzt und ein oder mehrere Akteure ihre Ziele immer weniger im Interaktionsziel wieder finden, weil sie die Macht nicht haben, das zu ändern. Dann wird es für sie immer unattraktiver, in der Interaktion zu verbleiben und die Interaktion wird prekär, d. h. in ihrem Fortbestand gefährdet.

Prekäre Interaktionen sind eine Sonderform von Konflikten in extrem unbalancierten Machtverhältnissen und dadurch bestimmt, dass sie in Gefahr stehen, sich aufzulösen. Sie können zwar auch zählebig sein, wie Thimm (2000) für die Schulverweigerung zeigt, und damit verdeutlichen, wie schwer es Menschen fällt, ganz aus Interaktionen auszusteigen. Denn mit diesem Ausstieg ist der völlige Verzicht auf jeden Nutzen verbunden, den die Interaktion für die schwachen Akteure noch bringt. Aber das extreme Machtungleichgewicht drängt die schwachen Akteure aus der Interaktion hinaus. Daher sind prekäre Interaktionen mit der Tendenz zur Ausgrenzung verbunden. Der Rückzug aus einer Interaktion kann überdies etwas sein, was die starken Akteure im Sinne ihrer Interessen in Kauf nehmen. Er kann sogar ein Teilaspekt dieser Interessen sein, oder er liegt in der Logik des Interaktionszieles und seiner Rahmung. Dann legt diese Rahmung die Ausgrenzung bestimmter Akteure nahe. In diesem Kontext trägt der Anomiebegriff zur weiteren Klärung dieser sozialen Dynamik bei (vgl. Böhnisch 1999, S. 26ff).

5.1.1.4 Interaktionssysteme
Interaktionen entwickeln sich zu Interaktionssystemen, d.h. zu sozialen Strukturen, wenn und damit ihre Ziele *dauerhaft* wirksam bleiben. Das setzt voraus, dass bestimmte Akteure immer wieder bestimmte Bedürfnisse befriedigen müssen und deshalb immer wieder nach bestimmten Mustern interagieren. Die Interaktionsresultate werden immer wieder realisiert und sind daher gut vorhersehbar. Ein einfaches Beispiel veranschaulicht das: Regelmäßig zur Ernte interagieren verschiedene Bauernfamilien einer Region unter immer gleichen Zielen und tragen auch Sorge, dass genau das geschieht: die regelmäßige Wiederholung der gegenseitigen Erntehilfe.

Interaktionssysteme entwickeln sich in einem historischen Prozess, weil sie die einzelnen Akteure von der immer neuen Entscheidung entlasten, ob sie die Interaktion eingehen sollen oder nicht, und v.a. von der Unsicherheit, ob sie die gewünschten Resultate bekommen oder nicht. Es entstehen wechselseitige Verpflichtungen, d.h. Beziehungen.

Diese Entlastungsfunktion und die mit ihr einhergehenden Beziehungen charakterisieren nach Gehlen (1956 sowie Vogel 2006: 30) Institutionen. Diese lassen sich anhand ihrer speziellen Funktionen charakterisieren.

Die Funktionen von Institutionen lassen sich als kulturelle Bedeutungen beschreiben und werden auch als solche im Rahmen der institutionsgebundenen Interaktionen verhandelt. Die Bauern im o. g. Beispiel können sich z. B. kommunikativ auf die Erntehilfe beziehen, wenn diese Tradition in Frage gestellt wird.

Kulturelle Bedeutungen werden zwar nur wirksam im Handeln von Individuen, sie haben dennoch einen überindividuellen Charakter: die Individuen, die sich handelnd auf kulturelle Bedeutungen beziehen, reflektieren i.d.R. nicht deren Abhängigkeit von menschlicher Praxis, sondern erleben sie als objektive Handlungsbedingungen, als Resultate von Tradition.

Wenn man Interaktionssysteme als Institutionen bezeichnet, hält man Anschluss an einen in der Soziologie gut verankerten Begriff (vgl. Vogel 2006) und stellt zugleich den Bezug dieses soziologischen Begriffs zum psychologischen Begriff „Erwartung" her. Denn psychologisch werden kulturelle Bedeutungen wirksam als Erwartungen, die Akteure aneinander haben und unter Verweis auf die kulturelle Bedeutung auch vernünftigerweise haben können.

Familien, Nachbarschaften und Peergroups sind Institutionen und das heißt, sie sind durch wechselseitige Erwartungen ihrer Akteure gesteuert. Die wiederum werden mithilfe der Bezüge auf kulturelle Bedeutungen harmonisiert. Institutionen sind in diesem Konzept Kristallisationspunkte von Kultur, denn dort werden kulturelle Bedeutungen entwickelt und wird Kultur gelebt (hierzu Reinhard 2004, S. 31ff).

5.1.1.5 Organisation

Der Gedanke der individuellen Entlastung, der Sicherung bestimmter Funktionen und damit der Dauerhaftigkeit liegt auch dem Begriff „Organisation" zugrunde. Allerdings wird mit diesem Begriff zusätzlich die Vorstellung von sachbezogener Funktionalität verbunden (vgl. Mayntz 1963, Vogel 2006, Fend 2006). Das bedeutet, dass Organisationen ihren Funktionsträgern und Nutzern als unpersönliche, also sachlich und nicht subjektiv oder sozial begründete soziale Strukturen erscheinen. Es spielt keine große Rolle, wer konkret als FunktionsträgerIn oder NutzerIn auftritt. Vielmehr unterwerfen sich die Akteure den Organisationszielen als Maßgaben, die nicht aus ihren Bedürfnissen oder denen von Mitakteuren resultieren und auch nicht auf Herkommen und Tradition zurückgeführt werden, sondern die sachlich begründet werden müssen (Vogel 2006, Fend 1980, 2006, Graf / Lamprecht 1991). Nur im Kontext von Organisationen macht es daher Sinn, von Dienstleistern (Funktionsträgern) und Nutzern zu reden. Denn das Verhältnis dieser Akteursgruppen ist, anders als z. B. das Verhältnis der o.g. Bauernfamilien zu einander, durch die in erster Linie sachlich legitimierte Dienstleistung bestimmt. Sie wird, so die offizielle Lesart, von den NutzerInnen benötigt und von den FunktionsträgerInnen erbracht.

Bei näherem Hinsehen erweist sich diese Konzeption von Organisation als unvollständig oder sogar irreführend. Es spielt nämlich durchaus eine Rolle, wer konkret z. B. als Funktionsträger auftritt. Ein Lehrerwechsel in einer Klasse macht das deutlich. Zudem entspricht das, was die FunktionsträgerInnen als Dienstleistung einbringen, keineswegs immer genau dem, was die NutzerInnen gebrauchen können und auch nutzen (vgl. Oelerich / Schaarschuch 2005b).

Das zeigt Breidenstein (2006) bei seiner Analyse von Unterricht. Man kann demnach mit gutem Grund Vogel (2006) folgen und den Begriff „Organisation" nur für die zweckrationale Seite von Interaktionssystemen verwenden, wogegen mit „Institution" die historisch-soziale Struktur von Interaktionssystemen bezeichnet wird. Schule hat beide Elemente, deshalb lässt sich in Anlehnung an Vogel (2006: 33) feststellen: Schule ist eine Institution, die eine Organisation hat.

Indem Organisation als Sonderaspekt einiger Institutionen gesehen wird, wird die Bedeutung der sachbezogenen Funktionalität von Organisation relativiert. Denn im Rahmen dieser sachbezogenen Funktionalität, welche die formale Seite von Organisationen kennzeichnet, bleibt die Dynamik der Akteursmotive und der daraus resultierenden Beziehungen zwischen den Akteuren wirksam. Der Begriff „informelle Seite von Organisation" trägt dem Rechnung. Zudem sind Organisationen entgegen allen Rationalitätsunterstellungen das Ergebnis eines historischen Prozesses, der durch Interessen und nicht durch Zweckrationalität geprägt ist.

Deshalb stehen die Organisationsziele und ihre Zweckrationalität in einer nicht aufzulösenden Spannung zu den Motiven der NutzerInnen und FunktionsträgerInnen einerseits und zu den Merkmalen, die jede Organisation als historisch gewachsene Institution auch aufweist, andererseits. Denn Organisationsziele sind wegen ihrer Zweckrationalität in besonderer Weise – aber nicht vollständig – immun gegen Einflüsse, die sich mit Hinweisen auf persönliche Interessen Einzelner oder auf langes Herkommen legitimieren. Sie werden für die Akteure schon deshalb leicht zu objektiven Bedingungen ihres Handelns, weil sie „vernünftig" sind. Dies muss im

Diskurs belegt oder widerlegt werden. D.h. die Stabilität von Organisationen und die Legitimität ihrer Ziele bemessen sich am Kriterium der Zweckrationalität. Das darf und kann von jedermann geprüft werden.

Interaktionssysteme, die die Zweckrationalität von Organisationen aufweisen, können daher nach drei Kriterien beurteilt werden:

a. nach dem Kriterium der Zweckrationalität
   Was soll ein Interaktionssystem leisten, mit welchen Maßnahmen soll es das bewerkstelligen?

b. nach dem Kriterium der Funktionalität
   Welche gesellschaftlichen Funktionen hat das Interaktionssystem heute, hatte es in seiner Geschichte? Welche gesellschaftlichen Interessen haben sich darin niedergeschlagen?

c. nach dem Kriterium des Nutzens
   Welchen Nutzen haben welche Akteure von einem Interaktionssystem? In welchem Verhältnis steht dieser Nutzen zum Organisationsziel und zur Funktion der Institution?

D.h. man muss nicht nur die formale und die informelle Seite von Organisationen unterscheiden und damit die Widersprüche zwischen Akteuren und Organisation in den Blick nehmen. Sondern man muss auch die gesellschaftliche Funktion und ihre historische Entstehung von der rein sachlich bestimmten Funktion unterscheiden und damit die Widersprüche zwischen Zweckrationalität und gesellschaftlichen Interessenkonstellationen ins Kalkül ziehen.

5.1.2 Soziale Praktiken

Die Theorie sozialer Praktiken (vgl. Reckwitz 2003, Breidenstein 2006) versteht sich als Wendung gegen handlungstheoretische Vorstellungen vom Sozialen, die oben mit dem Begriff des Interaktionssystems erfasst wurden. Ohne den dort vertretenen theoretischen Standpunkt vollständig zu übernehmen, kann man die Theorie sozialer Praktiken nutzen, um zu verstehen, dass das Soziale, obwohl es gemacht ist, auch als gegeben gesehen werden muss: auch wenn soziale Praktiken als unsinnig, schädlich oder wenigsten unverständlich erlebt werden, können sich die Akteure ihnen nicht einfach entziehen. Das wurde oben mit der eminenten Bedeutung erklärt, die eine Einbindung in Interaktionen für Subjekte hat. Diese eminente Bedeutung ist aber weder stets erlebbar, noch – von außen betrachtet – immer gegeben. An dieser Stelle ist der mit der Theorie sozialer Praktiken verbundene Perspektivenwechsel erforderlich, um zu einer Kritik sozialer Strukturen kommen zu können. Gemeint ist der Wechsel von der Akteursperspektive zu einer Perspektive unbeteiligter Dritter. Soziale Praktiken sind *beobachtbare Bewegungen von Körpern* (vgl. Reckwitz 2003), in die die Bewegungen anderer Körper aber auch andere Gegenstände involviert sind. Sie werden von unbeteiligten Dritten, das sind nicht immer und auch nicht in erster Linie Forschende, gedeutet. D.h. die Theorie sozialer Praktiken entsteht aus der Deutung von Bewegungen. Diese sehr abstrakte Darstellung wird handlicher, wenn man sich klar macht, dass Menschen sehr oft genau das tun müssen. Sie müssen das, was die Menschen um sie herum miteinander tun, deuten, um sich richtig an der sozialen Praxis beteiligen zu können. Damit ist das Forschungsprogramm der Theorie sozialer Praktiken sehr knapp skizziert: Es geht darum, soziale Praktiken zu identifizieren und daraus eine akteursneutrale Theorie des Sozialen zu entwickeln. Hier werden die Ansätze der Ethnomethodologie (Cicourel 1973) und der Grounded Theory (Glaser / Strauss 1967) als Bezugsgrößen der Theorie sozialer Praktiken sichtbar. Ihr Nutzen für ein Verständnis schulischen Lernens wird im siebten Kapitel entfaltet.

5.2 Lernumwelten als soziale Seite des Lernens

Der Begriff „Lernumwelten" bezeichnet Interaktionssysteme unter dem Gesichtspunkt, dass Menschen dort lernen können. Alle Interaktionssysteme sind auch Lernumwelten (vgl. 4.3). Aber es gibt Interaktionssysteme, in denen häufig und viel oder besonders Wichtiges gelernt wird und in denen sich soziale Praktiken identifizieren lassen, die Lernen zum Angelpunkt haben. Es sind dies v.a. Interaktionssysteme mit Bezug zur Sozialisation.

5.2.1 Lernentwicklung und die Lernumwelt „Mutter – Kind" (Familie)

Menschliche Neugeborene kommen ausgestattet mit einem Minimum an überlebenswichtigen Reflexen in eine materiell und v.a. sozial strukturierte Welt. Sie sind für lange Zeit von der Versorgung und Pflege durch Erwachsene abhängig. Daher ist das Interaktionssystem, das Mutter und Kind entwickeln, die entscheidende Existenzbedingung für das Kind und zugleich die wichtigste Lernumwelt in seinem Leben. Denn indem es lernt, mit der Mutter zu interagieren, erwirbt es die sozialen Kompetenzen, die notwendig sind, um überhaupt lernen zu können. Das gilt unmittelbar, weil soziale Kompetenzen Lernen erst ermöglichen. Und es gilt mittelbar, weil das Interaktionssystem Mutter – Kind die (soziale) Sicherheit bietet dafür, dass das Kind sich von der Mutter weg der weiteren (sozial / sachlichen) Umwelt zuwenden kann. Die Bindungsforschung (vgl. Ainsworth 1968) hat den Zusammenhang von Bindungs- und Explorationssystem bei kleinen Kindern differenziert nachgewiesen. Kleine Kinder explorieren ihre Umgebung nur, solange sie sich sicher fühlen. Verunsicherung führt dazu, dass sie ihr Bindungssystem aktivieren und Schutz bei einer Bezugsperson suchen, von der sie diesen Schutz auch (mehr oder weniger) sicher erwarten.

Das Interaktionssystem Mutter – Kind ermöglicht nicht nur jedes Lernen, es steuert auch die inhaltlichen Richtungen, die Lernen nehmen kann. Anfangs untersuchen Kinder ihre Umwelt weitgehend ungerichtet. Alles kann interessant werden, rasch verlagert sich das Interesse auf Neues. Die inhaltlichen Angebote, die die Erwachsenen dem Kind machen, kanalisieren dieses Interesse bald. D. h. das Kind entwickelt seine inhaltlichen Lernmotive und -interessen in der Interaktion mit den Erwachsenen. Dabei gewinnt es selbst immer mehr Einfluss auf diesen Prozess. Bevor das Kind laufen kann, ist es auch bezogen auf sein Explorations- bzw. Lernbedürfnis völlig auf die Aktivitäten der Pflegepersonen angewiesen. Danach wird es unabhängiger von den Erwachsenen, weil es sich von ihnen entfernen kann. Damit geht allerdings die Gefahr einher, den Kontakt zu den schützenden Erwachsenen vorübergehend zu verlieren. In dieser Situation bekommt das Bindungssystem eine neue Qualität und eine neue Funktion: es muss die kindlichen Explorationsbemühungen sichern, weil diese riskant sind bzw. sein können.

Aus den mit Lernen verbundenen Risiken ergeben sich für das Kind und den Erwachsenen möglicherweise innere und / oder soziale Konflikte: der Erwachsene möchte das Kind vor Gefahren schützen und ihm doch auch Selbständigkeit ermöglichen. Abzuschätzen, wann was den Vorrang haben sollte, ist nicht immer einfach und abhängig z. B. von den Ängsten, die ein Erwachsener angesichts der Unternehmungslust eines Kindes entwickelt. Diese Ängste können sich nähren aus weitergehenden und nicht bewussten Ängsten vor Verbotenem, Undenkbarem. Die Sexualerziehung ist voll von Beispielen dazu.

Gleiches gilt für das Kind, das zwischen der Lust auf neue Erfahrungen und der Angst vor ihnen in innere Konflikte gerät. Diese inneren Konflikte können durch soziale angeheizt oder gemildert werden: die Unternehmungslust von Kindern wird v.a. zu Beginn dieser Entwicklung häufig von den Erwachsenen gebremst. Das löst Unmut beim Kind aus und kann in einen sich eskalierenden sozialen Konflikt münden. Das umso mehr, wenn großer Angst auf Seiten des Erwachsenen eine große Unternehmungslust aufseiten des Kindes gegenübersteht.

Solche inneren und sozialen Konflikte prägen Lernen zwar v.a. in den ersten Monaten, bleiben aber dauerhaft relevant. Denn die Lernmotivation (vgl. 6.3) bleibt in diesen Konfliktrahmen eingespannt. Die Lernangebote, die Erwachsene oder Peers machen, können die Lernenden über- oder unterfordern, sie können deren Interessen entsprechen, zuwiderlaufen oder sie einfach gar nicht berühren. Eine Lernumwelt kann Lernen behindern oder fördern.

Die Interaktionen zwischen Kindern und Erwachsenen enthalten ein spezifisches Machtgefälle (vgl. 5.1.1.2). Erwachsene verfügen über mehr Handlungsoptionen als Heranwachsende. Das ermöglicht ihnen erst, den Heranwachsenden Schutz zu geben und Lernprozesse bei ihnen in der für ihre weitere Entwicklung erforderlichen Weise zu beeinflussen. Zugleich ist Lernen der Weg, auf dem die Heranwachsenden dieses Machtgefälle verringern. Das in der Interaktion von Erwachsenen und Heranwachsenden bestehende Machtgefälle ist folglich die notwendige Voraussetzung für sein Verschwinden, d.h. dafür, dass die Heranwachsenden selbständig, dass sie selbst Erwachsene werden, die wiederum das Lernen ihres Nachwuchses beeinflussen und auch auf soziale Weise den Fortbestand der Gattung Mensch ermöglichen.

Die Verwurzelung des Lernens im Machtüberhang von Erwachsenen und die Bedeutung dieses Machtüberhangs für seine eigene Beseitigung, prägt Lernen – nicht allerdings autodidaktische Formen – grundsätzlich. Denn selbst in ausgeprägt ausbalancierten Machtverhältnissen, z. B. unter Freunden, bekommt der, von dem jemand lernt, diesem gegenüber einen, wenn auch u. U. nur geringen Machtvorteil, den er aber, indem er den anderen lernen lässt, aufzugeben bereit sein muss.

5.2.2 Kulturelle Bedeutungen von Lernen

Nicht nur die generelle Ängstlichkeit der Mutter, ihre Freude am Lernen oder an bestimmten Lerninhalten oder die generelle Ängstlichkeit des Kindes und seine Lerninteressen prägen die frühe Lernumwelt, sondern auch die kulturellen Bedeutungen von Lernen, auf die sich die Mutter bezieht und die sie dem Kind – meist en passant – weitergibt.

Diese kulturellen Bedeutungen sind zunächst familienbezogen:

- Sie definieren familienrelevante Lerninhalte bzw. Inhalte, die man als Mitglied dieser Familie nicht lernen wollen sollte.
- Sie definieren das Verhältnis der Familie zu anderen Lernumwelten, z. B. zur Schule, die als relevante Lernumwelt empfohlen oder vor der als gefährlicher Lernumwelt gewarnt wird.
- Sie definieren die in der Familie üblichen Lernbiografien u. ä. m..

Mit der verstärkten Unterordnung der Familie unter andere z. B. staatliche bzw. ökonomische Interaktionsstrukturen geht die Bedeutung spezifischer familienbezogener kultureller Bedeutungen von Lernen zurück und auf Bedeutungen über, die in übergeordneten Interaktionsystemen zu Hause sind. Diese werden z. T. über die Familie vermittelt. Der Erwerb von Bildung ist in vielen Familien eine wichtige kulturelle Bedeutung von Lernen. Schule und Vorschule werden oft als zentrale

Bildungsorte definiert. Daher bekommen die kulturellen Bedeutungen von Lernen, die Schule hervorbringt, immer größeres Gewicht. Die dominante Lernkultur ist in industrialisierten Gesellschaften die schulische Lernkultur und die lässt sich festmachen an den spezifischen sozialen Praktiken nach denen dort gelernt wird. Von ihnen wird im 7. Kapitel ausführlich die Rede sein.

5.2.3 Subjektiver und objektiver Nutzen von Lernumwelten

Lernumwelten lassen sich beurteilen

a.   danach, welcher Aspekt der Lernumwelt tatsächlich als Lernmöglichkeit genutzt wird. Das ist der subjektive Nutzen der Lernumwelt, mithin der Nutzen, den Lernende z. B. aus der Schule, der eigenen Familie, kirchlichen und religiösen Kontexten ziehen. Dieses Kriterium bezieht sich auf Lernende als Subjekte und ihre Lerninteressen und -kompetenzen. Die gleiche familiäre Umwelt, der gleiche Unterricht wird von unterschiedlichen Kindern in unterschiedlicher Weise als Lernmöglichkeit genutzt.

b.   danach, wie differenziert und vielfältig eine Lernumwelt zu nutzen ist. Das ist der objektive, bzw. soziale Nutzen der Lernumwelt. Dieses Kriterium bezieht sich auf die Lernumwelt als solche. Es gibt Interaktionssysteme, die viele und solche die wenige Lerngegenstände vorhalten. Wachsen Kinder in einer sehr isolierten Umgebung auf, reduziert dies drastisch ihre Lernmöglichkeiten. Ein Leben in einem nur zu Fuß erreichbaren Bergdorf schränkte im 19. Jahrhundert die Lernmöglichkeiten der Heranwachsenden dort erheblich ein. Heute dürfte diese Einschränkung weiter bestehen, aber wegen der verfügbaren Medien weniger auf physischer Unerreichbarkeit beruhen, sondern auf vermittelter Unerreichbarkeit: schulferne Familien vermitteln ihren Kindern die Vorstellung, sie könnten kaum je gute Schulabschlüsse erreichen, Schulen seien nicht für sie gemacht. Die Lehrer, die Schulräumlichkeiten, die Stundenpläne mit ihren Schulfächern oder die Mitschüler vermitteln einzelnen Kindern überdies den Eindruck, an dieser Schule nichts verloren zu haben oder nicht willkommen zu sein. Lernumwelten sind eben v.a. soziale Räume.

5.2.4 Familie und Peers / Peergruppen

Die besondere Bedeutung des Lernens für die Sozialisation im Kindes- und Jugendalter ist ebenso unbestritten wie die besondere Bedeutung von Familie, Peers und Schule als Lernumwelten in dieser Zeit. Die drei bilden – man sollte besser von vier Lernumwelten reden und den Medienkonsum als gesonderte Lernumwelt hinzurechnen – den engeren sozialen Rahmen für Sozialisation und Lernen, und stehen je für sich für einen besonderen Schwerpunkt dieses Geschehens.

Lernumwelten erfassen Interaktionssysteme zwar unter dem Gesichtspunkt des Lernens. Sie erfüllen aber nicht nur die Funktion einer Lernumwelt. Das gilt auch für die Schule, die als Institution eine Organisation hat und die explizit als Lernumwelt konzipiert ist. Denn zahlreiche Abhandlungen über Schule heben hervor, dass es dort nicht nur ums Lernen und Lehren geht, sondern auch um Selektion und Allokation, um Orientierung auf bestimmte gesellschaftliche Interessen oder einfach um Disziplinierung (z. B. Fend 2006, Vogel 2006). Diese spezifischen Funktionen kennzeichnen die Lernwelten als Institutionen und prägen das Lernen, welches dort möglich wird.

Da Schule im 7. Kapitel ausführlich zur Sprache kommt, werden hier nur Familie und Peers / Peergruppen behandelt, ohne deren engen Bezug zur Schule zu thematisieren.

5.2.4.1 Lernumwelt Familie

Die Familie ist eine Lebensgemeinschaft von Erwachsenen und Heranwachsenden und, weil sie meist das Interaktionssystem „Mutter – Kind" umfasst, der Ort der frühen Bindungen (Bowlby 2002). Ihre Funktion lässt sich umschreiben: „soziale und biologische Sicherung der Gattung Mensch". Sie wird je nach ethnischen und anderen kulturellen Zusammenhängen und in jedem Einzelfall auf spezifische Weise umgesetzt. Ihr sind bezogen auf die Heranwachsenden die Funktionen Schutz, Versorgung und Erziehung zugeordnet (Spangler / Zimmermann 2002, Grossmann / Grossmann 2004). Für die Erwachsenen spielt in industriellen Gesellschaften der Schutz, den Familie bieten kann, eine untergeordnete Rolle. In anderen Weltgegenden ist das anders. Die materielle Versorgungsfunktion ist in den Industriegesellschaften zumindest potentiell konflikthaft, z. T. weil sie übergegangen ist auf spezielle Organisationen wie Unternehmen, Verwaltungen und Behörden, also auf Interaktionssysteme, die ganz anders strukturiert sind als Familien. Diesen bleibt emotional-soziale Versorgung, die in westlichen Industriegesellschaften sehr hoch veranschlagt wird. In der Psychologie wird z. B. die Funktion der Intimität der Familie zugesprochen (Schneewind 2002). Das verweist auf die Sexualität, für die Familie einen hoch relevanten Rahmen bietet.

Die Funktionen von Familie entsprechen offensichtlich in besonderer Weise den basalen Bedürfnissen von Erwachsenen und Heranwachsenden im Sinne Maslows (1999). Folglich ist das Aushandeln der Befriedigung dieser Bedürfnisse ein Prozess, der Familien prägt und der deshalb Familie als Lernumwelt prägt: die Familienmitglieder – v.a. die Heranwachsenden lernen, wie sich basale Bedürfnisse befriedigen lassen und zwar im gegebenen Interaktionssystem:

- wie man Bindungen aufbaut, gestaltet und beendet,
- wie man den eigenen Körper und den von anderen Familienmitgliedern pflegt,
- wie man und was man isst,
- wie man schläft bzw. sich ausruht,
- wie man sich körperliches Wohlbefinden verschafft,
- wie man sich gegen andere Familienmitglieder durchsetzt,
- wie man die Familie vor Angriffen schützt –

und das alles wird zunehmend besser ermöglicht durch den Erwerb kommunikativer Kompetenz. Die ist – v.a. bei den kleinen Kindern der Familie – sehr familienspezifisch, wird aber rasch auch in anderen Interaktionssystemen einsetzbar. Denn genau das macht die Familie als Lernumwelt für ihre Heranwachsenden aus: Sie bereitet auf die Interaktionssysteme außerhalb ihrer selbst vor, funktioniert nicht einfach selbstbezüglich.

An dieser Stelle kommt die soziale Position ins Spiel, die die Familie in weiteren Interaktionssystemen hat und die für all ihre Mitglieder gilt. Sie ist natürlich differenziert danach, welche weiteren Interaktionssysteme im Spiel sind, und danach, wie diese zueinander stehen: Eine Migrantenfamilie kann durch Kontexte der eigenen Ethnie geprägt sein und Marginalisierungsprozesse zu bearbeiten haben, wegen ihres Wohlstandes aber diese Marginalisierungsprozesse zufrieden stellend bewältigen. Eine alleinerziehende, isoliert lebende Mutter hingegen kann dieser Isolation auf Grund ihrer besonderen Bildungsaspirationen gegensteuern. All diese Settings stehen für spezifische familiäre Lernumwelten in spezifischen sozialen Kontexten und damit für bestimmte Konstellationen von Lerngegenständen.

Familie ist eine personengeprägte Lernumwelt, weil sie in Struktur und Funktion von den konkreten Familienmitgliedern abhängt. Kommt eines hinzu oder verlässt eines die Familie, verändert sich Familie grundlegend (vgl. Schneewind 2002). Daher wird in Familien Lernen personbezogen praktiziert. Der Vater steht für andere Lernformen und -inhalte als die Mutter oder die jüngere Schwester, der ältere Bruder. Familie realisiert mithin eine personengeprägte Lernkultur vor der Folie der schichtspezifischen bzw. regionalen und gesamtgesellschaftlichen Lernkultur, an der sie teilhat.

5.2.4.2 Peers und Peergruppen

Peerbeziehungen und Peergruppen zeichnen sich durch eine gewisse Unabhängigkeit gegenüber Erwachsenen aus. An diese Unabhängigkeit und daran, dass die Akteure in Peerbezügen meist über ähnliche Machtmittel verfügen und deshalb – v.a. im Vergleich zur erwachsenendominierten Familie – alle prinzipiell vergleichbare Einflussmöglichkeiten auf das Interaktionsziel haben, ist eine zentrale Funktion von Peergruppen gebunden: Erfahrungen in der kooperativen und / oder konflikthaften Auseinandersetzung mit Gleichen machen. Diese Erfahrungen ermöglichen den Erwerb spezieller sozialer Kompetenzen, nämlich die, sich unter Gleichen eine akzeptable Position zu erarbeiten. Diese Kompetenzen enthalten Wissen über soziale Zusammenhänge, die ungeregelt oder jedenfalls nicht so stabil geregelt sind, wie Familien das u. U. sind. In Peergruppen wechseln die Machtverhältnisse rasch, und es kommt weniger auf den Erwerb zusätzlicher Machtressourcen an, als darauf, sich eigener Ressourcen (und Schwächen) bewusst zu sein und / oder den Strategien der Mitakteure eigene entgegenzusetzen, bzw. darauf, Machtressourcen zusammen zu legen im Sinne gemeinsam verfolgter Ziele.

Die spezifischen Erfahrungen weisen Peerbezüge explizit und vorrangig als Lernumwelten aus, und das sind sie auch, v.a. für Kinder und Jugendliche. Die Peergruppen von Kindern beziehen sich fast ausschließlich aufs Spiel und damit auf die dominante Lernstrategie in diesem Alter (Oerter 2002a: 221ff). Sie decken nur in geringem Umfang auch andere Funktionen ab, wie die gegenseitige praktische Unterstützung z. B. in sozialen Konflikten.

Das ändert sich mit dem Eintritt ins Jugendalter. In dieser Phase bekommt die gegenseitige praktische Unterstützung besonderes Gewicht und eine besondere Färbung dadurch, dass Peergruppen die Unterstützung v.a. bezogen auf die Loslösung vom Elternhaus geben. Das prägt auch die Lerninhalte, die sich vornehmlich auf Identitätsprojekte beziehen, die Jugendliche mit großem Elan starten (Erikson 1988). Dabei werden manchmal Bezüge gesucht bzw. praktisch hergestellt zu anderen Peergruppen unter dem „Dach" einer Jugendkultur (Nörber 2003, Simon 1996), deren kulturelle Bedeutungen dem eigenen Identitätsprojekt eine Richtung geben. Die jugendtypischen Veränderungen weisen auf die Peerbezüge hin, die das Erwachsenenalter prägen und deren Charakter als Lernumwelten zurücktritt hinter der Funktion gegenseitiger Unterstützung in privaten (Partnersuche) und beruflichen Belangen.

5.3 Die Lerngegenstände als Elemente von Lernumwelten

Lerngegenstände haben als fremde Vergegenständlichungen stets eine materielle und eine ideelle bzw. Bedeutungsseite (Braun 2004, Holzkamp 1975, Leont´ev 1973, sowie. 4.1.3.2). Beide können nur gemeinsam angeeignet werden. Dabei kann die materielle Seite, z. B. eine Rassel, mehr vermitteln, als demjenigen bewusst ist, der einem Kind die Rassel zur Verfügung stellt. Denn sie enthält auch Vergegenständlichungen innerer Vorgänge derjenigen, die die Rassel hergestellt oder verkauft haben. Die Lerngegenstände enthalten gegenüber den inneren Prozesse der Akteure einen Bedeutungsüberschuss, den sich die Lernenden aneignen, über den sich die Lernenden von den (Lehr-)Absichten der Mitakteure potentiell emanzipieren: sie erarbeiten sich die in den Lerngegenständen enthaltenen Traditionen und übernehmen nicht zwingend die Meinungen und Absichten ihrer Mitakteure.

Jeder materielle oder ideelle Gegenstand ist Inhalt einer direkten oder einer vermittelten Interaktion und kann Lerngegenstand sein. Ein Vater bringt von der Arbeit Kugeln aus Kugellagern mit, die viel besser sind als Glasmurmeln. Man kann besser mit ihnen spielen und d.h. besser das Murmelspiel lernen. Eine Mutter fordert Mithilfe beim Gemüseputzen und verschafft so Gelegenheit, Gemüseputzen zu lernen. Der neue Freund hat eine tolle Playstation zum Spielen und lehrt, die eigene soziale Position auch gegenüber besser ausgestatteten Kindern zu behaupten und sich den Umgang mit dieser Playstation anzueignen. Die große Schwester führt die soeben gelernten Tanzschritte vor und gibt Gelegenheit, sich erwachsen zu fühlen und einige Tanzschritte zu lernen. Ein interessantes Haus in der Wohnstraße hat eine interessante Architektur und konstituiert die vermittelte Interaktion mit den ArchitektInnen dieses Hauses.

Bei manchen Gegenständen spielt deren materielle Seite gegenüber ihrer ideellen eine untergeordnete, wenn auch unverzichtbare Rolle. Das sind die Symbolgegenstände. Geschriebene und gesprochene Sprache sind solche Symbolgegenstände, aber auch Tänze oder Riten gehören dazu. Ihre besondere Bedeutung fürs Lernen liegt auf der Hand.

Einige Lerngegenstände eignen sich besonders gut zur Aneignung, sind möglicherweise sogar eigens zum Lernen hergestellt worden und werden häufig explizit als Lerngegenstände genutzt und angeboten. Sie sollen deshalb als explizite Lerngegenstände bezeichnet werden. Sie stehen für die Lernkultur, die sie hervorgebracht hat und die über sie angeeignet werden kann. Das didaktische Material in Kindergärten und Schulen, Lehrbücher, das Periodensystem der Elemente sind ebenso ein Beispiel für explizite Lerngegenstände wie ein Vortrag zu Grundlagen der Festkörperphysik oder eine CD mit einem Sprachkurs. Die Lernkultur der Moderne stützt sich zunehmend mehr auf elektronische Medien. Der Umgang mit ihnen ist zu einer der Schlüsselkompetenzen für Lernen geworden.

Der objektive Nutzen einer Lernumwelt (vgl. 5.2.3) wird durch die dort verfügbaren Lerngegenstände bestimmt. Welche Lerngegenstände das konkret sind, hängt von den Motiven derjenigen ab, die die Lernumwelt ausstatten und von deren objektiven Möglichkeiten, eine Lernumwelt auszustatten. Damit kommt die Frage der materiellen Ressourcen einer Lernumwelt ins Spiel, und das ist eine Frage von Armut und Reichtum der Akteure. Für Familie und Peergruppe bezieht sich das auf private Armut bzw. privaten Reichtum, für Schule auf öffentliche Armut bzw. öffentliche Reichtum. Beide Phänomene sind unterschiedlich zu erklären und haben für den Nutzen der Lernumwelten unterschiedliche Folgen.

5.4 Lernprobleme als äußere Lernblockaden

Lernumwelten, die wenig unterschiedliche oder wenig passende Lerngegenstände bereithalten, oder Lernumwelten, in denen die Akteure wenig Interesse haben, Lerngegenstände bereit zu stellen oder zu vermitteln, das sind z. B. solche, in denen wenig gesprochen oder auf andere Art kommuniziert wird, blockieren Lernen von außen und sorgen damit für Lernprobleme. Die Lernenden können dem eine gewisse Findigkeit entgegensetzen, doch noch an attraktive Lerngegenstände zu kommen. Sie können sich sogar neue Lernumwelten erschließen. Ein Kind kann, auch wenn es gut in seine Familie eingebunden ist, den dort herrschenden Mangel an Lerngegenständen kompensieren, indem es eigenständig Kontakt zu anderen Familien aufnimmt, die mehr oder andere Lerngegenstände bereithalten. In dem Zusammenhang spielt Schule als Tor zu fremden Lernumwelten eine bedeutende Rolle.

Kinder können ihre sozialen Kompetenzen einsetzen, um ihre Mitakteure zu motivieren, ihnen etwas Lernenswertes zu zeigen oder zu sagen, und sie können sich durchsetzen gegen Verbote, sich mit Lernenswertem zu befassen, sie können rebellieren oder heimlich lernen.

Dennoch erhöhen äußere Lernblockaden die Wahrscheinlichkeit für Lernprobleme bzw. sie schränken die Lerntätigkeit problemhaft ein, wenn sie auf Lernende treffen, die lernen wollen, insbesondere wenn sie sich das Verbotene, für nicht-verfügbar erklärte aneignen wollen. Diese Wahrscheinlichkeit hängt nicht nur von der Motivation der Lernenden ab, sondern auch davon, ob in anderen (Lern-) umwelten, die Aneignung der verbotenen oder nicht vorhandenen Lerngegenstände erwartet wird. Das verweist wiederum darauf, dass es i. d. R. verschiedene Lernumwelten gibt, die mehr oder weniger getrennt voneinander bestehen und sich auf unterschiedliche bzw. gegensätzliche Lernkulturen beziehen können. Die Lernprobleme entstehen dann u. U. aus dieser Gegensätzlichkeit, die es den Lernenden schwer macht, sich zu orientieren. Die Lernprobleme von Kindern aus schulfernen Elternhäusern oder Milieus ist ein Beispiel dafür.

6. Die subjektive Seite des Lernens

Die (Lern-)gegenstände, die Mitakteure zur Verfügung stellen, lösen Lernen nicht einfach aus, wie das die Behavioristen lange postuliert haben (Foppa 1965, Seel 2003, Leont´ev 1973), sie müssen vielmehr als Lerngegenstände erkannt und angenommen werden. D.h. die Entscheidung über Inhalt, Zeitpunkt und Partner eines Lernvorganges liegt beim lernenden Subjekt. Lernen ist nur als Aktivität dieses Subjektes möglich. Es wählt aus seiner Lernumwelt aus, was ihm zum Lernen nützlich erscheint, es gestaltet diese Lernumwelt interaktiv mit seinen Mitakteuren. Es sucht sich – häufig nicht bewusst – Lerngegenstände. Die soziale und die subjektive Seite des Lernens müssen zueinander kommen, damit Lernen überhaupt stattfindet.

Lernen ist erst vollständig beschrieben, wenn neben den Lernumwelten auch die psychische Regulation des Lernens zur Sprache kommt. Sie ist reflexiv und hat, wie jede psychische Regulation, körperliche Voraussetzungen.

6.1 Lernen als Funktion des Organismus

In der Tradition materialistischer Psychologie werden psychische Strukturen und Prozesse als Funktionen biologischer (körperlicher) Vorgänge betrachtet (Leont´ev 1973). Diese haben sich entwickelt, um die Anpassung des Organismus an die Umwelt zu optimieren (vgl. 4.1.3.1). Die Optimierung beruht auf dem Prinzip der psychischen Steuerung, bzw. der Handlungsregulation (Oesterreich 1981): es entstehen innere Arbeitsmodelle (Fremmer-Bombik 2002), aufgrund derer sich Organismen orientieren, ihre Tätigkeit steuern können.

Lernen ist an das Zentrale Nervensystem gebunden, weil v.a. dort die Verarbeitung und die Speicherung von Sinneseindrücken stattfindet (vgl. Seel 2003, Spitzer 2002, Vester 2002). Und genau das ist, in Termini der Biologie, Lernen.

Die Speicherung von Sinneseindrücken vollzieht sich nicht nach dem Prinzip technischer, z.B. fotografischer oder audiografischer Aufzeichnungen. Es werden vielmehr Merkmalsstrukturen gespeichert. Die Speicherung dieser Strukturen ist, wie Piaget (1969a) ausführlich gezeigt hat, ein Kernprozess innerhalb der kognitiven Entwicklung: Bestimmte Erinnerungen sind erst möglich, wenn ein Kind z. B. über die Objektkonstanz verfügt und Gegenstände als etwas erkennt, das unabhängig von ihm selbst existiert (Piaget 1969 a und b). Folglich haben frühe Erinnerungen, z.B. solche aus der Zeit vor dem Erwerb der Sprache, einen ganz anderen Charakter als Erinnerungen an schulische Inhalte.

Piaget zeigt aber auch, dass Verarbeitung und Speicherung von Sinneseindrücken nicht nur Sache der Wahrnehmungsorgane und des ZNS ist, sondern notwendig auch motorische Elemente enthält, also auf einen Bewegungsapparat mit Muskeln, Knochen und Sehnen angewiesen ist. Tatsächlich ist v.a. frühes kindliches Lernen sehr bewegungsgebunden. Das stille Nachdenken oder die Aneignung eines Textes sind dagegen spezifisch reduzierte, hoch entwickelte Lernformen.

6.2 Reflexive Handlungsregulation

Wenn Menschen etwas tun, verändern sie sowohl die Welt, in der sie leben, als auch sich selbst: sie machen Erfahrungen, d.h. sie lernen, und greifen auf der Grundlage dieser Erfahrungen in ihre Umwelt ein (vgl. 4.3 sowie Sève 1974). Daher bezieht sich die psychische Regulation jeder Tätigkeit auf diese Umwelt und auf die eigene Innenwelt: jede psychische Regulation ist *auch* reflexiv. Sie dient *auch* der Selbststeuerung.

Lernen ist ein Vorgang innerer Veränderung, er läuft auf Kompetenzerwerb (vgl. 4.2) hinaus. Er wird seinerseits psychisch reguliert, und diese Regulation ist ausschließlich reflexiv. *Denn sie steuert die Veränderung der psychischen Steuerung.* Große Bereiche der psychischen Regulation sind nicht bewusst. Das gilt auch für deren Veränderung (vgl. 4.1.2.1). Sie sich bewusst zu machen, ist besonders schwierig, manchmal aber sinnvoll oder sogar erforderlich (vgl. 4.2.3), um eine besondere Lernqualität zu erreichen.

Sie ist schwierig, weil sie

- Introspektion voraussetzt, d. h. das Gewahrwerden innerer Vorgänge.
- Selbststeuerung verlangt, d. h. die bewusste Beeinflussung von Gefühlen und Motiven.

Beides beruht auf der Distanzierung von sich selbst: die inneren Vorgänge werden objektiviert, werden zu Sachverhalten wie andere auch, verlieren ihre Ich-Qualität (vgl. Friedlmeier / Holodynski 1999 aber auch Kanfer / Goldstein 1977). Das ist frühestens im Jugendalter, und auch später nur unter bestimmten Voraussetzungen möglich. Introspektion und Selbststeuerung sind stressinkompatibel. Eine bittere Wahrheit: wenn Menschen sehr in Stress sind, gelingen ihnen Introspektion und Selbststeuerung kaum, wären aber hilfreich, um das Stresserleben zu mildern.

6.3 Lernmotive und lernthematische Emotionen

Ein Blick auf die reflexiven Lernmotive und die Emotionen, die sie anzeigen, erklärt die Dynamik, nach der Lernende Lerngegenstände ablehnen, einfordern oder für sich zurichten. Dies ist eine erste Grundlage, von der aus Lernprobleme als innere Blockaden verstanden werden können.

6.3.1 Neugier und Lerninteressen

V. a. zu Beginn ihres Lebens haben Menschen – und sämtliche Säugetiere mit ihnen – ein starkes Interesse an Situationen und Gegenständen, die hinreichend neu und fremd (also nicht bekannt und langweilig), aber nicht zu fremd und damit bedrohlich oder unkalkulierbar erscheinen. Sie sind neugierig. Neugier ist ein angeborenes Bedürfnis und scheint ein erheblicher Evolutionsvorteil zu sein. Dieser wiegt die Risiken, die das Erkunden fremder Gegebenheiten mit sich bringt, auf. Neugier beschleunigt den Erwerb von Kompetenzen, weil sie sicherstellt, dass fremde Situationen aufgesucht werden, und das sind genau die Situationen, in denen besonders gut und besonders viel gelernt werden kann.

Neugier bezieht sich am Beginn des Lebens auf alles mögliche Fremde. Es findet keine Auswahl statt, die Neugier verlagert sich rasch vom einen auf den anderen Gegenstand und wird weitgehend von außen, d.h. dem „Zufall", der etwas in Reich- oder Sichtweite bringt, gesteuert. Dieser „Zufall" ist häufig keiner, sondern der Beitrag der Erwachsenen in der Interaktion mit dem Kind. Sie bringen die Gegenstände nach einem bestimmten System in Reich- und Sichtweite, der Beitrag des Kindes besteht zu diesem frühen Zeitpunkt darin, das Angebot der Erwachsenen anzunehmen oder abzulehnen, sich von einem angebotenen Gegenstand ab und einem anderen zuzuwenden oder seinen Unmut (Langeweile) über die uninteressante Umwelt kundzutun.

6.3.2 Selbstwirksamkeitsmotive und Lernen

In der Auseinandersetzung um die Lerngegenstände spielt ein ebenfalls angeborenes Motivsystem eine Rolle, das Motivsystem der Selbstwirksamkeit (Greve 2000). Hier geht es darum, die Umwelt im eigenen Sinne zu beeinflussen, etwas für sich zu tun, die Welt und alles, was sie hat, für sich zu nutzen. Dieses Motivsystem kann als Ursprung für das Streben nach Selbständigkeit gesehen werden und steht daher in einem potentiellen Konflikt zu sozialen Motiven.

Früh bevorzugt ein Kind Gegenstände, die nicht nur neu und deshalb interessant sind, sondern auch brauchbar und deshalb noch interessanter. Aus diesem Prozess gehen die spezifischen Lerninteressen eines Kindes hervor als Basis für ein in späteren Jahren stärker selbst gesteuertes Lernen, das sich manchmal von den leicht verfügbaren Lerninhalten ab und verbotenen oder schwer zugänglichen zuwenden kann. Die Lerninteressen von Kindern sind anfangs sehr kurzlebig, erst in der späteren Kindheit bzw. im Jugendalter entstehen Lerninteressen, die das weitere Leben langfristig bestimmen können. In diesem Prozess behalten Bindungsmotive die unter 5.2.1 entfaltete Bedeutung, werden aber durch kindliche Lerninteressen modifiziert: eine Bindungsperson, die interessante Lerngegenstände bereithält, die

Lernen gut absichert und fördert, wird dadurch besonders attraktiv. Lernmotivation besteht nicht nur aus inhaltlich bestimmten Lerninteressen, sondern auch aus Erwartungen an Lernpartner, von ihnen etwas Bestimmtes lernen zu können, sie ist sozial gefärbt.

6.3.3 Leistungsmotivation und Lernen

Lernen führt zur Herausbildung von Kompetenzen (vgl. 4.2) und Kompetenzen befähigen zu spezifischen Leistungen. Ein Kind, das gelernt hat, sich die Schuhe zu schnüren, kann das in zweierlei Hinsicht als Leistung erkennen:

a. im Spiegel der Erwachsenen, die es für die Leistung beglückwünschen.
b. im Verhältnis zu einem eigenen Leistungswillen, der aus dem Bedürfnis nach Selbstwirksamkeit entsteht und relativ unabhängig sein kann von einer Bewertung des Lernergebnisses durch andere.

Lernen kann in den Dienst von Leistung treten: es wird gelernt um der damit erzielbaren Leistung willen. Das Lernen verliert seine spezifische, d.h. ausschließlich auf den Lernprozess selbst gerichtete (Neugier-)Motivation zugunsten einer auf den Nutzeffekt des Lernergebnisses gerichteten Motivation. Man kann Lernen und Leistung motivationspsychologisch folglich nicht gleichsetzen (vgl. Hoffmann / Pekrun 1999 und Holodynski 1992). Es sollte unterschieden werden zwischen *Lernen* im ontogenetisch frühen und engen Sinne als neugiermotivierte Tätigkeit und *Lernleistung* als einem Element unterschiedlich leistungsmotivierter Tätigkeiten.

Wenn auch zu Beginn menschlicher Entwicklung Lernen vorwiegend neugiermotiviert ist, entsteht rasch eine leistungsmotivierte Form des Lernens. Dies geschieht einerseits aufgrund der sozialen Kommentierungen des Lernergebnisses, in Form von Lob oder Tadel. Sie bringen das Kind dazu, den Lernprozess um dieses Kommentares willen auszuführen bzw. zu unterlassen. Aus der Funktionslust des Säuglings (Rauh 2002) wird ein Streben nach Lob.

Die andere Dynamik für die Verbindung von Lernen und Leistung wird durch die Selbstwirksamkeitsmotivation vorangetrieben. Aus der Funktionslust des Säuglings wird ein Streben nach der Bewältigung einer Anforderung. Diese Variante bekommt besonderes Gewicht im Jugendalter, wenn es um die soziale Ablösung von Erwachsenen geht. Kleine Kinder können zwar sehr eigenwillige Lerninteressen entwickeln und in dem Kontext auch einiges leisten. Weil sie aber insgesamt umfassend von den Erwachsenen abhängig sind, entfalten sich diese Lernleistungen am besten, wenn sie von den Erwachsenen zumindest geduldet werden. Das wird im Jugendalter anders.

Lernen gerät entwicklungspsychologisch gesehen rasch aufgrund sozialer Motive, aber auch wegen des Strebens nach Selbstwirksamkeit und Selbständigkeit in ein instrumentelles Verhältnis zu anderen Tätigkeiten, wird zur Lernleistung.

Im Kontext von Leistungsmotivation und Lernen sind klärende Worte zu den Begriffen „extrinsische / intrinsische Leistungsmotivation" erforderlich.

Dem Begriff nach bedeutet „extrinsisch" – „von außen angestoßen"; „intrinsisch" – „von innen angestoßen". Legt man diese Bedeutung zugrunde, kann es eine extrinsische Motivation gar nicht geben, weil Motivation immer einen inneren Antrieb meint.

Heckhausen (1989) spricht von extrinsischer Leistungsmotivation, wenn die Leistung instrumentell erbracht wird: es wird gelernt, um dafür gelobt zu werden, nicht um eine Lernleistung zu erbringen. Präziser wäre es, in diesem Fall von einer sozial motivierten Lernleistung zu reden, und diese von der sachbezogen motivierten abzuheben. Die liegt vor, wenn jemand etwas lernt, um damit später eigene Interessen zu verwirklichen. Beide Fälle sind aber von neugiermotiviertem Lernen zu unterscheiden. Das Lernen um etwas Neues zu erfahren und auszuprobieren, tritt zumindest ab dem Schulkindalter in den Hintergrund, verschwindet aber – so ist zu hoffen – für viele Menschen nie ganz: herausfinden, wie ein Wecker funktioniert; wie Tante Anne reagiert, wenn man behauptet, nicht der Leo sondern der Artus zu sein, der von seinen Rittern einige Tage Urlaub genommen hat etc.

6.3.4 Lernthematische Emotionen

Motive sind i. d. R. nicht bewusst (Leont´ev 1979). Was bewusst wird, wenn Motive wirksam werden, sind die Gefühle für einen Gegenstand oder in einer Situation. Sie zeigen an, inwieweit eine Situation der Motivlage entspricht oder nicht (Leont´ev 1973, 1979 sowie Holodynski 1999). So verweist Lernfreude darauf, dass eine Situation für das angestrebte Lernresultat günstig ist, dass ein Lernprozess bedürfniskonform verläuft. Langeweile dagegen signalisiert eine Situation, in der es nichts Brauchbares zu lernen gibt. Mit Gefühlen orientiert sich das Subjekt auf seine Motive. Deshalb haben sie eine wichtige aktivierende oder deaktivierende Funktion. Holodynski / Friedlmeier (1999: 9ff) ordnen dieser Funktion einen Teilbereich von Handlungsregulation zu, die emotionale Handlungsbereitschaft.

Positive Gefühle wirken grundsätzlich aktivierend. Eine anregungsreiche Lernumwelt dürfte Lernfreude und damit intensives Explorieren auslösen. Negative Gefühle können dagegen aktivierend oder deaktivierend sein. Sie signalisieren, dass eine Situation sich bezogen auf die Motive ungünstig entwickelt. Daraus kann vermehrte Aktivierung entstehen, nämlich wenn der Akteur überzeugt ist, die Situation motivgerecht verändern zu können, sobald er entsprechend handelt. Sieht er dagegen keine Chance in dieser Richtung, lähmen die negativen Gefühle seine Aktivität. Eine interessante Systematik lern- und leistungsthematischer Emotionen geben Hoffmann und Pekrun (1999: 117). Sie berücksichtigen nicht nur, ob eine Emotion negativ oder positiv ist, sondern auch, in welchem Zeitbezug sie steht und auf welchen Gegenstand sie bezogen ist. Dabei wird deutlich, dass die soziale Seite des Lernens auch die Gefühle der Lernenden inhaltlich bestimmt:

Gegenstandsbezug	Zeitbezug	Positive Emotionen	Negative Emotionen
	Prozessbezogen	Lernfreude	Langeweile
	Prospektiv	Hoffnung	Angst
Auf Aufgabe bezogen		Vorfreude	Hoffnungslosigkeit
		Ergebnisfreude	Traurigkeit
	Retrospektiv	Erleichterung	Enttäuschung
		Stolz	Scham / Schuld
		Dankbarkeit	Ärger
Auf sozialen Bereich bezogen		Empathie	Neid
		Bewunderung	Verachtung
		Sympathie / Liebe	Antipathie / Hass

Nach Pekrun und Jerusalem (1996, S. 164)

Menschen lernen am *besten* in Situationen, die neu, aber nicht angstbesetzt sind. Angst führt zu Flucht oder Angriff, kann aber auch lähmen (Spitzer 2002). Folgerichtig wird unter Angst *besonders rasch* gelernt, nämlich, dass die vorliegende Situation bedrohlich ist und deshalb möglichst gemieden werden sollte. Es unterbleibt aber eine intensive Auseinandersetzung mit der Situation selbst und ihren einzelnen Elementen. Bei lebensgefährlichen Situationen ist das sinnvoll. Bei komplexen Situationen ohne unmittelbare Lebensgefahr ist Angst dagegen häufig dysfunktional. Denn sie erschwert komplexes Lernen, weil sie die für komplexe Lernvorgänge wichtige Analyse der Situation stark reduziert. Man kann sich unter Angst komplexe Inhalte nicht aneignen, weil der Aneignungsvorgang mit dem Bedürfnis, aus der Situation zu fliehen, nicht vereinbar ist: wer unter einer Hundephobie leidet, hat keinen Blick dafür, was das für ein Hund ist, der ihm entgegenkommt, und was der gerade tut und in welcher Stimmung er ist (vgl. Spitzer 2002).

Manchmal werden Lernangebote einer bestimmten Art als bedrohlich erlebt. Dann werden sie gemieden, und es entsteht eine spezifische Lernangst und damit die Neigung, dem Inhalt oder der Situation (z. B. dem Mathematikunterricht, Gesprächen über Sexualität u.ä.) zu entfliehen.

Bezogen auf Schule ist Prüfungsangst die am besten untersuchte lern- und leistungsthematische Emotion (vgl. Hoffmann / Pekrun 1999). Sie ist keine Lernangst im eigentlichen Sinne, sondern eine Leistungs- bzw. mehr noch eine Sozialangst. Sie ist von Scham geprägt (Holodynski 1992). Sie kann die Entstehung von Lernangst begünstigen, wenn der Lernprozess selbst stark sozial kontrolliert wird und Lernen mit dieser sozialen Kontrolle gleich gesetzt wird. Das geschieht z. B. in der Schule im Unterricht, wenn der aufgebaut ist nach dem Muster: der Lehrer fragt, die SchülerInnen antworten. In einem solchen Unterricht stehen SchülerInnen unter der ständigen Gefahr, sich zu blamieren.

6.4 Die Ausführungsregulation von Lernen

Ein Säugling fuchtelt meist ungerichtet in der Gegend herum, bekommt dabei etwas zu greifen und lernt durch beständige Wiederholung das Greifen. Er ist zwar motiviert, das zu tun (Rauh 2002), aber er beabsichtigt es nicht. Das gelingt ihm erst, wenn er bereits greifen kann und dann etwas Bestimmtes greifen will. Dabei verfeinert er seine „Greif-Kompetenz" zwar, er lernt also. Aber er will nicht etwas lernen sondern etwas greifen. Erst wenn er, als Kind schon, ein Ballspiel erlernt und merkt, dass er das durch systematisches Üben optimieren kann, kann er eine Lernhandlung herausbilden mit dem Ziel, dieses Ballspiel zu lernen. Mit der Herausbildung von Lernhandlungen wird Lernen zu einer zielgerichteten Tätigkeit und es treten die Elemente der Ausführungsregulation ins Bewusstsein. Es werden die Lernbedingungen analysiert, Lernziele entwickelt und Lernkompetenzen eingesetzt. Nur wenn das geschieht, wird zielgerichtet gelernt, und es liegt auf der Hand, dass dazu die Herausbildung geistiger Operationen und v. a. die Entwicklung von Selbststeuerungskompetenzen (vgl. 6.2) fortgeschritten sein müssen. Anders ist eine Analyse der Lernbedingungen (a), eine Analyse der eigenen Lernkompetenzen (b) und eine Entwicklung von Lernzielen (c) nicht möglich.

a. Die Analyse der Lernbedingungen
   Wer zielgerichtet lernen will, muss klären, ob das jetzt gerade möglich ist. Sind die erforderlichen Lerngegenstände verfügbar? Bin ich selbst konzentriert genug? Diese Fragen stellen zu können, setzt einige Erfahrungen mit eigenem Lernen voraus, und diese schließen die Fähigkeit zur Selbstwahrnehmung und -steuerung ein.

b. Die Analyse der eigenen Lernkompetenzen
   Wer zielgerichtet lernen will, muss herausfinden, wie er / sie lernen kann. Er / sie muss Lernkompetenzen nicht nur haben, sondern auch wissen, dass er / sie sie hat (vgl. 4.2.3).

c. Die Entwicklung von Lernzielen
   Lernziele zu entwickeln bedeutet, sich differenzierte Vorstellungen z. B. davon zu machen, wie es sich anfühlt, einen fremdsprachigen Text zu verstehen, Fahrrad zu fahren oder sich in einem Konflikt besser durchzusetzen. „Differenzierte Vorstellungen" bedeutet nicht, ein Bild zu haben von der gelungenen Handlung, sondern vom Weg dahin (Kompetenz). Das ist ein inneres Modell von einem eigenen psychischen Zustand bzw. Prozess. Lernziel ist hier ein psychologischer, kein pädagogischer Begriff. Es ist ein von den Lernenden verfolgtes Ziel und keine Vorgabe eines Lehrers / einer Lehrerin oder eines anderen Akteurs.

Unter 6.2 wurde bereits angesprochen, dass kleine Kinder diese Anforderungen kaum erfüllen können. Sie lernen, tun das aber letztlich nicht im oben genannten Sinne zielgerichtet. Sie realisieren keine Lernhandlungen. Wenn sie einen starken Wunsch entwickeln, schreiben zu lernen, imitieren sie Schreibbewegungen. Manchmal können sie auch einen Buchstaben abmalen. Aber bevor daraus Lernziele werden und eine entfaltete Ausführungsregulation des Lesenlernens, müssen sie eine möglichst präzise Vorstellung von Schreibbewegungen entwickeln. Denn die Qualität einer Handlung hängt entscheidend von der Präzision ab, mit der das Handlungsziel den Sollzustand abbildet. Dass Kindern das kaum möglich ist, bestimmt die Didaktik im Vor- und Grundschulalter, die zielgerichtetes Lernen nicht voraussetzt, sondern aufzubauen bemüht ist. Ihre Qualität entscheidet darüber, wie früh und wie gut Kinder zu zielgerichtetem Lernen übergehen können. Galperin (1969) macht diese Qualität von Didaktik an der Qualität der Orientierungsgrundlage fest, die lehrende Personen den Kindern bieten und die ihnen hilft, konkrete Lernziele zu entwickeln und die Analyse ihrer Lernbedingungen zu vollziehen.

Auch wenn bereits im Kindesalter Lernziele entwickelt werden können, dürfte – und diese Aussage steht gegen Galperin (1969) – die volle Entfaltung von Lernhandlungen erst im Jugendalter erreicht werden, wenn die erforderliche Selbstreflexion möglich wird. Aber selbst dann und über das gesamte Erwachsenenalter hinweg, bereitet es vielen Menschen Mühe, zielgerichtet zu lernen.

6.5 Lernbezogenes Selbstkonzept

Ein Selbstkonzept ist eine psychische Struktur und der bewusste Teil von Identität, also das, was Menschen über sich und ihr Verhältnis zur Welt denken (vgl. Greve 2000, Neuenschwander 2001). In der Handlungspsychologie spielt es die Rolle einer zentralen inneren Steuerungsinstanz (Frey et al. 2000), d.h. es ist jener Bereich des Psychischen, der die individuell-personentypische Charakteristik von Tätigkeit hervorbringt, also dafür sorgt, dass eine Aktivität als die Aktivität eines bestimmten Menschen identifiziert werden kann. Ein Selbstkonzept kann bereichsspezifisch differenziert werden. Es gibt ein berufsbezogenes Selbstkonzept, ein geschlechtsbezogenes usw. Neuenschwander et al. (2001) führen als eine Selbstkonzeptvariante das schulbezogene Fähigkeitenselbstkonzept ein. Damit bezeichnen sie jenen Bereich des Selbstkonzepts, der sich auf die eigenen Fähigkeiten bezieht und diese differenzieren sie nach Schulfächern. Wer sich als gut in Mathematik, aber schlecht in Physik einschätzt, hat ein entsprechendes schulbezogenes Fähigkeitenselbstkonzept.

Das Fähigkeitenselbstkonzept strukturiert die Vorstellungen, die jemand von seinen Kompetenzen hat, zu einem inneren Arbeitsmodell und steuert das Lernen insgesamt, gibt ihm seine persönliche Note. Deshalb schlägt sich der Einfluss, den die Mitakteure beim Lernen ausüben, indem sie die Lernumwelt mitgestalten, letztlich im lernbezogenen Selbstkonzept nieder. Es ist der Schlüssel für die Analyse und Bearbeitung innerer Lernblockaden. Die lassen sich festmachen
- im Bereich der Antriebsregulation des Lernens
Eine schwache Neugiermotivation, wenig Interesse, die eigene Selbstwirksamkeit auszubauen, kurz: ein Selbstkonzept mit depressiver Färbung ist mit geringer Neigung verbunden, angebotene Lerngegenstände aufzunehmen oder gar sich – gegen sozialen Widerstand – Lerngegenstände zu suchen. Solche Menschen sehen sich als faul, wenig interessiert und haben eine innere Blockade, z.B. den Lernanforderungen in der Schule gerecht zu werden. Selten ist aber die Neugier generell gering. Meist gilt das sachbezogen – z. B. bei bestimmten Schulfächern – oder sozial – z. B. bei bestimmten Mitakteuren.

- im Bereich der Ausführungsregulation des Lernens

Gering ausgeprägte Introspektion und Selbststeuerung machen es schwer, Lernziele zu formulieren und Lernstrategien bewusst auszubauen. Menschen, die wenig über sich nachdenken und sich schwer tun, innere Vorgänge zu steuern, z. B. einmal erworbene Lernstrategien zu wechseln, sehen sich als schlecht Lernende, betrachten eigenes Lernen ausschließlich von seinem Ergebnis her und nicht als beeinflussbaren inneren Prozess. Wenn sie merken, dass ihnen etwas „nicht in den Kopf geht", werden sie hilflos. Es besteht eine innere Lernblockade.

7. Schulisches Lernen

Schule ist nicht nur eine Lernumwelt. Sie nimmt zudem Allokations-, Selektions- und Disziplinierungsaufgaben wahr (Fend 2006, Vogel 2006 sowie S. 00) und ist berufliche Umwelt für die Funktionsträger. Dennoch sind die Lernprozesse der SchülerInnen ein wichtiger Bezugspunkt für alle Akteure dort und Gegenstand der *beiden* prominenten Organisationsziele „Bildung und Erziehung" (vgl. SchG NRW §§1 und 2).

Schulisches Lernen meint Lernen in der sozial und sachlich strukturierten Umwelt Schule und darf deshalb nicht nur beschränkt auf die im Lehrplan enthaltenen Inhalte konzipiert werden. Denn auch der Umgang der Klassenkameraden miteinander, das Leben in den Pausen und sogar die Prüfungen bieten spezielle Lerngegenstände und damit Anlass zu schulischem Lernen.

Die Lernumwelt Schule wird (vgl. S. 71) unter zwei Blickwinkeln vorgestellt: (a) unter dem Blickwinkel der sozialen Praktiken, die SchülerInnen beim Eintritt in die Schule vorfinden (7.1) und (b) als Aktivität der SchülerInnen, durch die sie gemeinsam mit ihren Mitakteuren Schule machen (7.2). Damit wird dem Doppelcharakter von Umwelten Rechnung getragen. Sie sind vorgefundene Bedingung und hergestellte Wirklichkeit (vgl. S. 75).

7.1 Lernumwelt Schule: Was finden Schüler vor?

In der Schule treffen SchülerInnen

- auf schultypische Gruppen von Mitakteuren (7.1.1): die LehrerInnen und die MitschülerInnen, aber auch andere FunktionsträgerInnen und die Eltern, die sie in ihrer Funktion als Schülereltern bislang gar nicht erlebt haben.
- auf soziale Praktiken in und zwischen diesen Akteursgruppen (7.1.2)
- und auf Vergegenständlichungen dieser Mitakteure, die sie sich aneignen können (7.1.3).

7.1.1 Die Mitakteure
Erstklässler merken rasch,

- dass die LehrerInnen nicht einfach fremde Erwachsene sind wie z. B. Nachbarn oder Leute, bei denen man einkaufen kann.
- dass die MitschülerInnen nicht einfach fremde Kinder sind, wie sie sie beispielsweise im Urlaub kennengelernt haben.
- dass die Eltern in „schulischen Belangen" nicht die Entscheidungsgewalt haben, wie sie das bisher von ihnen gewohnt sind.

Sie machen immer wieder die Erfahrung, dass ihre inneren Arbeitsmodelle über soziale Kontakte zu fremden Kindern und Erwachsenen nicht ausreichen, dass sie neuartigen (sozialen) Anforderungen gegenüberstehen, die sie bewältigen müssen, wenn sie in der Schule bestehen wollen – und das wollen fast alle Kinder.

7.1.1.1 Lehrer als Funktionsträger mit besonderer Autorität

Über mehrere Semester fragten Studierende der FH Münster im Rahmen einer Lehrveranstaltung zum Thema „Kindheit" Erstklässler ganz unspezifisch, wie es ihnen in der Schule ergehe. Die Antworten bezogen sich meist auf die Mitschüler-Innen, auf Streitigkeiten, gemeinsame Aktionen, eben auf das Leben in der Klasse. Die LehrerInnen fanden seltener Erwähnung, v. a. dann wenn es um Zurechtweisungen und Beurteilungen, um Lob und Tadel ging. Dieses Phänomen könnte darauf verweisen, dass die SchülerInnen bereits einiges über ihre neue Lernumwelt gelernt haben:
1. Die Lehrer sind für das Lernen, Leisten und die Disziplin da und stehen ihnen deshalb emotional nicht so nahe.
2. Die MitschülerInnen sind die emotional bedeutenderen Mitakteure, auf die es im Schulalltag ankommt (vgl. dazu Krappmann / Oswald 1995).

LehrerInnen sind für Erstklässler zu Beginn des Schuljahres eine ganz fremde Sorte Menschen: sie sind FunktionsträgerInnen mit besonderer Autorität. Die meisten Kinder haben vor Schuleintritt schon FunktionsträgerInnen kennen gelernt, sie aber wahrscheinlich nicht als solche begriffen, weil sich ihre Funktion nicht auf sie selbst und speziell auf sie als Kinder bezogen hat. Der Schaffner im Zug ist Funktionsträger und hat deshalb seine Autorität. Die bezieht sich jedoch unterschiedslos auf alle Fahrgäste. Die LehrerInnen üben die mit ihrer Funktion verbundene Autorität speziell gegenüber den Kindern aus. Genau das wird allseits von ihnen erwartet. Sie müssen Sorge tragen, dass die Kinder etwas lernen, helfen ihnen dabei, indem sie den Schulstoff erklären (vgl. Wieland o. J.) und für Disziplin sorgen. Sie treten den Kindern aber nicht in erster Linie als fremde Erwachsene gegenüber, die sie mögen oder nicht. Das ist für Erstklässler – und anscheinend auch später noch (vgl. Wieland o. J.) – schwer zu verstehen. Wenn ein Erstklässler im Unterricht seiner Lehrerin gegenüber ein persönliches, nicht schulbezogenes Anliegen äußert, sie z. B. fragt, ob sie ihn möge, so kann er eine abweisende oder zumindest unerwartet zurückhaltende Reaktion hervorrufen. Wenn die Lehrerin ihre Reaktion noch mit dem erklärenden Hinweis versieht, dass sie alle Kinder gleich lieb haben müsse und seine Bemerkung nicht in den Unterricht passe, so kann er merken, dass hier (im Unterricht) bisher unbekannte soziale Regeln herrschen. Wenn die Lehrerin zudem ihr

Bedauern darüber äußert, jetzt nicht auf die Bemerkung eingehen zu können, erfährt der Schüler auch, dass die Lehrerin – warum auch immer – in der Schule nicht unbedingt eigenen Vorlieben folgt, sondern ihrerseits Anforderungen erfüllt, die dem Schüler aber nicht genau klar sind.

Derartige Ereignisse begegnen Erstklässlern häufig und sind geeignet, ihnen den Charakter der Schule als einer Institution zu vermitteln, die Organisation und folglich Funktionsträger hat (vgl. Vogel 2006). Sie lernen, dass es Erwachsene gibt, die eigene Vorlieben oder Abneigungen hintanstellen und das mit unpersönlich geltenden Regeln begründen, die nicht moralisch sondern funktional begründet werden. Das bedeutet zweierlei:

a. Die LehrerInnen werden zwar als Personen mit Vorlieben und Abneigungen sichtbar, wichtiger ist aber für sie in ihrer Funktion, dass sie mit den Schülern im Auftrag der Organisation interagieren. Sie begründen ihre Autorität dafür in erster Linie von diesem Auftrag her und sind – das können SchülerInnen immer wieder erfahren – in ihrer persönlichen Autorität eingeschränkt, wenn und weil sie den Schülerinnen gegenüber etwas vertreten müssen, was sie persönlich nicht in jedem Fall vertreten wollen. Somit bleiben den SchülerInnen umfassende Bereiche der Motivation ihrer LehrerInnen verborgen, bzw. werden als nicht relevant erkannt. Das sind zum einen die privaten Bereiche, also jene, die sie als Personen kennzeichnen. Zum anderen sind es die Bereiche, die sich auf ihre berufliche Stellung und insofern auf KollegInnen und Vorgesetzte beziehen.

b. Die Schüler sehen sich im Umgang mit LehrerInnen sozialen Praktiken gegenüber, die Organisationen kennzeichnen. Diese Praktiken bedeuten, dass Menschen nicht in erster Linie als Personen sondern als FunktionsträgerInnen zu behandeln sind, dass die Funktionen der Organisation zu wahren sind (vgl. 5.1.1.3).

Es gibt einen rationalen Bezugsrahmen für das Handeln in der Schule: die Schulregeln. Das sind soziale Regeln, die zwar von Menschen durchgesetzt werden müssen, die aber nicht immer und v. a. nicht geradlinig aus deren Interessen abgeleitet werden können, die nicht in deren Interesse liegen müssen. Vielmehr wird behauptet, sie seien rational, d. h. sachlich begründet.

Diese Distanz zu den persönlichen Interessen einzelner FunktionsträgerInnen und die Bedeutung sachbezogener Begründungen für Regeln und Handlungsanforderungen schaffen einen speziellen, nämlich unpersönlichen Zwang und damit eine Berechenbarkeit, die es in ausschließlich persönlich gestalteten Interaktionen so nicht gibt (vgl. 5.1.1.3, sowie Fend 2006). Wie in allen Organisationen gibt es – formal gesehen – auch in der Schule Instanzen, also FunktionsträgerInnen, an die man appellieren kann, wenn man sich von einem Lehrer, einer Lehrerin falsch (im Sinne der Organisationsregeln) behandelt fühlt, oder denen man vorgeführt wird, wenn bestimmte Konflikte eskaliert sind. Es gibt allerdings auch Möglichkeiten, diese Organisationsregeln zu umgehen oder sie in eigenem Interesse umzuändern (vgl. 6.2).

Die Schüler begegnen in der Lernumwelt Schule funktional begründeten Regeln und damit Elementen von Rationalität, wie sie für moderne Gesellschaften typisch sind (vgl. Weber 1972, Parsons 1975).

Wenn Schüler LehrerInnen begegnen, machen sie ihre Erfahrungen mit der Organisation Schule, auch mit den Positionen, die dort für sie bereit sind: die Position von SchülerInnen.

7.1.1.2 „Andere" und „neue" Funktionsträger

Die Lehrerschaft war nie die einzige Profession, die FunktionsträgerInnen für Schule stellt. Nahezu jede Schule verfügt über eine Sekretärin und einen Hausmeister, in wenigen Fällen gibt es auch eine Schulkrankenschwester oder Lehrkräfte, die keine Lehrer sind. Sie prägen die Lernumwelt Schule durchaus mit, haben aber Funktionsbereiche, die deutlich von denen der LehrerInnen abgegrenzt sind und die ebenso deutlich auf diese Funktionsbereiche zugeschnitten sind: die Sekretärin macht „die Verwaltung" und übernimmt im dem Zusammenhang manchmal eine spezielle Vermittlungsposition zwischen SchülerInnen und z. B. der Schulleiterin. Manchmal setzt sie auch selbst eine bestimmte Art von Disziplin bei den SchülerInnen durch, sorgt z.B. dafür, dass die SchülerInnen erfahren, was Verwaltung für sie bedeuten kann. Insofern repräsentiert sie sogar auf sehr direkte Weise den Organisationscharakter von Schule. Ein Hausmeister dagegen kann durch seine Zuständigkeit für die räumliche Seite der Lernumwelt Schule und seine Handwerkerprofession ein Fremdkörper in der von Wissen und Wissenschaft geprägten Schule sein und damit ein Vertreter einer handwerklichen Berufswelt.

Auch Eltern können als Funktionsträger an der Schule wirksam werden, wenn sie z. B. in der Elternpflegschaft aktiv werden oder andere Aufgaben übernehmen, z. B. die Pflege eines Schulgartens, die Aufsicht bei einer Klassenfahrt u.ä.

Seit den siebziger Jahren und vermehrt seit den Neunzigern begegnen SchülerInnen in immer mehr Schulen und mit immer größerer Selbstverständlichkeit auch SozialpädagogInnen und ErzieherInnen. Deren Funktionsbereiche sind nicht ganz durchgängig von denen der LehrerInnen abgegrenzt: sie finden sie, wie z. T. auch LehrerInnen, im Übermittagbereich, bzw. im Freizeitbereich von Schule. Sogar im

Unterricht sind sie anzutreffen, wenn auch nur selten in einer lehrenden Funktion (vgl. Wieland o. J.).

Ihre Bedeutung hängt von den Funktionsbereichen ab, die sie jeweils wahrnehmen und offenbar auch in erheblichem Ausmaß davon ab, wie sie selbst ihren Funktionsbereich beurteilen (vgl. Wieland o. J.). So kommt es, dass an manchen Schulen vielen SchülerInnen nicht bekannt ist, was SozialpädagogInnen eigentlich tun. In anderen gehören sie an prominenter Stelle zum Schulalltag der SchülerInnen (vgl. Vogel 2006, Olk et al. 2000).

Es scheint kein klares Bild davon zu geben, ob bzw. wie das Auftauchen dieser Professionen die Organisation Schule und damit schulisches Lernen verändert (vgl. Thimm 2000). Leider gibt es auch nur wenige Untersuchungen, die sich dieser Frage empirisch widmen, und diese wenigen tun das i.d.R. weniger deskriptiv, sondern eher geleitet von Vorstellungen darüber, wie eine optimale Kooperation zwischen LehrerInnen und SozialpädagogInnen (ErzieherInnen werden nicht thematisiert) auszusehen habe (vgl. Vogel 2006, Braun / Wetzel 2006). D.h. die Frage der Veränderung von Schule durch „andere" Professionen wird auf die Frage der Interaktion zwischen diesen Professionen, bzw. Funktionsträgergruppen zugespitzt. Das trifft einen zentralen Punkt, da auch die SchülerInnen, wenn sie die Lernumwelt Schule nutzen, klären müssen, wer für was zuständig und „zu gebrauchen" ist. Da stellt die Erfahrung, dass Zuständigkeiten nicht nur unklar, sondern sogar kontrovers aufgeteilt sind, andere Anforderungen als die Erfahrung, dass Zuständigkeiten einvernehmlich geklärt, bzw. neue Funktionen problemlos implementiert werden.

Dass „neue" FunktionsträgerInnen auftauchen, bedeutet für die SchülerInnen zweierlei:

a. Sie finden soziale Praktiken vor, deren Verbindlichkeit ungeklärt ist und wissen daher nicht, wie und ob sie daran teilnehmen sollen bzw. ihnen vertrauen können.

b. Sie finden neuartige soziale Praktiken vor, deren Bezug zu anderen Praktiken unklar ist. Die Lernumwelt Schule erweitert und verändert sich z. B. in Gestalt des Übermittag-Bereichs, der Freizeitangebote oder der schulbezogenen, außerunterrichtlichen Arbeitsgruppen.

7.1.1.3 MitschülerInnen als Freunde, Feinde und Konkurrenten

Kinder sind füreinander bereits im Babyalter interessant. Im Alter von zwei Jahren kommen sie als Spielpartner (vgl. Mietzel 2002: 240 – 246) in den Blick. Dann sind Kinder füreinander „attraktiv", „gefährlich" oder „uninteressant". Wichtig sind Freunde (Oerter / Montada 2002: 243-257). Sie zu haben, ist eine Stärke und damit eine gute Voraussetzung dafür, mehr Freunde zu haben und sozial attraktiv zu sein.

Lästig oder sogar bedrohlich können Feinde sein, v.a. wenn sie über Rückhalt in der Kindergruppe verfügen. Sie fordern dazu heraus, die eigene Integrität gegenüber anderen zu wahren (Krappmann / Oswald 1995). Wenn das gelingt, wächst die eigene Stärke, misslingt es, gerät ein Kind leicht in eine ungünstige soziale Position. Manche Kinder werden einfach übersehen, bis ein besonderes Ereignis sie als Freund oder Feind auszeichnet.

Als Rahmen für den Umgang miteinander spielen Kindergruppen als relativ dauerhafte Interaktionssysteme eine Rolle. Es gibt sie bereits bei VorschülerInnen, weshalb auch dort Kindern unterschiedliche soziale Positionen zugeschrieben werden können.

Kindergruppen organisieren sich selbst (vgl. Krappmann / Oswald 1995), d.h. sie entwickeln die Regeln, nach denen sie interagieren, gemeinsam, wenn auch nicht bewusst bzw. nach Plan. Dabei bieten die von den Erwachsenen gesetzten Regeln einen Rahmen, der in Krisenfällen genutzt wird.

Eine Schulklasse unterscheidet sich von Kindergruppen (Peergruppen) in der Vorschulzeit nicht unbedingt dadurch, dass die Zugehörigkeit zur Gruppe erzwungen ist: auch und gerade kleine Kinder können sich ihre Spielkameraden nicht aussuchen, sondern sind dabei umfassend auf ihre Eltern oder darauf angewiesen, wer gerade erreichbar ist. Eine Schulklasse unterscheidet sich von Peergruppen vielmehr dadurch, dass es sie nur deshalb gibt, weil dort gelernt werden soll.

Das ist z. B. den Erstklässlern nicht von Beginn an klar. Sie gehen auf ihre Klassenkameraden zu wie auf andere Kinder auch. Sie tun gut daran. Denn das sind die tatsächlich: andere Kinder. Und es ist wichtig für den weiteren Schulerfolg, in der Schule Freunde, in der Peergruppe eine attraktive soziale Position zu haben, wie die Evaluationsergebnisse zeigen (vgl. Wieland o. J.).

Rasch wirken sich allerdings zwei Bedingungen aus, die Schulklassen von Peergruppen unterscheiden:

a. Der Lernbezug von Schulklassen

Die praktische Bezugsgröße für Schulklassen ist nicht das Spiel, sind auch nicht andere gemeinsame Aktivitäten, sondern ist das Lernen als eine Vorgabe von außen.

Kindergruppen spielen. Dass dabei auch gelernt wird, ist bekannt. Aber das ist nicht der primäre Grund dafür, dass Kinder diese Gruppen gründen. Das ist erst ein Spezifikum von Schulklassen. Sie werden eingerichtet, damit Kinder dort lernen sollen. Wenn Kinder in die Lernumwelt Schule eintreten, finden sie andere Kinder vor, mit denen sie (für längere Zeit) lernen können und sollen. Sie nehmen gemeinsam mit diesen Kindern am Unterricht teil.

Das bedeutet nicht, dass Schulklassen Lerngruppen sind in dem Sinne, dass sie sich gemeinsam Lerninhalte aneignen. Es bedeutet nur, dass Kinder in Schulklassen zusammen sind, wenn sie lernen. Daher muss die Schulklasse von den Grüppchen unterschieden werden, die SchülerInnen meist innerhalb der Schulklasse, manchmal auch klassen- oder schulübergreifend, bilden. Diese Grüppchen sind Peergruppen im klassischen Sinne, werden aber über ihren Bezug zur Schulklasse mitgeprägt: man hilft sich in schwierigen Situationen im Unterricht, lässt abschreiben bei der Klassenarbeit oder vereitelt den Leistungserfolg eines Außenseiters und grenzt MitschülerInnen aus.

b. Der Leistungsbezug von Schulklassen

Das Lernen in der Schulklasse wird durch die LehrerInnen bewertet und damit entsteht ein neues Kriterium, nach dem die soziale Attraktivität in der Schulklasse definiert werden kann, die Lernleistung, die zumindest potentiell von eigenen Aktivitäten abhängig ist. Lernen soll Lernleistung erbringen.

Auch im Vorschulalter werden Lernleistungen honoriert, lernen Kinder etwas, um ein Lob zu bekommen oder weil sie etwas erreichen wollen. In der Lernumwelt Schule wird das offizielle Lernen aber auf eine besondere Weise an eine besondere Art der Bewertung gebunden: Schulklassen sind als intern konkurrierende Leistungsgruppen konzipiert.

Wenn Kinder in ihre Schulklasse kommen, merken sie rasch, dass Lernleistung von ihnen erwartet wird und dass ihre Lernleistung in erster Linie vom Lehrer bewertet wird. In der Lernumwelt Schule herrscht (u.a.) das Leistungsprinzip und das wird überwiegend als Konkurrenz realisiert. Dazu trägt v.a. bei, dass die Leistungsbeurteilung mittels Noten vorgenommen wird. Diese inhaltsneutralen Bewertungskriterien (vgl. 7.1.2.2) ermöglichen und fördern den Leistungsvergleich und damit die Leistungskonkurrenz. Denn selbst wenn eine Lehrerin den Leistungsvergleich nicht ausdrücklich fördert und wenn deshalb zu Beginn der Schullaufbahn keine Schulnoten vergeben werden, sind Leistungsvergleich und Konkurrenzprinzip als Merkmale der Lernumwelt Schule den SchülerInnen sichtbar. Sie sehen, dass einige Kinder die an sie gestellten Leistungsanforderungen besser bewältigen als andere, sie kennen Noten als Bewertungskriterien und sie erkennen, dass es in der Schule auf die Bewältigung von Lernanforderungen ankommt. Damit liefert die Schulklasse den Rahmen für Leistungsvergleiche und für Konkurrenz. Das muss nicht bedeuten, dass sich eine konkrete Schulklasse nach den Positionen in der Leistungsrangreihe organisiert. In einer Schulklasse können die SchülerInnen auch schulleistungsferne Kriterien setzen, um soziale Positionen zu vergeben. Solche leistungsverweigernden Klassen sind für LehrerInnen eine oft heftige Herausforderung. Aber auch in solchen Klassen orientieren sich die Schüler mittels der Leistungsverweigerung am System schulischer Leistungsbewertung.

7.1.1.4 Eltern

Mit ihrem Eintritt in die Schule verlassen Kinder zum ersten Mal in einer für sie und ihre Umwelt bedeutsamen Weise das Elternhaus und verselbständigen sich. Die Vorstellung kleiner Kinder, dass sie „groß" sind, wenn sie zur Schule gehen, erfasst daher Entscheidendes.

Denn die Anwesenheit, sogar die Erreichbarkeit der Eltern ist in der Lernumwelt Schule stark reduziert und das nicht, weil die Eltern arbeiten müssen und deshalb nicht erreichbar sind, sondern weil die Eltern in der Schule, besonders im Unterricht, keinen regelgestützten Platz haben. Unterrichtsbeobachtungen durch Eltern sind zwar erlaubt und werden praktiziert. Sie sind aber die Ausnahme und nicht die Regel. Damit erfahren Kinder etwas Neues über ihre Eltern: es gibt Bereiche, die für sie wichtig und doch dem Einfluss der Eltern entzogen sind. Hinzu kommt: Kinder erleben, wie sich ihre Eltern zur Schule positionieren, indem sie den Machtüberhang der FunktionsträgerInnen anerkennen. Dies sieht im Einzelfall unterschiedlich aus. Fend (2006) weist darauf hin, dass Eltern in schulnahen Milieus die Qualifizierungs- und Allokationsfunktion von Schule in den Vordergrund stellen und deshalb ihre Aufgabe eher darin sehen, den Schulerfolg ihrer Kinder zu sichern und in dem Sinne mit den LehrerInnen zu kooperieren. In schulfernen Milieus dagegen sehen Eltern aufgrund eigener Erfahrungen und Einstellungen Schule als Bedrohung für sich und ihre Kinder: für sich, weil sie den Anforderungen der LehrerInnen, kaum nachkommen können oder wollen; für ihre Kinder, weil sie deren Probleme in der Lernumwelt Schule nachvollziehen und sich Lösungen dafür kaum vorstellen können. So versuchen sie, ihre Kinder vor den Anforderungen von Schule zu schützen oder sich den schulischen Anforderungen ähnlich wie ihre Kinder zu entziehen.

Insgesamt ergibt sich aus diesen Überlegungen, dass sich mit dem Eintritt von Kindern in die Schule das Verhältnis von Eltern und Kindern zueinander wandelt, sich die Familiendynamik verändert und Schule zu einem zentralen Thema in der Familie wird.

7.1.2 Soziale Praktiken in der Lernumwelt Schule

Die Lernumwelt Schule zentriert sich zwar um den Unterricht, dem Kerngeschäft von Schule (Breidenstein 2006, Fend 2006). Sie enthält aber auch andere Interaktionssysteme, an denen SchülerInnen teilhaben und in denen bestimmte Formen und Inhalte schulischen Lernens zu realisieren sind. Im Folgenden sollen die Bereiche

Unterricht, Leistungsbeurteilung, Freizeit und Hausaufgaben kurz dargestellt werden.

7.1.2.1 Der Unterricht

Dass Unterricht das Kerngeschäft von Schule ist, zeigt ein Blick auf schulische Organisationsstrukturen und -programme: Unterricht bekommt die weitaus meisten zeitlichen, materiellen und v.a. personellen Ressourcen. Er wird vorwiegend von LehrerInnen sichergestellt, die deshalb die wichtigste Akteursgruppe in der Schule sind (als Beispiel: SchG NRW §§ 58,59), und er spielt bezogen auf die Organisationsziele eine so wichtige Rolle, dass die Durchführung und Sicherung des Unterrichts als Kernziel der Organisation zu gelten hat. Denn dort geschieht die Vermittlung des Schulstoffes, und das ist für SchultheoretikerInnen i. d. R. der wichtigste Bezugspunkt für alle Funktionen von Schule, wie sie Fend (2006: 51) zusammenfasst:

- Die Enkulturationsfunktion bezieht sich zwar nicht nur, aber in weiten Teilen auf den Schulstoff. Denn im Schulstoff wird auf wichtige kulturelle Bedeutungen verwiesen, wird die Gültigkeit kultureller Bedeutungen bestätigt. Der Streit um den Schulstoff ist folglich einer um Gewicht und Gültigkeit kultureller Bedeutungen.

- Die Qualifikationsfunktion beruht auf der Vermittlung von Schulstoff, auch wenn bezweifelt wird, dass der aktuell in Lehrplänen definierte Schulstoff in jedem Fall ausreichend oder relevant ist für das Berufsleben als Zielpunkt schulischer Qualifizierung.

- Die Allokationsfunktion hängt in bestimmter Hinsicht von der Qualifikationsfunktion ab, insofern sie sich am Ausmaß orientiert, in dem der Schulstoff angeeignet wurde. Denn die Frage, welchen Schultyp ein Schüler, eine Schülerin besuchen darf, wird – nach Gesetzeslage jedenfalls – mit Blick auf die schulstoffbezogenen Leistungen entschieden.

- Die Integrationsfunktion hängt sehr stark vom Schultyp ab, wie die Debatte um die Hauptschule zeigt, und hängt deshalb tendenziell negativ mit der Allokationsfunktion zusammen (vgl. Vogel 2006). Die Zuweisung zur Hauptschule bedeutet oft die Zuweisung zu einer ressourcenarmen gesellschaftlichen Position, die mit der Gefahr mangelnder Integration verbunden ist.

Aus der Schülerperspektive relativiert sich die von Schulfachleuten unterstellte Bedeutung von Unterricht tendenziell. Es zeigt sich, dass es dort erstaunlich wenig um die Aneignung von Schulstoff geht (vgl. dazu Breidenstein 2006).

Die im dritten Kapitel referierten Evaluationsergebnisse beziehen sich nur zu einem geringen Teil auf Unterricht als Vermittlung des Schulstoffes, bzw. auf die Anpassung von Unterrichtsbedingungen an die sozial-kognitiven Voraussetzungen der SchülerInnen. Sie stellen die sozialen Prozesse im und um den Unterricht herum ins Zentrum der Aufmerksamkeit. Es sind soziale Konflikte mit MitschülerInnen, die auch im Unterricht ausgetragen werden, welche diese Schüler als dominant erleben. Für sie können Ereignisse in der Pause oder in der Familie den Schultag stärker prägen als der jeweilige Unterricht (vgl. Wieland o. J.). Dies könnte man auf die Besonderheit der untersuchten Schülergruppen, das sind Schüler eines Schulverweigererprojektes und einer BUS-Klasse, zurückführen. Allerdings weisen die Ergebnisse aus der Untersuchung von Breidenstein (2006) in eine ähnliche Richtung, und die sind bei GesamtschülerInnen und GymnasiastInnen erhoben worden. Auch die Studie von Krappmann und Oswald (1995) mit GrundschülerInnen liefert Hinweise darauf, dass der Unterricht für SchülerInnen weder eindeutig bzw. stets der wichtigste Bereich von Schule ist, noch ausschließlich zur Aneignung von Schulstoff genutzt wird.

Breidenstein (2006: 65 ff) belegt die enorme Bedeutung von Langeweile im Unterricht, was Unterricht für SchülerInnen potentiell zu verlorener Zeit werden lässt und Zweifel daran weckt, dass dort intensiv Schulstoff angeeignet wird. In dem Zusammenhang ist es nachvollziehbar, dass SchülerInnen im Unterricht ihren persönlichen Interessen nachgehen und dabei dem Frontalunterricht doch soweit folgen können, dass sie eventuelle Fragen der LehrerIn beantworten können. Diese Schüler-Praktiken erlauben den LehrerInnen, Unterricht zu halten, den SchülerInnen, sich bedürfnisgemäß vom Unterricht zurück zu ziehen. Das mag die Beliebtheit des Frontalunterrichts trotz verbreiteter Zweifel an seiner Effektivität (Breidenstein 2006: 94 ff) erklären.

Oswald und Krappmann (1995) untersuchen zwar nicht den Unterricht als solchen, wohl aber durch Beobachtungen im Unterricht die sozialen Strategien von GrundschülerInnen. Sie nehmen also an, dass im Unterricht auch Anderes geschieht als die Aneignung von Schulstoff und dass auch diese Aneignungsprozesse eine große Bedeutung für die Sozialisation von Kindern haben.

Trotz dieser Befunde gilt: der Schulstoff, der in der Literatur Bezugsgröße für sämtliche Funktionen von Schule ist (Fend 1980, als Beispiel: Peek / Dobbelstein 2006), wird im Unterricht vermittelt, und zwar drei Regeln folgend, die Unterricht grundsätzlich und jenseits unterschiedlicher didaktischer Ansätze charakterisieren:
1. Der Schulstoff wird von Lehrern nach Maßgabe des Lehrplans bestimmt.
2. Unterricht findet in Schulklassen statt.
3. Unterricht wird in einem Rhythmus von 45 Minuten getaktet.

Diese Regeln für Unterricht lassen sich nicht aus den Anforderungen des Schulstoffs ableiten:

- Die Evaluationsergebnisse (Wieland o. J.) zeigen, dass die Lehrkräfte für die ProB-Klasse sich vom jeweiligen Lehrplan weitest möglich absetzen, um überhaupt Lerninhalte anbieten zu können, die angeeignet werden. Diese Lehrkräfte sind eine Lehrerin und ein Sozialpädagoge. Reformschulen geben ihren SchülerInnen keineswegs den Unterrichtsstoff vor, sondern legen Wert darauf, dass diese ihre Lerngegenstände (auch) selbst auswählen.
- Dies stellt die Funktion von LehrerInnen, Lerninhalte zu vermitteln, nicht grundsätzlich in Frage, wirft aber die Frage auf, was „Vermittlung" heißt (vgl. Braun / Wetzel 2006: 17ff) und auch, welchen Stellenwert ein Lehrplan in dem Kontext hat bzw. haben sollte.
- Der Schulstoff erfordert keine Klassen; er lässt sich im Einzelunterricht oder über Gruppenarbeit genauso gut aneignen – oder sogar besser (vgl. Seel 2003: 349 – 351): Die Lehrkräfte der ProB-Klasse setzen trotz einer vergleichsweise geringen Klassenstärke auf Unterricht in kleinen Gruppen und sogar auf Einzelunterricht, weil die Klasse ihren Schülern keine brauchbare Lernumwelt ist (vgl. Wieland o. J.).
- Die Taktung nach 45 Minuten ist inhaltlich nicht zu begründen. Aneignungsprozesse brauchen je nach Lerninhalt und Physis der SchülerInnen unterschiedlich lange. Daher verkürzen die Lehrkräfte in ProB die Unterrichtseinheit deutlich mit Blick auf die Aufmerksamkeitsspanne der SchülerInnen (vgl. Wieland o. J.).

Wenn nicht der Schulstoff, dessentwillen Unterricht gehalten wird, die Unterrichtsregeln bestimmt, welchen Erfordernissen gehorchen diese dann?

Die gängigen Begründungen drehen sich um Erfordernisse der Organisation:

- Die zentrale Stellung der LehrerInnen wird aus deren Aufgabe abgeleitet, den Lehrplan zu erfüllen, und dessen Notwendigkeit wiederum aus dem Anspruch, die Schulabschlüsse auch inhaltlich vergleichbar zu gestalten: ein Abitur in Deutschland soll Nachweis sein für ein relativ klar umrissenes Wissen. Die Frage, welches Wissen das sein soll, entscheidet sich auf der Ebene von Schulverwaltung und -politik und nicht im Unterricht.
- Die Klassengröße bemisst sich nach Haushaltslage. Klassen als Organisationsstruktur von Schule erlauben eine – landesweit gleiche und nach Schultyp differenzierbare – Berechnung des Personalbedarfs. Einzelunterricht verbietet sich nach dieser Logik als Normangebot schon aus Kostengründen.

- Für den 45-Minuten Takt findet sich keine Begründung; es könnten auch 40 oder 30 Minuten sein. Die Taktung als solche ist aber erforderlich, wenn verschiedene Klassen von verschiedenen LehrerInnen unterrichtet werden müssen, wenn also ein Stundenplan als Basisstruktur schulischer Programme erforderlich ist.

Bis hierher ergibt sich: SchülerInnen finden einen Unterricht vor, der zwar der Vermittlung von Schulstoff dient, dabei aber nicht nach den Anforderungen des jeweiligen Schulstoffes organisiert ist. Vielmehr entspricht die organisationale Rahmung des Unterrichts in vielerlei Hinsicht Anforderungen der Organisation, die sich dem Ziel „Vermittlung des Schulstoffes" nur schwer zuordnen lassen. In diesem Sinne erscheint Unterricht dysfunktional gerahmt zu sein. Hier zeigt sich, was Vogel (2006: 128) und Böhnisch (1999: 168ff) auf einer anderen Ebene der Analyse von Schule als deren Anomie bezeichnen: Unterricht behindert in gewissem Maße, was er laut Organisationsziel zu leisten hat. Das stellt SchülerInnen wie LehrerInnen vor Probleme, bei deren Lösung sie sich als recht kreativ erweisen, wie Breidenstein (2006) zeigt.

Es gibt aber auch Hinweise, dass beide Akteursgruppen nicht immer über die notwendigen Ressourcen zur Lösung dieser Probleme verfügen, so dass Unterricht auch schon mal zusammenbrechen kann. Auch das wird in Breidensteins (2006, S. 00) Unterrichtsbeobachtungen sichtbar: die BeobachterInnen haben manchmal den Eindruck, es werde nur so getan, als ob Unterrichtsstoff vermittelt würde.

7.1.2.2 Prüfungen und Noten

Die Klärung der Frage, ob eine Vergegenständlichung tatsächlich angeeignet, ob eine Kompetenz erworben wurde, begleitet notwendig jeden Aneignungsprozesses und ist deshalb für jeden Lernenden wichtig. Insofern ist es für Erstklässler nichts Neues, dass geprüft wird, inwieweit sie etwas gelernt haben. Neu ist die Art und Weise, wie der Erfolg der Aneignung überprüft wird, nämlich durch schulische Prüfungen. Das sind Verfahren (Praktiken) ganz besonderer Art.

Schulische Prüfungen finden in Form von Klassenarbeiten oder Tests statt, zudem werden Hausarbeiten oder bestimmte Unterrichtsbeiträge benotet. Auch wenn Prüfungen oft im Unterricht bzw. in der Unterrichtszeit stattfinden, konstituieren sie doch einen eigenen Bereich der Lernumwelt Schule: dort soll nicht gelernt werden. Es wird geprüft, was gelernt wurde. Damit wird ein Zusammenhang zwischen den Lernprozessen im Unterricht und den Prüfungen von Lernergebnissen angenommen. Diese Annahme wird zwar praktisch wirksam, ist aber keineswegs empirisch gesichert ist. Der Hinweis, dass der nun folgende Stoff prüfungsrelevant sei, soll dem Lehrer die Aufmerksamkeit der SchülerInnen sichern und wird zur Disziplinierung häufig und mit Erfolg eingesetzt. Ob aber die Teilnahme am Unterricht ein gutes Prüfungsergebnis garantiert, ist zu bezweifeln (siehe unten), schließlich sind auch ohne Unterrichtsbeteiligung gute Prüfungsergebnisse möglich. Dennoch gehen SchülerInnen wie LehrerInnen von dem Zusammenhang zwischen Unterricht und Prüfung aus und unterstreichen damit die Bedeutung des Unterrichts. Denn Prüfungsergebnisse sind entscheidende Größen in der Lernumwelt Schule. Sie entscheiden über den Schulerfolg und damit über Chancen auf dem Arbeitsmarkt. Die Allokations- und Selektionsfunktion von Schule wird über Prüfungen realisiert.

Dies wirft in den Augen mancher FunktionsträgerInnen – gedacht ist nicht nur an SchulpolitikerInnen und/oder VertreterInnen der Schulbürokratie, sondern auch an LehrerInnen – die Frage auf, ob Unterricht tatsächlich als Kerngeschäft von Schule anzusehen ist oder ob das nicht die schulischen Prüfungen sind. Diese provozierende Frage, die die Möglichkeit in den Raum stellt, dass Schule gar nicht als Lernumwelt konzipiert ist, soll hier nicht weiter verfolgt werden. Sie wird nur aufgegriffen, um auf einen weiteren Aspekt schulischer Anomie zu verweisen, den SchülerInnen und LehrerInnen vorfinden. SchülerInnen machen durchaus die Erfahrung, dass ihnen eine zufrieden stellende Bewertung ihrer Lernleistungen nicht gelingt, obwohl sie gelernt haben. Dies ist oft keine lahme Entschuldigung für Faulheit, sondern ein Ausdruck echter Verzweiflung, vor allem dann, wenn die Leistung im Vorfeld, beim Üben etwa, erbracht werden konnte. Die üblichen Reaktionen von Erwachsenen auf solche Ereignisse – „Du hast nicht richtig gelernt!" „… nicht das Richtige gelernt!", „…..zu wenig gelernt! – blenden die Problematik aus, die Prüfungen und erst recht Noten als Einheiten zur Lernleistungsbewertung innewohnt (vgl. dazu Ingenkamp 1971, Baumert u.a. 2001: 70).

7.1.2.3 Hausaufgaben

Hausaufgaben werden zwar ursprünglich nicht in den Räumen der Schule gemacht sondern eben zu Hause; es sind keine LehrerInnen anwesend, sondern die Eltern. Dennoch werden sie der Lernumwelt Schule zugerechnet, weil sie inhaltlich auf Schule ausgerichtet sind. Die Hausaufgaben vergeben die LehrerInnen in der Schule, die Hausaufgaben werden in der Schule bewertet und sie werden als eine Voraussetzung für den Schulerfolg angesehen. Durch die Hausaufgaben bringen die LehrerInnen die Lernumwelt Schule, d.h. auch sich selbst, in die Familie ein. Hausaufgaben sind schulische und familiäre Umwelt zugleich und werden von SchülerInnen und Eltern den Regeln und Praktiken der Familie angepasst. Nicht selten werden sie als Fremdkörper oder jedenfalls als Problem gesehen, welches eine fremde Institution der Familie aufzwingt. Damit wird ein Konfliktfeld deutlich, das LehrerInnen und andere FunktionsträgerInnen von Schule häufig als Konflikt zwischen Schule und Familie konzipieren in dem Sinne, dass eine Familie die schulischen Anforderungen nicht bewältigen kann oder will. Es ist nachvollziehbar, dass die Lehrkräfte der ProB-Klasse, wo es den Eltern längere Zeit nicht gelang, den Schulbesuch ihrer Kinder sicher zu stellen, auf Hausaufgaben verzichten (vgl. Wieland o. J.). Denn Hausaufgaben erfordern auf Schülerseite eine gewisse Bereitschaft und Fähigkeit, auch außerhalb der direkten Kontrolle durch die LehrerInnen zu lernen; d.h. den eigenen Aneignungsprozess eigenständig zu steuern. Diese Lernkompetenz kann bei GrundschülerInnen v.a. am Beginn der Schullaufbahn nicht vorausgesetzt werden. Es ist eine Aufgabe der Eltern, sie im Rahmen der Hausaufgabenbetreuung zu fördern. Dies scheint nicht immer zu gelingen, wie nicht nur das umfassende Angebot professioneller Hausaufgabenbetreuung, auch im Schulrahmen (Übermittagbetreuung), zeigt. Breidenstein (2006: 182 f) findet selbst bei älteren SchülerInnen Fälle, wo ein eigenständiger Aneignungsprozess nicht zu gelingen scheint, die Hilfe Dritter, wie immer die aussieht, erforderlich ist. Das weist deutlich auf die Problematik von Hausaufgaben insgesamt hin.

7.1.2.4 Frei (-zeit-) räume

Die Pausen und die schulischen Freizeitangebote dienen nicht nur der Entspannung, sondern sind Zeiten und Räume, in denen SchülerInnen anderen eigenen Interessen nachgehen. Diese können schulbezogen sein. In der Pause werden Hausaufgaben rasch abgeschrieben, Klassenarbeiten nachbesprochen oder Konflikte mit Klassenkameraden ausgetragen und gelöst. Pausen und Freizeitangebote können aber auch schulfremden Interessen dienen. SchülerInnen können mit Klassenkameraden, die auch Freunde sind und zur eigenen Clique gehören, Absprachen treffen, Probleme wälzen und sogar „abhängen". Dann wandelt sich die Organisation Schule von einer Lernumwelt in einen Bereich der Peerumwelt, der allerdings von schulischen Vorgaben beeinflusst wird. Denn die FunktionsträgerInnen der Schule behalten offiziell die Kontrolle und Schule spielt thematisch eine Rolle. Das gilt aber für Peerumwelten in der Regel.

Die Begegnung von SchülerInnen und FunktionsträgerInnen im Pausen- und Freizeitbereich folgt anderen Praktiken als der Unterricht. Während der Unterricht die FunktionsträgerInnen auf eng definierte Praktiken festlegt (vgl. Breidenstein 2006, S. 123 ff), bieten Pausen und Freizeitbereich mehr Spielräume auch in Richtung auf stärker persönlich gefärbte soziale Praktiken.

Der Freizeitbereich ist ein relativ junger Bereich der Lernumwelt Schule. Inzwischen halten die weitaus meisten Schulen derartige Angebote vor (vgl. Speck

2007) und setzen dafür häufig nicht LehrerInnen,ein, sondern Angehörige anderer Professionen z. z. B. ErzieherInnen und SchulsozialarbeiterInnen (vgl. 7.1.1.2). In den Freizeitangeboten können SchülerInnen Lerninteressen verfolgen, die außerhalb des Unterrichts liegen, wie Foto- oder Theater-AG´s. Die gelten zwar nicht als dem Unterricht gleichwertig, relativieren dessen Bedeutung dennoch ein wenig und verändern die Lernumwelt Schule: sie wird differenzierter und löst sich auch aus dem Rahmen von Wissenschaftlichkeit, der den Schulstoff definiert (vgl. Braun / Wetzel 2006).

7.1.2.5 „Verborgene" Bereiche der Lernumwelt Schule

Wenn SchülerInnen die Schule kommen, überblicken sie diese Lernumwelt nicht vollständig: Es gibt die eigene Klasse, die eigene Lehrerin. Parallelklassen und erst recht höhere Klassen sind fremde Länder, auch Konkurrenten.

Das ändert sich im Laufe der Schulkarriere, jedoch nicht völlig. Ähnliches gilt für die Eltern und die LehrerInnen. Auch für diese Akteursgruppen bleiben Bereiche von Schule unzugänglich oder sogar unbekannt, die sich dennoch auf die soziale Praxis in der Schule auswirken. Das sind die Bereiche der Schulverwaltung und der Schulpolitik, die Vorgaben machen dafür, was gelernt werden soll (Lehrplan) und nach welchen Regeln in der Schule verfahren werden soll (vgl. SchG NRW). Die Relevanz dieser Vorgaben soll an der Schulpflicht und am Junktim von Schulerfolg und Berufsorientierung entfaltet werden.

a. Schulpflicht

Die Teilnahme an der Lernumwelt Schule ist für fast alle SchülerInnen in Deutschland verpflichtend. SchülerInnen mit dem aufenthaltsrechtlichen Status der Duldung sind davon ausgenommen. Dies kennzeichnet Schule in besonderer Weise und bringt für ErstklässlerInnen eine ganz neue Erfahrung mit sich. Natürlich haben sie schon häufig Zwang erlebt, darunter gelitten oder ihn entlastend erlebt. Aber diesen Zwang übten die Eltern oder andere Erwachsene persönlich aus (vgl. Wieland 2006b), oder er ergab sich aus den persönlich begründeten Machtverhältnissen unter Peers.

Die Schulpflicht ist demgegenüber ein besonderer Zwang, der zwar von konkreten Personen ausgeübt wird, aber im Auftrag des Staates. Er muss rechtlichen Regeln folgend umgesetzt werden und kann irgendwann einmal sogar durch die Justiz und ihre Organe – also schulfremde FunktionsträgerInnen – durchgesetzt werden. So kann die Schulpflicht für einen Schüler Anlass dafür werden, mit dem Gesetz in Konflikt zu kommen.

Das Verhältnis zwischen Schule und Justiz ist bezogen auf die Schulpflicht vielleicht formal eindeutig definiert. In der Praxis herrscht in der Schule Unsicherheit über den pädagogischen Sinn juristischer Maßnahmen und z. T. auch Unkenntnis über die genaue Rechtslage (vgl. Thimm 2000).

b. Schulerfolg und Berufsorientierung

Bereits früh ist SchülerInnen – zumindest theoretisch – klar, dass Schulerfolg und Erfolg im Leben etwas miteinander zu tun haben, weil Schule berufliche Karrierechancen zuteilt. Dies bleibt aber lange vage: auch ältere SchülerInnen wissen erstaunlich wenig über Zugangsvoraussetzungen zu Berufen, überhaupt wenig über Berufe und wenden sich dem Thema erst zu, wenn es mit dem bevorstehenden Schulabschluss unmittelbar virulent wird. Dann scheint einzusetzen, was Vogel (2006, S. 27 – 60) als ein Legitimationsproblem von Schule beschreibt und in den Evaluationsergebnissen als Erklärung dafür erscheint, dass SchülerInnen aufhören, sich schulisch zu engagieren – bis hin zur Schulverweigerung (vgl. S. 51). SchülerInnen beginnen daran zu zweifeln, dass ihnen ein Schulabschluss tatsächlich Berufsaussichten eröffnet. Daran wird deutlich, dass v. a. die Bedeutung von Schule als Zuweisungsinstanz für berufliche Karrieren diese für SchülerInnen sinnvoll macht. Wird die Bedeutung als Zuweisungsinstanz in Frage gestellt, wird auch der Sinn, den Schule für die Einzelnen macht, fragwürdig.

Angesichts dieser Überlegungen ist es erstaunlich, dass die Berufsorientierung von Schule in keiner der unter 7.1.2 genannten Bereiche deutlich in Erscheinung tritt. Die Lernumwelt Schule scheint zur Berufsorientierung nicht viel „Brauchbares" bereit zu halten. Das mag man damit begründen, dass die Schulerfolgsmessung überhaupt problematisch ist und deshalb auch nicht in der Lage, über berufsrelevante Fähigkeiten Einzelner genauen Aufschluss zu geben. Diese Begründung greift nicht weit, da sich sofort die Frage stellt, warum das so ist, warum nicht andere Formen der Leistungsbewertung entwickelt werden. Überdies bleibt das Phänomen zu erklären, warum Beruf und berufliche Anforderungen nicht zum Schulstoff gehören sondern nur als vage Drohungen genutzt werden, um SchülerInnen zur Mitarbeit zu bewegen.

Hier tut sich ein Problem auf, das gewisse Parallelen zum Thema Schulpflicht hat: Es gehört zu den Vorgaben, unter denen Schule zu funktionieren hat, dass sie berufliche Chancen verteilt. Diese Vorgaben beziehen sich ausschließlich auf den in Noten ausgedrückten Schulerfolg und nicht darauf, wie Berufsorientierung als Lerninhalt zu handhaben sei. Jedenfalls enthalten die Lehrpläne keine (oder nur vereinzelte) Vorgaben in diese Richtung. Hier wirkt es sich aus, dass viele FunktionsträgerInnen von Schule diese nicht ausschließlich in den Dienst beruflicher Qualifizierung stellen wollen und dies mit ihren Organisationen mit gewissem Erfolg zum Ausdruck bringen. Die SchülerInnen merken von den Aktivitäten in diesen verborgenen Bereichen der Lernumwelt Schule nur, dass ihre Frage „Wozu können wir das gebrauchen?" mal unbeantwortet bleibt, mal als falsche Frage abgetan wird oder in speziellen Aktionen – getrennt vom Unterricht – zur Sprache kommt: die Praktiken, die SchülerInnen vorfinden, sind zu diesem Bereich häufig widersprüchlich.

7.1.3 Schulische Lerngegenstände

Unter den schulischen Lerngegenständen nehmen die Inhalte des Lehrplans die meiste Aufmerksamkeit für sich in Anspruch. Das gilt für die Akteure vor Ort, die Akteure aus Schulverwaltung und -politik und die Schulforschung (Helsper / Böhme 2008).

Dennoch gibt es auch andere Lerngegenstände, die z. T. zum geheimen Curriculum von Schule zählen, zum Teil aber auch mit den Funktionen und Zielen von Schule nur wenig zu tun haben.

7.1.3.1 Die Inhalte des Lehrplans

Was Schulstoff ist, steht in den Lehrplänen. Sie beinhalten sprachliche und sachbezogene Beschreibungen von Welt, die im Unterricht angeeignet, d.h. zu Wissen bzw. zu Kompetenz verwandelt werden sollen. Diese Beschreibungen erheben den Anspruch, aufgrund wissenschaftlicher Verfahren entstanden zu sein.

Derartige Lerngegenstände dürften für viele SchülerInnen neu sein. Denn vor dem Schuleintritt waren die sprachlichen und sachbezogenen Beschreibungen von der Welt alltagsbezogen; d.h. ihre Funktion, zur Bewältigung von Alltagsproblemen beizutragen, war unmittelbar ersichtlich. Dies gilt für die Lehrpläne nicht. Sie sind inhaltlich auf Wissenschaft bezogen und schlagen so die Brücke zu einem großen Komplex kultureller Bedeutungen, der in Industriegesellschaften hohe Relevanz beansprucht.

Ein Merkmal dieses Komplexes kultureller Bedeutung ist seine sachlogische Systematik, die sich in den Lehrplänen wiederfindet. Auch sie bringt für die SchülerInnen etwas Neues in die Welt ihrer Lerngegenstände. Sie folgen einem System, das die Grundlage liefert für die Planung eines mehrjährigen Lernprozesses. Aus ihm ergibt sich, welche Lerninhalte in welcher Reihenfolge anzueignen sind. Das System wird vornehmlich sachlogisch, weniger mit Bezug auf die kognitive Entwicklung von Schülern begründet (Braun / Wetzel 2006: 16ff). Der kommt noch am ehesten im Grundschulbereich zum Tragen: Die Kulturtechniken Lesen, Schreiben, Rechnen haben Vorrang, weil sie die Aneignung der anderen Lerninhalte erst ermöglichen. Der Aufbau der Fachdidaktiken folgt dagegen weitgehend inhaltlichen Systematisierungen, der Fächerkanon selbst aber den Traditionen westlicher Wissenschaft (Baumert 2001). So hat der Lehrplan trotz der fachspezifischen Differenzierungen den Charakter eines sehr komplexen Lerngegenstandes, der wegen seiner Komplexität einen langen und gleichfalls komplexen Aneignungsprozess nahe legt. Ob Unterricht das sicherstellt, wird allerdings unterschiedlich beurteilt.

7.1.3.2 Das geheime Curriculum

Die Inhalte des geheimen Curriculums kamen bereits in den Abschnitten 7.1.1 und 7.1.2 zur Sprache. Es sind jene Lerngegenstände, die sich aus Schule als Institution, die eine Organisation hat, ergeben. Sie sind vornehmlich sozialer Natur und finden ihren Niederschlag in den Kompetenzen, die erforderlich sind, damit SchülerInnen Schule machen können

- der Umgang mit LehrerInnen, MitschülerInnen und anderen Mitakteuren
- die sozialen Praktiken „Unterricht", „Prüfungen", „Hausaufgaben" und „Pausen" bzw. „Übermittagsangebote"
- der Umgang mit Ambivalenzen und Widersprüchlichkeiten im Kontext von Schule, wie etwa den Widersprüchen zwischen verschiedenen Funktionen von Schule (Allokation und Integration) oder den Widersprüchen in den einzelnen sozialen Praktiken (Lehrplanvorgaben und eigenständiges Lernen) u.ä.m.

7.1.3.3 Schulferne Lerngegenstände

Verschiedene AutorInnen heben hervor, dass Schule selbst eine Lebenswelt von Kindern und Jugendlichen ist (Thiersch 1997), und meinen damit, dass sich deren Bedürfnisse und Motive in der Schule realisieren, auch ohne dass das zu den „offiziellen" Funktionen von Schule zählt. Aufs Lernen bezogen heißt das: SchülerInnen lernen in der Schule – und v.a. dort – etwas über Jugendkulturen, die in der Schule vertreten werden. Sie erleben fremde (ethnisch und / oder soziale) Lebensentwürfe und Varianten der Lebensentwürfe, die in ihren eigenen Familien gelebt werden. Sie bekommen – vermittelt über den Kontakt zu den MitschülerInnen – Zugang zu bisher unbekannten Umwelten.

7.2 Lernumwelt Schule: Wie machen Schüler Schule?

Wenn Kinder in die Schule kommen, wissen sie, dass sie dort lernen sollen und wollen das meist auch: sie haben vorher häufig „Schule" gespielt und sich auf die Lernumwelt Schule eingestellt. Im Spiel haben sie die sozialen Prozesse zwischen LehrerInnen und SchülerInnen simuliert und eine ungefähre Vorstellung von Schule als Lerninstitution bzw. -organisation erworben. Sie wissen, dass sich Schule um den Unterricht dreht, dass es Prüfungen gibt, dass man also nach bestimmten Kriterien bewertet wird. Sie wissen, dass sie auf LehrerInnen und MitschülerInnen treffen werden, und sie wissen auch, dass alle Kinder zur Schule gehen müssen.

Was sie nicht wissen, ist, wie Lernen in der Schule konkret vonstatten geht, wie sich „echter" Unterricht anfühlt, wie sie „echte" MitschülerInnen und LehrerInnen erleben werden und was es bedeutet, dass alle Kinder zur Schule gehen. Sie wissen nicht, was konkret in der Schule erwartet wird und folglich auch nicht, wie sie die Anforderungen dort bewältigen sollen.

Das lernen sie innerhalb der ersten beiden Schuljahre. In der Pubertät haben sie erreicht, was Breidenstein eine pragmatische Grundhaltung gegenüber Schule nennt (Breidenstein 2006) und sind – jedenfalls überwiegend – in der Lage, die Anforderungen von Schule zu erfüllen und das heißt: die Lernumwelt Schule zu nutzen (vgl. 5.2.3).

Der folgende Abschnitt beschreibt genauer, wie sie das machen. Er bezieht sich auf drei Aspekte der Lernumwelt Schule:

- die Nutzung von Schule als Organisation (7.2.1)
- der Umgang mit Schulnoten als spezieller Aspekt davon: (7.2.2)
- die Nutzung von Schule als Lernumwelt (7.2.3).

7.2.1 Schule als Organisation nutzen

In der Auseinandersetzung mit der Frage, wie Organisationen zu nutzen sind, gibt es eine große Spannbreite von die Positionen. Sie reichen von Ansätzen, die den Zwangscharakter von Organisationen betonen und ihre Nutzung gar nicht thematisieren w.z.B. das Konzept der totalen Institution nach Goffman (Goffman 1973), über Theorien, die die Entlastungsfunktion von Organisationen in den Vordergrund rücken und die Sicherung individuellen Nutzens als Problem konzipieren, das ist z.B. die strukturelle Organisationstheorie nach Parsons (vgl. Parsons 1975, Fend 2006), bis hin zu Positionen, die das Spannungsverhältnis von Organisation und Subjekt aufzuschließen versuchen: das tun Crozier und Friedberg mit ihren Überlegungen über kollektive Handlungszwänge (Crozier / Friedberg 1993).

Die folgenden Gedankengänge stehen Crozier und Friedberg am nächsten. Sie nehmen u.a. die Evaluationsergebnisse auf mit Blick auf die dort vorfindlichen Hinweise, wie auch randständige Akteure, also Schulverweigerer und SchülerInnen, die kaum einen Schulabschluss erwarten können, schulische Angebote nutzen.

7.2.1.1 Der Umgang mit LehrerInnen

LehrerInnen machen Unterricht und repräsentieren deshalb Schule in besonderer Weise. Der Umgang mit ihnen ist der (soziale) Schlüssel für die Nutzung von Schule durch SchülerInnen. Diesen Schlüssel zu handhaben, bedeutet, den Doppelcharakter der LehrerIn als Person und als FunktionsträgerIn zu erfassen und zu berücksichtigen.

Die SchülerInnen von ProB betonen in den Interviews, dass sich die Lehrkräfte und der Sozialpädagoge wenig als FunktionsträgerInnen und deutlich als Personen zeigen (vgl. Wieland o. J.) und sie schätzen das sehr. Zugleich kennen sie deren Aufgaben als FunktionsträgerInnen sehr wohl und erwarten, dass sie Unterricht machen, Bewertungen abgeben u.s.w.. Denn sie haben sich für das Projekt entschieden und damit auch für die dort gesetzten Ziele.

Breidenstein (Breidenstein 2006: 123 ff) zeigt dagegen, dass den SchülerInnen in einer Regelschule sehr daran gelegen ist, eine Lehrerin, die persönliche Themen in der Schulstunde verhandeln will, in ihre Rolle als Funktionsträgerin zu zwingen und ihre Funktion, Unterricht zu machen zu erfüllen. Sie schätzen es nicht, wenn die Lehrerin Unterrichtspraktiken verlässt oder zu verlassen scheint in Richtung auf persönlich geprägte Inhalte, die sonst im Unterrichts nichts verloren haben, keineswegs als „richtiger" Schulstoff gelten können. Sie wissen auch nicht, was sie mit einer Lehrerin anfangen sollen, die keinen Unterricht sondern z. B. einen Gesprächskreis machen will.

GrundschullehrerInnen betonen häufig, wie schwer es ihren SchülerInnen besonders bei Schuleintritt gelingt, sie als FunktionsträgerInnen wahrzunehmen und zu behandeln. Auch ältere SchülerInnen der BUS-Klasse im Modellprojekt wissen ein persönliches Engagement einer Lehrerin für sie sehr zu schätzen (vgl. Wieland o. J.).

All das weist darauf hin, dass die SchülerInnen

- die Widersprüche, unter denen LehrerInnen als Personen und FunktionsträgerInnen agieren, erkennen und für sich nutzen.
- dabei kontextabhängig agieren, im Unterricht andere Lösungen dieses Widerspruchs akzeptieren oder wünschen als außerhalb, z. B. im Freizeitbereich.
- LehrerInnen sowohl als FunktionsträgerInnen als auch als Personen nutzen können und wollen.

7.2.1.2 Der Umgang mit Schulkameraden

Klassenkameraden sind keine FunktionsträgerInnen, sondern Mit-Nutzer. Sie sind als solche auf Peerebene in die Organisation Schule eingebunden. Daher steht der

Begriff in gewisser Analogie zum Terminus „Kollege/in", der Ähnliches in der Berufswelt beschreibt. Klassenkameraden werden aber zunächst und in erster Linie als Peers bzw. zumindest Anwärter auf den Peerstatus gesehen.

Als *Mit-Nutzer* werden sie funktionsbezogen bewertet. Sie müssen die organisationsbedingt erwartbaren Handlungen sicher und gut realisieren, d.h. sie müssen als Konkurrenten und als unterstützende MitschülerInnen sichtbar werden. Als *Peers* werden sie nach persönlich begründbaren Vorlieben oder Abneigungen bewertet. Breidenstein zeigt das (2006, S. 160): Ein Schüler blitzt bei einer Mitschülerin ab, mit der er eine Paararbeit machen will und wird auf einen anderen Mitschüler verwiesen. Den spricht er, anders als die Mitschülerin zuvor, mit Nachnamen an und signalisiert damit eine Distanz. Er scheint ihn als Person nicht zu schätzen. Der Angefragte scheint diese Einstellung zu teilen und lehnt ab, findet sich aber schließlich bereit, weil sich niemand sonst findet, erweist sich auf der „Kollegen-Ebene" als solidarisch.

Offensichtlich haben die SchülerInnen bei Breidenstein den Unterschied zwischen einem Peer und einem Mit-Nutzer verstanden und können auf dieser Grundlage Schule als Organisation nutzen. Dabei gehen sie kontextabhängig vor. Die Zusammenarbeit der beiden o.g. Schüler findet nur im Unterricht statt, weil sie die Teilnahme am Unterricht ermöglicht. Es ist kaum anzunehmen, dass die beiden in den Pausen, im Freizeitbereich oder erst recht nicht außerhalb der Schule etwas miteinander zu tun haben (wollen).

Das von Breidenstein berichtete Beispiel zeigt aber auch, wie eng bei SchülerInnen funktionale und vorliebenbezogene Bewertungen zusammen liegen, und verweist damit auf die Dynamik, die von den persönlichen Vorlieben ausgeht. Diese (informelle) Dynamik kann für die Organisation problematisch werden, wenn die Orientierung auf die Organisationsziele zu schwach wird. Dann kann ein Schüler aus dem Klassenverband herausfallen, eine Klasse insgesamt aus dem Ruder laufen.

7.2.1.3 Der Umgang mit den „anderen" Funktionsträgern

ErzieherInnen und SchulsozialarbeiterInnen können für SchülerInnen an einzelnen Schulen Kernfunktionen wahrnehmen. Die SchülerInnen müssen in diesen Fällen nicht mehr nur zwischen verschiedenen FunktionsträgerInnen einer Gruppe unterscheiden, sondern zwischen verschiedenen Funktionsträgergruppen differenzieren. Im Umgang mit LehrerInnen erfassen SchülerInnen die Differenzen zwischen den einzelnen LehrerInnen zwar als personbedingt, sie beziehen dies aber auf unterschiedliche Modi, wie einzelne LehrerInnen ihre Funktion wahrnehmen. Lehrerin A gilt als streng, Lehrer B dagegen als unberechenbar. Der Maßstab all dieser Zuschreibungen ist eine Vorstellung von der Lehrerfunktion. In den Evaluationsergebnissen wird sichtbar, dass auch schulferne SchülerInnen Vorstellungen davon haben, was ein Lehrer, eine Lehrerin zu leisten hat: er/ sie muss gut erklären können und braucht dafür eine besonders große Geduld (vgl. Wieland o. J.).

Mit ErzieherInnen und SchulsozialarbeiterInnen kommen dagegen Funktionen ins Spiel, die bislang entweder LehrerInnen en passant wahrgenommen haben und die insofern als Elemente der Lernumwelt Schule wenig sichtbar oder bewusst waren oder die überhaupt nicht ausgeübt wurden. Der Bereich schul- und freizeitorientierter Arbeitsgruppen, und der Übermittagbereich sind Beispiele für derartige Elemente der Lernumwelt Schule (vgl. 7.1.2.4).

Der Umgang mit jenen „neuen" FunktionsträgerInnen (vgl. 7.1.1.2) erfordert eine Erweiterung bzw. Veränderung des inneren Modells von Schule auf Schülerseite und bietet damit erweiterte Handlungsoptionen in der Lernumwelt Schule. Das wirkt sich in zwei Richtungen aus:

a. Entwicklung neuer organisationsbezogener Strategien bei der Wahrung eigener Interessen

SchülerInnen beobachten anscheinend sehr genau die Machtverteilung zwischen den verschieden Funktionsträgergruppen. Sie orientieren sich dabei oft – dies berichten Fachkräfte Sozialer Arbeit an Schulen immer wieder – am Recht, Noten zu vergeben, und am Recht, Disziplinarmaßnahmen zu beeinflussen, bzw. einzuleiten. Es entwickelt sich ein neues Interaktionsteilsystem, das SchülerInnen ebenfalls zu steuern lernen. V. a. wenn SchulsozialarbeiterInnen explizit die Funktion haben, Konflikte zwischen LehrerInnen und SchülerInnen zu moderieren, werden sie zu einer neuen Instanz, die spezifische Regeln für Reklamationen aufstellt. Es reicht z. B. gegenüber „dem Sozialarbeiter" nicht, sich zu beschweren, die SchülerInnen sind gehalten, dabei einem Regelwerk zu folgen, nach dem der Konflikt bearbeitet wird. Derartige Regelwerke bekommen in Schulen ein immer größeres Gewicht und werden manchmal zu Praktiken, die z. B. die des Unterrichts erweitern bzw. modifizieren: es gibt Klassenräte, Streitschlichterprogramme, das Trainingsraumkonzept u.ä..

b. die Entwicklung neuer Lernstrategien und die Aneignung neuer Lerninhalte

Der Freizeitbereich eröffnet neue Lerninhalte, die z.T. den Maßgaben von Unterricht und Lehrplan, insbesondere der Maßgabe der Wissenschaftlichkeit, nicht mehr entsprechen müssen. Dies setzt die Tradition der musischen Fächer und des Sport fort, die als spezielle Schulfächer inhaltlich wie didaktisch eine Sonderposition als Schulstoff einnehmen, geht aber über diese Traditionen hinaus: Die im Freizeitbereich übliche Projektform erfordert ein anderes Zeitmanagement und andere Aneignungsweisen als der „normale" Unterricht.

Die Inhalte sind keineswegs nur den musischen Fächern oder dem Sport entnommen, sondern können auch soziale Themen umfassen und diese praktisch umsetzen und nicht nur rein theoretisch (vgl. dazu Braun / Wetzel 2006: 106 – 140). Zudem werden die Lerninhalte in diesem Kontext nicht ausschließlich von LehrerInnen vermittelt sondern auch von KünstlerInnen, HandwerkerInnen, die zu den SchulsozialarbeiterInnen und ErzieherInnen als neue FunktionsträgerInnen hinzukommen.

7.2.1.4 Eine organisationsgerechte Nutzungsstrategie

Der Umgang mit FunktionsträgerInnen und Klassenkameraden verdeutlicht wichtige Elemente einer organisationsgerechten Nutzungsstrategie bei SchülerInnen:

1. SchülerInnen sprechen LehrerInnen vornehmlich als FunktionsträgerInnen, aber auch als Personen an und balancieren, je nach Kontext, das Verhältnis dieser beiden Seiten der Lehrerrolle.
2. SchülerInnen sprechen ihre MitschülerInnen am ehesten als Peers, aber auch als Mit-NutzerInnen an und balancieren je nach Kontext diese beiden Seiten der Schülerrolle.
3. Die Balance orientiert sich am Organisationsziel bzw. am Handlungsziel, zur Organisation gehören zu wollen, etwas zu lernen, einen Schulabschluss zu machen u. s. w. sowie an aktuellen persönlichen Bedürfnissen. Sie gelingt nur, wenn beides durchgängig gegeben ist, und zwar bei hinreichend vielen Akteuren. Daher müssen SchülerInnen sich gegenseitig und auch die LehrerInnen immer wieder auf dieses Organisationsziel verpflichten und zugleich annehmen, dass auch persönliche Bedürfnisse hinreichend Raum finden in der Schule.

V. a. das dritte Element verweist auf die Gründe dafür, dass SchülerInnen als Individuen, als Klasse oder als Akteursgruppe Schule in manchen Fällen nicht oder nur unzureichend nutzen können, nämlich in Fällen, wo sie ihre zentralen Bedürfnisse nirgends oder zu wenig berücksichtigt sehen. Sie fühlen sich deshalb dem Organisationsziel nicht mehr verpflichtet: Die prekäre Interaktion in der konkreten Schule / Klasse bricht zusammen.

7.2.2 Differenzierter Umgang mit Schulnoten

SchülerInnen sollen sich Schulstoff aneignen. Ihr Schulerfolg wird aber, weil er über Noten erfasst wird, inhaltsneutral bestimmt. Solange alle Akteure davon ausgehen, dass ein Zusammenhang zwischen Note und inhaltlicher Leistung besteht, und SchülerInnen eine Zwei in Mathematik auf dem Jahreszeugnis als Ausweis darüber nehmen, dass sie Mathematik können, entsteht kein brennendes Problem. Denn der Umstand, dass es gleichgültig ist, mit welchen Leistungen in Mathematik diese Note erworben wurde, wird solange kein Problem werden, bis jemand (a) eine spezielle Leistung erwartet, die eben nicht geprüft und bewertet wurde, oder bis ein Schüler (b) von sich erwartet, eine Leistung zu erbringen, die nicht geprüft und bewertet wurde. Der Fall (a) ist häufig gegeben beim Übergang von einem Lehrer / einer Schule zur anderen und beim Übergang ins Berufsleben. Fall (b) kommt eher selten vor, weil SchülerInnen keinen Einfluss darauf nehmen, was sie in der Schule lernen. Dennoch ist nicht klar, wie SchülerInnen die Prüfungen und Schulnoten nutzen, die derartig fragwürdig (vgl. 7.1.2.2) sind.

Es lassen sich – ohne hinreichende empirische Absicherung – vier Strategien skizzieren:

1. Relativierung von Schulnoten

   Auch SchülerInnen ist bekannt, dass Schulnoten einen fragwürdigen Wert als Leistungsbeschreibungen haben. Dieses eher vage Wissen nutzen sie, um die Bedeutung schlechter Noten zu relativieren. Dazu verwenden sie u.a. teilweise gegenläufige Argumentationen:

   Sie verweisen darauf, dass die Schule ihre Allokationsfunktion schlecht erfüllt und

   ▪ spekulieren darauf, dass Noten bei aller „Objektivität" eben doch manipulierbar sind und zu ihren Gunsten manipuliert werden, wenn sie ansonsten „gute" SchülerInnen sind.

   ▪ spekulieren darauf, dass sie trotz mäßigem Notendurchschnitt einen Einstieg in einen Beruf finden, v.a. wenn ihre Eltern entsprechende Verbindungen haben.

   ▪ hoffen, dass sie, weil sie eben doch etwas können, dieses Können auch beruflich verwenden werden. Das funktioniert z. B. bei den SchülerInnen, die Thimm (2000: 341 ff) Totalaussteiger nennt. Sie ignorieren Schule, weil sie deren Allokationsfunktion nicht mehr in Anspruch nehmen und verlassen diese Lernumwelt. Sie stehen aber vor dem Problem, dass sie einerseits eine realistische positive Einschätzung ihrer Leistungsfähigkeit vornehmen müssen, was schwierig ist angesichts der Monopolstellung von Schule bei der Leistungsbewertung, und andererseits vor dem Problem, dass sie realistische Möglichkeiten haben müssen, ihren Lebensunterhalt ohne die formale schulische Qualifikation zu bestreiten. Dieser Weg steht nur einigen SchülerInnen aufgrund ihrer sozial-familiären Einbindung offen. Dabei ist nicht nur an extrem wohlhabende Familien zu denken, die ihren Kindern auch ohne formale Ausbildung ein

Auskommen garantieren, sondern auch an solche z. B. aus dem Schausteller-milieu, wo formale Ausbildung keine Rolle spielt.

Sie relativieren einzelne schlechte Schulnoten im Blick auf eine geplante beruf-liche Karriere, die genau die schlecht bewerteten Leistungen nicht erfordert. Sie unterlaufen den Zwang, gute Noten zu bringen, mit einem Hinweis auf die Allokationsfunktion von Schule, die sie stützen: denn es geht ihnen ja um eine gute berufliche Position. D.h. sie unterlaufen schulische Regeln (Erbringe gute Noten!) mit dem Hinweis auf andere schulische Regeln (Qualifiziere Dich für einen Beruf!) und nutzen den Widerspruch zwischen Allokations- und Quali-fikationsfunktion für sich aus.

2. Strategischer Einsatz der Leistungsbereitschaft

SchülerInnen nutzen Noten oft, um einen strategischen Einsatz ihrer Leis-tungsbereitschaft vorzunehmen. Über ihren Leistungsstand in Noten sind SchülerInnen in der Regel bestens informiert (vgl. Breidenstein 2006: 238-244), damit sie rechtzeitig erkennen, wo zusätzlicher Einsatz erforderlich ist, entwe-der um eine Fünf zu vermeiden oder um sie auszugleichen.

Dabei spielen schulstoffbezogene Überlegungen u. U. zwar eine Rolle: Kommt in nächster Zeit ein Stoff, der ihr nicht liegt, so wird eine Schülerin in diesem Fach den Ausgleich nicht zu sichern versuchen und vielleicht andere Möglich-keiten nutzen. Aber häufig erscheint das Spiel mit Notendurchschnitten und Ausgleichsnoten wie reine Mathematik, bei der es gleichgültig ist, welche Sach-verhalte quantifiziert werden.

3. Noten und die soziale Position in der Klasse

Die funktionsbezogene Bewertung der Klassenkameraden erlaubt es, sich mit-tels der Schulnoten eine günstige Position zu erwerben. Eine Schülerin, die in Mathematik zuverlässig eine Zwei vorweist, ist bei Paar- oder Gruppenarbeiten in Mathematik eine gesuchte Partnerin (Breidenstein 2006: 158 ff), auch wenn sie sonst nicht attraktiv ist. Dann ist allerdings wichtig, dass sie ihre Hilfe be-reitwillig, auch entgegen eventuellen Schulregeln, gewährt. Die Schulnote als soziale Währung hat also einen bedingten Wert.

4. Noten als Ware

Die Schulnote als Währung im buchstäblichen Sinne zeigt sich beim Erschlei-chen von Noten, d.h. wenn bei Klassenarbeiten abgeschaut wird, wenn Haus-arbeiten von anderen verfasst werden – z. B. von den Eltern oder Geschwis-tern, oder von Schulkameraden oder über das Internet. Dabei fließt auch Geld, was zeigt, dass Noten wie eine Ware gehandelt werden.

Für die SchülerInnen kommt es auf die Note an, die sie in einer Klassenarbeit erzielen. Wenn sie wenige Wochen später das dort reproduzierte Wissen bereits wieder vergessen haben, ist das nicht weiter tragisch: sie haben ja die Note. Aus diesem Blickwinkel ist es nahe liegend, Noten durch Täuschung zu erzielen: Es ist regelwidrig, richtet aber keinen Schaden an, weder bei anderen noch beim Betrüger selbst, dem es um den Beweis von tatsächlicher Leistung gar nicht geht.

Die vier oben aufgeführten Nutzungsweisen von Noten machen deutlich, dass SchülerInnen einerseits Noten ernst nehmen, dass ihnen gute Noten wichtig sind: Sie lernen dafür. Schulisches Lernen ist weitgehend durch Noten motiviert.

Andererseits ermöglicht und erfordert der widersprüchliche Charakter von Schulnoten ihre Relativierung: Schlechte Noten sollten nicht (allzu) demotivierend wirken, ihre Bedeutung muss heruntergespielt werden. Gute Noten behalten ihren Wert, auch wenn sie nicht aus eigener Leistung stammen: Ihre Bedeutung als Kriterium für tatsächliche Leistungen muss ausgeblendet werden.

Das eingangs zitierte Problem, wie Noten zu nutzen sind, besteht also nicht darin, dass solche Strategien nicht existieren, sondern darin, zu entscheiden, wann welche Strategie im Umgang mit Noten eingesetzt wird, bzw. welche überhaupt eingesetzt wird.

7.2.3 Schule als Lernumwelt nutzen

SchülerInnen nutzen Schule v. a., indem sie dort lernen. Dabei lassen sie sich von ihren Lernmotiven, bzw. Lerninteressen leiten, bzw. bilden neue Lerninteressen aus und entwickeln ihre Lernstrategien weiter.

7.2.3.1 Die Lerninteressen

Da ihnen Schule als Lernumwelt bereits vor Schuleintritt bekannt ist, sind die Lerninteressen von SchülerInnen im Vorhinein stark schulstoffbezogen: Es geht um Lesen- und Schreibenlernen und ums Rechnen. Da SchülerInnen einen großen Teil ihrer Zeit in der Schule verbringen und Schule als Lernumwelt besonderer Art verstehen, formen sie ihre Lerninteressen dort in besonderem Ausmaß. Damit sichern sie den Einfluss der Schule auf die Sozialisation der heranwachsenden Generation: Sie eignen sich die wichtigen kulturellen Bedeutungen an, die im Lehrplan aber auch im geheimen Curriculum von Schule vergegenständlicht sind und gleichen ihre Lerninteressen und natürlich auch ihre Kompetenzen einander an. Indem sie „durch die Schule gegangen sind", wissen viele Menschen Ähnliches und sind an Ähnlichem interessiert, tun deshalb vieles auf ähnliche Weise und halten so Produktion und Reproduktion einer Gesellschaft am Leben.

In diesem Prozess balancieren SchülerInnen die Lernanforderungen und die sozialen Anforderungen der Lernumwelt Schule und die eigenen Lerninteressen und sozialen Interessen. Diese Balance orientiert sich sehr weitgehend an der Erfüllung von Leistungsanforderungen, die selbst wiederum inhaltlich und sozial motiviert ist. Der Einfluss von Schule auf die Lerninteressen der SchülerInnen dürfte weitgehend daraus resultieren, dass Schule Lernen mit Lernleistung verbindet und die SchülerInnen diese Leistungsbereitschaft mitbringen oder jedenfalls rasch entwickeln. Dies legt Breidenstein (2006) nahe, wenn er zeigt, welche Bedeutung Noten für SchülerInnen haben (vgl. auch 7.2.2 sowie Ziegenspeck 1999 aber Fend 1997), dies legt auch die Evaluation des Kooperationsmodells nahe (Wieland o. J.), weil sie zeigt, dass alle Akteure das Ziel „Sicherung des Schulerfolges" akzeptieren.

Die Balance zwischen schulischen Leistungsanforderungen, den sozialen Anforderungen in der Lernumwelt Schule und den eigenen Lerninteressen fällt den meisten SchülerInnen zu Beginn ihrer Schullaufbahn leicht. Sie alle wollen Schreiben, Lesen und Rechnen lernen, den sozialen Anforderungen der LehrerInnen, der MitschülerInnen und der Eltern gerecht werden. Der Schulstoff ist erst einmal interessant und nur manchmal bedrohlich, wenn seine Aneignung schwer fällt oder ganz infrage steht.

Bald differenziert sich das Verhältnis zum Schulstoff schulfachbezogen aus, wird von sozialen Verhältnissen beeinflusst und von einem schulbezogenen Leistungsmotiv geprägt (vgl. 6.3.3). SchülerInnen haben Lieblingsfächer, in denen sie gute Noten bekommen, und Fächer, die Angst und Beklemmung verbreiten oder Langeweile. Dort sind die Noten nicht so gut, manchmal sogar schlecht. Der Einfluss der Schulnoten auf die Entwicklung von Lerninteressen wird kompliziert dadurch, dass Lerninteressen und Lernleistung nicht unbedingt deckungsgleich sind. Schulnoten und Lernleistung sind es ebenfalls nicht (vgl. 7.2.2). D.h. Lern- und Leistungsmotive können in einen Gegensatz geraten.

Die Entwicklung von Lerninteressen wird aber auch von sozialen Verhältnissen gesteuert, denn ein Lerninteresse kann unter den Klassenkameraden akzeptiert sein, es kann aber auch als skurril oder als Ausdruck von „Strebertum" gesehen werden. Es kann vom Lehrer begrüßt werden, aber auch bedrohlich oder irritierend erlebt werden.

Die Nutzung der Lernumwelt Schule folgt demnach unterschiedlichen Konstellationen der Variablen Lerninteresse, verfügbare Lerngegenstände, Leistungsanforderungen und soziale Anforderungen. Einige Konfliktlinien, die in dem Kontext auftreten können, zeigen, welche Anforderungen SchülerInnen u. U. bewältigen müssen, wenn sie Schule als Lernumwelt nutzen.

a. inhaltlich-sozialer Konflikt mit LehrerInnen um Lerninhalte
Wenn sich ein fachkompatibles Lerninteresse in guten Noten niederschlägt, geht die Nutzungsstrategie einer Schülerin, etwa die, sich am Unterricht zu beteiligen, die geforderten Leistungen zu erbringen und von dort aus weitere Kompetenzen zu entwickeln, vollständig auf. Wenn dies nicht der Fall ist, weil die Lehrerin das Fach inhaltlich nicht so vertritt, wie es die Schülerin erwartet, und der Schülerin für ihre Leistung schlechte Noten gibt, steht die Schülerin vor der Frage, ob bzw. wie sie an ihrem inhaltlichen Interesse festhalten kann. Es sind verschiedene Strategien denkbar:
Die Schülerin geht mit der Lehrerin einen Konflikt ein, holt sich dafür bei den Schulkameraden oder bei anderen FunktionsträgerInnen Rückendeckung. Das ist nur zu erwarten, wenn das Lerninteresse sehr stark ausgeprägt, durch entsprechende Kompetenz abgedeckt und eine sichere soziale Position gesichert ist. GrundschülerInnen verfügen über solche Voraussetzungen nicht, und auch später sind starke Lerninteressen, die dem konkreten Lehrangebot wenig oder gar nicht entsprechen, selten, weil Schule die dominante Lernumwelt ist und in dieser Hinsicht außer bei den Medien wenig Konkurrenz hat.
Die Schülerin versucht, die Lehrerin zur Akzeptanz für ihre Lerninteressen zu bewegen. Auch dafür sind ein sehr starkes Lerninteresse, v.a. aber eine besondere soziale Kompetenz im Umgang mit LehrerInnen erforderlich, über die am ehesten ältere SchülerInnen verfügen.
Die Schülerin passt sich den Vorgaben der Lehrerin an und sichert so gute Noten und den Schulerfolg. Dabei kann sie ihr ursprüngliches Interesse ganz verlieren. Das liegt nahe, wenn dieses Interesse so stark nicht ist. Sie kann es aber auch „heimlich" weiter verfolgen. D.h. sie nutzt von den Lehrangeboten, was irgend inhaltlich möglich ist, und geht ihrem Lerninteresse ansonsten außerhalb der Schule nach. Diese Variante ist älteren SchülerInnen, deren emotionaler Bezug zu Schule von Distanz und Selbständigkeit geprägt ist, am ehesten möglich, v.a. wenn es ihnen nicht schwer fällt, den Schulerfolg auch ohne extreme Anstrengung zu sichern.

b. inhaltlich-sozialer Konflikt mit Schule um die Lernhalte
Die Lerninteressen mancher SchülerInnen sind überhaupt nicht oder nur am Rande mit dem Schulstoff kompatibel. Sie resultieren u. U. aus einer „bildungsfernen" Umgebung und beziehen sich nicht auf den Schulstoff als wissenschaftlich geprägtem Lerninhalt, sondern eher auf Themen der Alltagsbewältigung (vgl. Thiersch 1997, Böhnisch 1999). Solche SchülerInnen können dem Schulstoff nur wenig abgewinnen. Sie nutzen die Lernumwelt Schule wegen ihrer nicht schulstoffbezogenen Lerninhalte, d.h. sie nutzen sie nicht *pri-*

mär als Lernumwelt sondern – genau wie ihre familiäres Umfeld und andere Lebensbereiche – *auch* als Lernumwelt. Sie gehen zur Schule, um dort MitschülerInnen zu treffen, andere Angebote als den Unterricht zu nutzen oder einfach mangels anderer Möglichkeiten. Sie ignorieren, dass Schule als Organisation auf die Funktion einer Lernumwelt hin angelegt ist.

Sie riskieren ihren Schulerfolg, wenn sie Schule nicht ausreichend gut als Organisation nutzen können (vgl. 7.2.1.4) und ihre schulstoffbezogenen Leistungen wegen geringer inhaltlicher Interessen nicht erbringen können. Sie können ihren Schulerfolg nur dann dennoch sichern, wenn sie in oder außerhalb von Schule über eine attraktive soziale Position verfügen und die Relevanz eines Schulabschlusses für sich sehen. Fehlen beide Bedingungen, liegt für diese Schüler nahe, was Thimm einen kalkulierten Ausstieg nennt (Thimm 2000: 330). Sie verzichten auf eine Nutzung von Schule und bleiben ihr fern.

c. soziale Konflikte mit MitschülernInnen um die Lerninhalte
Gute SchülerInnen sind bei ihren MitschülerInnen meist beliebt, v.a. wenn sie über entsprechende soziale Kompetenzen verfügen (vgl. Krappmann / Oswald 1995) und z. B. die von ihren MitschülerInnen benötigte Unterstützung angemessen gewähren (vgl. Breidenstein 2006: 194ff).
Schwierig wird die Lage für „gute" SchülerInnen,

- wenn sie eine schlechte Position in der Klasse haben, die Unterstützung, die sie gewähren, entweder mit Ansehensverlust verbunden oder wenig brauchbar ist,
- oder wenn ihre Leistung auf Lerninteressen zurückgeht, die andere SchülerInnen (und vielleicht auch LehrerInnen) als skurril empfinden. Wenn sich z. B. ein 12 Jähriger völlig auf Insektenkunde kapriziert, kann das Befremden in der Klasse auslösen. Sein Wissen ist zu speziell, als dass es für die anderen SchülerInnen brauchbar wäre und er muss schon gute allgemeine soziale Kompetenzen haben, damit dieses besondere Interesse als Marotte akzeptiert wird.

d. Solange die Lernleistung mit guten Noten honoriert wird, ist der Schulerfolg zwar gesichert. Dennoch wird die Lernumwelt Schule nicht umfassend genutzt. Die speziellen sachbezogenen Lerninteressen blockieren in den oben skizzierten Fällen den Erwerb relevanter sozialer Kompetenzen, nämlich der, die für eine gute Position unter Peers erforderlich sind.

7.2.3.2 Schulische Lernstrategien und -kompetenzen

Anders als die Lerninteressen sind die Lernstrategien von Vorschulkindern für die Schule nicht von vorneherein geeignet. Denn sie berücksichtigen zwei Lernbedingungen nicht, die Schule prägen:

a. Schulische Lerngegenstände sind besonders komplex und erfordern deshalb Strategien für Lernprozesse, die viele Wochen oder sogar Jahre umfassen (vgl. 6.4 und 7.1.3.1).

b. Schulische Lerngegenstände sind über die Lehrpläne umfassend vorgeschrieben (vgl. 6.3.1 und 7.1.3.1). Strategien eigenständigen Lernens in dem Sinne, dass die Identifikation von Lerngegenständen und die Sicherung eines Zugangs zu diesen Gegenständen erfolgt, sind nicht erforderlich. Strategien, eigenes Interesse an den vorgegebenen Lerngegenstände bei sich selbst zu wecken, dagegen sehr wohl.

SchülerInnen sind folglich darauf angewiesen, dass ihnen derartige Strategien zu Beginn ihrer Schullaufbahn vermittelt werden. Das wiederum stößt auf Grenzen bei den SchülerInnen: Lernstrategien sind Selbststeuerungsstrategien und deshalb für GrundschülerInnen nur ansatzweise möglich (vgl. 6.4).

Nimmt man die Unterrichtsstrategien von SchülerInnen, wie sie Breidenstein (2006: Kapitel 4) beschreibt, als (beobachtbare) Aspekte von Lernstrategien, so zeigt sich, dass die meisten SchülerInnen trotz der oben skizzierten Probleme schulkompatible Lernstrategien entwickeln, dass aber SchülerInnen, die an den Anforderungen der Schule scheitern, genau hier ihre Defizite haben. Die schulkompatiblen Lernstrategien zeigen sich in dieser Perspektive als besonders kritischer Punkt für die Nutzung der Lernumwelt Schule.

7.2.4 Die Nutzung von Schule für lebensweltliche Themen

Schulstoff ist bei weitem nicht der einzige Lerngegenstand und für SchülerInnen in manchen Phasen ihrer Schulkarriere wahrscheinlich nicht einmal der wichtigste. Denn Schule bietet auch Lerngegenstände zu den Umwelten Peers und Familie, die in der eigenen Familie, den eigenen Peerkontakten nicht vorkommen (vgl. 7.1.3.2 und 7.1.3.3). Diese Angebote zu nutzen, erlaubt es SchülerInnen, relevante Kompetenzen zu entwickeln, um sich einerseits vom Elternhaus zu distanzieren, ins Elternhaus neue kulturelle Bedeutungen zu transportieren und die eigene soziale Position dort zu verändern oder um andererseits neuartige Peerkontakte zu knüpfen, neue Inhalte in alte Peerkontakte ein zu bringen. D.h. die vielfach geforderte Nähe von Schule und Lebenswelt (Thiersch 1997) wird durch die SchülerInnen selbst hergestellt, sogar dann, wenn Schule das gar nicht im Programm hat. Kinder aus

Migrantenfamilien nutzen ihre in der Schule erworbene Sprachkompetenz für ihre Familien – manchmal für den Preis massiver Überforderung, manchmal mit der Folge, dass die Familienstrukturen sich destabilisieren. Kinder aus vernachlässigenden Familien organisieren sich ihre materielle und emotionale Versorgung mit Hilfe der Schule (vgl. Wieland o. J.). Kinder und Jugendliche verhandeln Themen aus der Familie oder aus Peerbezügen in der Schule; selten im Unterricht, eher im Rahmen außerunterrichtlicher Angebote: es geht um Vergleiche – Wer darf zu Hause was? Wer hat zu Hause welche Ressourcen? – und damit um soziale Positionen in den verschiedenen Umwelten. Es geht aber auch um die Bewältigung konkreter Probleme mit Peers, mit den Eltern. Und hier spielt sich auch im Unterricht, parallel zu den Lehrbemühungen der Lehrer, Wesentliches ab (vgl. Breidenstein 2006): Ein Konflikt mit Klassenkameraden wird bearbeitet, eine Liebschaft angebahnt oder beendet (vgl. für den Grundschulbereich: Krappmann / Oswald 1995).

7.2.5 Die Entwicklung einer Schüleridentität

Die Entwicklung einer Schüleridentität ist Folge und Voraussetzung für jede Nutzung von Schule und steuert den Beitrag, den SchülerInnen leisten, wenn sie Schule machen. Sie entscheidet insofern darüber, wie SchülerInnen die schulischen Anforderungen bewältigen und ob sie sie bewältigen. Ihre Gestaltung v. a. in den ersten Schulmonaten ist die Eintrittskarte für die Schule und die entscheidende Voraussetzung für jeden Schulerfolg.

Die Bemühungen um die Entwicklung einer Schüleridentität aufzugeben, ist gleichbedeutend mit dem Totalausstieg aus der Schule (vgl. Thimm 2000).

Die Schüleridentität ist eine soziale Identität und umfasst einerseits das schulspezifische Fähigkeitenselbst (vgl. Neuenschwander et al. 2001, sowie 6.5). Das ist das Gesamt aller Kompetenzen, durch die SchülerInnen die Anforderungen der Schülerrolle bewältigen und an den Praktiken von Schule teilnehmen können. Andererseits ermöglicht sie die Auswahl, Modifikation und Zurückweisung schulischer Anforderungen durch das Subjekt und gewährleistet auf diese Weise, dass SchülerInnen bei Übernahme und Ausgestaltung der Schülerrolle ihre Bedürfnisse hinreichend berücksichtigen, ihr schulisches Handeln für sie nicht nur sachgerecht, sondern auch sinnvoll ist. Die Schüleridentität ist die subjektive Basis sämtlicher Regulationsprozesse schulischen Handelns, mithin auch des schulischen Lernens.

Die Schüleridentität enthält bewusste Anteile. Diese nennt man das schulbezogene Selbstkonzept. Dieses enthält, was SchülerInnen über sich als SchülerInnen denken, wie sie sich als SchülerInnen bewerten, welche Bedeutung Schüler-Sein in ihrem Leben hat.

Die Schüleridentität charakterisiert den einzelnen Schüler, die einzelne Schülerin und ist deshalb individuell und einzigartig. Es gibt aber auch Elemente in dieser psychischen Struktur, die sich in der einen oder anderen Weise, in der einen oder anderen Kombination bei den meisten SchülerInnen finden. Denn in den Schüleridentitäten schlägt sich die Auseinandersetzung mit schulischen Anforderungen nieder. Und die sind für die SchülerInnen einer Klasse, einer Schule, eines Schultyps bzw. eines Jahrgangs vergleichbar. D. h. die Schüleridentität enthält Elemente der Lernumwelt Schule, in der sie schließlich als Resultat der Schüleraktivität und als Folge der Aktivitäten aller Mitakteure entstanden ist.

Dritter Teil:
Positionsbestimmung von Schulsozialarbeit

Eine Positionsbestimmung von Schulsozialarbeit muss die Frage beantworten können: „Was ist Schulsozialarbeit?". Als ein Teilbereich Sozialer Arbeit teilt Schulsozialarbeit mit dieser das folgenreiche Problem, dass es keine Definition gibt, die zumindest mehrheitsfähig wäre. Man stößt immer wieder auf AutorInnen, die nicht müde werden zu wiederholen, wie schwierig, ja unmöglich es sei, Soziale Arbeit zu definieren (vgl. Thole 2002).

Soziale Arbeit wird manchmal als Theorie und Disziplin bezeichnet (vgl. Thole 2002), oft mit Sozialpädagogik gleichgesetzt. Die Differenz zwischen den Begriffen „Soziale Arbeit" und „Sozialpädagogik" wird historisch abgehandelt, vielleicht auch beschreibend, aber nicht theoretisch begründet hergeleitet (vgl. Erler 1994). Es ist aber auch von Praxisfeldern die Rede (vgl. Chassé / Wensierski 2002), deren Aufzählung Soziale Arbeit extensional definieren soll. An anderer Stelle wird Soziale Arbeit als Beruf (vgl. Heiner 2007), als soziale Dienstleistung (Oelerich / Schaarschuch 2005) oder als „sozialwissenschaftliches und praktisch-pädagogisches Instrument moderner Gesellschaften und damit Teil deren sozial-administrativen Handlungsapparates." (Erler 1994, S. 13) beschrieben.

Für eine Gegenstandsbestimmung fehlt offensichtlich zweierlei:

1. eine Festlegung, welcher Gegenstandskategorie Schulsozialarbeit zu gehört
   Während z. B. „Theorie" oder „Disziplin" auf die Wissenschaft Sozialer Arbeit abhebt und wohl Systeme wissenschaftlicher Bedeutungen meint, bezeichnet „Praxisfeld" Handlungssysteme von Fachleuten für Soziale Arbeit. Ein „Pädagogisch-praktisches Instrument" hingegen dürfte sich auf eine bestimmte Funktion beziehen, die diese Handlungssysteme haben.

All diese Bestimmungen sind sinnvoll bzw. brauchbar, wenn auch nicht immer theoretisch gut eingebunden: „Pädagogisch-praktisches Instrument" wird erst wirklich als Begriff nutzbar, wenn eine theoretische Einordnung vorgenommen wird. Eine solche lässt Erler (1994) vermissen. So werden aber weder diese noch andere ausgearbeitete Bezugstheorien auf. So werden die o. g. Bezeichnungen nicht zu wissenschaftlichen Begriffen im Vollsinne des Wortes (Schlick 1970) und es gibt bzgl. dessen, was der Autor gemeint haben könnte, Interpretationsspielraum. Eine wissenschaftliche Debatte ist auf dieser unklaren begrifflichen Grundlage schwierig.

2. eine empirische Orientierung, durch die sich eine Definition an Erfahrung binden und auf ihren Nutzen prüfen lässt
    Die Einordnung in ausgearbeitete Bezugstheorien allein reicht zur Gegenstandsbestimmung nicht aus. Es muss auch geklärt werden, ob diese Theorie im gegebenen Kontext anwendbar ist, d. h. was konkret der Fall ist. Man kann Soziale Arbeit als Wissenschaft von Sozialer Arbeit definieren, muss aber sicher sein, dass es genau darum im vorliegenden Fall geht: um ein System wissenschaftlicher Bedeutungen. Man braucht nicht nur einen theoretischen sondern unbedingt auch einen empirischen Bezug, wenn man eine Gegenstandsbestimmung vornehmen will.

Einiges spricht dafür, entsprechend dem Ansatz der Grounded Theory (Glaser / Strauss 1967), vor dem Hintergrund vorläufiger theoretischer Setzungen die Gegenstandsbestimmung mit empirischen Klärungen zu beginnen und dann theoretisch präziser zu fassen.

Dieser Weg wird hier beschritten. Die Evaluation des Kooperationsmodells „Schule / Jugendhilfe im Südviertel" enthält als vorläufige Definition von Schulsozialarbeit die theoretische Setzung, dass „Schulsozialarbeit" eine Profession bzw. Berufsgruppe bezeichnet (vgl. S. 25). Diese Setzung resultiert aus der Analyse der Diskussion bei der Konzeptentwicklung. Das Modellprojekt wird in dieser Analyse beschrieben als *eine Kooperation unterschiedlicher Professionen im Rahmen von Schule mit dem Gegenstand „soziale Seite des Lernens" und der Zielsetzung, Schulerfolg zu sichern, wo er bedroht ist* (vgl. 3.3.3.2).

Mit dem Begriff „Kooperation" wird auf die Handlungs- bzw. Interaktionstheorie als Bezugstheorie verwiesen, vor deren Hintergrund „Schulsozialarbeit" als professionelles Handeln (vgl. S. 25) konzipiert werden kann. Damit steht fest, wie empirisch vorzugehen ist: Es müssen Interaktionen analysiert werden.

Die perspektivverschränkende Evaluation des Modellprojektes beruht auf solchen Analysen und zwar im Kontext Schule. Sie differenziert wegen dieses Organisationsbezuges zwischen Interaktionsbeiträgen von FunktionsträgerInnen und solchen von NutzerInnen (vgl. 5.1.1.4). Für die Gruppe der FunktionsrägerInnen werden – vorläufig – die Termini „Profession" und „Berufsgruppe" verwendet. Professionelles Handeln wird als organisationsgebundenes Handeln aufgefasst.

Interaktionen werden in erster Linie durch ihr Ziel und zugleich durch ihren Gegenstand bestimmt, d. h. durch das, was handelnd auf das Ziel hin verändert wird. All das geschieht bei professionsgebundenen Interaktionen innerhalb einer Organisation, und wird von deren Struktur bestimmt. Daraus ergibt sich, dass eine Positionsbestimmung von Schulsozialarbeit zu drei Aspekten Auskunft geben muss:

1. zum normativen Aspekt von Schulsozialarbeit

   Interaktionen werden durch ihr Ziel definiert. Die FunktionsträgerInnen im Kooperationsmodell sprechen von Schulerfolg als Zielgröße für die professionellen Interaktionen (vgl. S. 19). Dabei muss geklärt werden, was Schulerfolg ist bzw. sein soll. Das geschieht im Kapitel 8.

2. zum inhaltsbezogenen Aspekt von Schulsozialarbeit

   Die o. g. FunktionsträgerInnen definieren den Gegenstand ihrer professionellen Interaktionen als etwas Soziales. Dieses wird, weil man sich explizit auf die Organisation Schule bezieht und Schule in erster Linie Lernprozesse organisieren soll, als die soziale Seite schulischen Lernens bezeichnet (siehe S. 100). Es muss geklärt werden, welchen inhaltlichen Beitrag Schulsozialarbeit in der Interaktion mit anderen Professionen leistet. Das geschieht in Kapitel 9.

3. zum organisationsbezogenen Aspekt von Schulsozialarbeit

   Weil sich die Fachleute auf die Schule als Organisation beziehen, muss nicht nur der *inhaltliche* Beitrag von SchulsozialarbeiterInnen zum Schulerfolg beschrieben werden, sondern auch geklärt werden, welche *Position* sie in der Struktur von Schule – als dem Rahmen für die Interaktion mit anderen Professionen – haben. Das setzt größere Klarheit darüber voraus, was mit „Profession" und „Interaktion von Professionen" gemeint ist.

   Hierzu wird die Debatte zur Schulsozialarbeit wieder aufgegriffen, die im ersten Kapitel kurz skizziert worden war. Das geschieht in Kapitel 10.

Nachdem die drei Aspekte einer Positionsbestimmung von Schulsozialarbeit entfaltet sind, kann die Debatte um das Verhältnis zwischen Schulsozialarbeit und Jugendhilfe aufgenommen werden. Das geschieht in Kapitel 11. Damit wird der Kreis geschlossen, den die im ersten Kapitel entfaltete Argumentation geöffnet hatte.

8. Schulerfolg: die normative Positionsbestimmung von Schulsozialarbeit

In der Konzeption zum Kooperationsmodell Schule / Jugendhilfe im Südviertel ist die Sicherung des Schulerfolges das zentrale Ziel, das von den Akteuren nicht weiter hinterfragt wird (vgl. S. 19). FunktionsträgerInnen wie NutzerInnen lassen sich bei ihren Interaktionen auf dieses Ziel ein. Es bestimmt daher auch die Interaktionsbeiträge der SchulsozialarbeiterInnen.

Allerdings zeigt sich im Verlauf der Evaluation, dass keineswegs klar ist, wer was unter Schulerfolg versteht (8.1). Diese Klarheit ist jedoch Voraussetzung für eine präzisere Definition dieses Zieles (8.2).

8.1 Was ist Schulerfolg?

Das Konzept des Kooperationsmodells Schule / Jugendhilfe im Südviertel setzt Schulerfolg schlicht mit Schulabschluss gleich. Das ist hier der Hauptschulabschluss bzw. als Voraussetzung dafür die Versetzung in eine höhere Klasse. Damit scheint eine eindeutige Bestimmung getroffen zu sein. Dass dem keineswegs so ist, machen die Evaluationsergebnisse zum Kooperationsmodell deutlich.

Die SchülerInnen im BUS-Projekt an der Geistschule starten zwar unter der Maßgabe, den Schulabschluss nach Klasse 9 zu machen *und* eine Lehrstelle zu bekommen, deren erfolgreiche Beendigung den Hauptschulabschluss Klasse 10 mitliefert. Der Wert des Schulabschlusses nach Klasse 9 sinkt aber für die SchülerInnen in dem Maße, wie eine Lehrstelle unerreichbar zu werden scheint (vgl. Wieland o. J.). Dies ist für die Mehrheit unabhängig von der Leistung in Schule und Praxisstelle der Fall. Der Schul*abschluss* verliert für viele Schüler seine Bedeutung als relevantes Ziel und wird für sie als Kriterium für Schul*erfolg* unbrauchbar.

Zugleich gibt es SchülerInnen ohne Schulabschluss, die z. B. die gelungene Auseinandersetzung mit bestimmten Fächern für sich als Erfolg verbuchen. Eine Schülerin hat mit Hilfe der Schule eine extreme familiäre Problematik bewältigen können. Für manche ist bereits die Lernerfahrung in einer kleineren Gruppe ein schulischer Erfolg, weil sie nicht ausgegrenzt wurden und weil sie einmal nicht am Ende der Leistungsrangreihe standen. D. h.:

- Der Schulabschluss ist nicht für jeden SchülerInnen ein Erfolg.
- Schulerfolg ist für einige SchülerInnen auch ohne bzw. unabhängig vom Schulabschluss möglich und macht sich folglich an anderen Kriterien fest.

Die Kritik der SchülerInnen in der BUS-Klasse am Erfolgskriterium Schulabschluss spiegelt sich wider in den Fachdebatten um die Funktionen von Schule, genauer: um die Bewertung dieser Funktionen.

Vogel vertritt eine besonders konsequente Position und weist darauf hin, dass Schule widersprüchliche Funktionen wahrzunehmen hat (Vogel 2006: 27ff). Folgt man seiner Argumentation, kann man Schulerfolg nicht einfach als umfassende Funktionserfüllung von Schule bestimmen, denn die ist nicht möglich. Somit kann der Schulabschluss als Verwirklichung der Allokationsfunktion kein oder zumindest nicht das einzige Kriterium für Schulerfolg sein.

Eine andere Diskussionslinie greift die potentielle Diskrepanz zwischen Allokationsfunktion und tatsächlicher beruflicher Qualifizierung auf. Die Frage ist hier: Was sagt ein Schulabschluss über die berufliche Qualifizierung aus? Damit werden Ausmaß und Qualität des berufsrelevanten Kompetenzerwerbes als Erfolgskriterium herausgestellt und der Schulabschluss auf seine Aussagekraft diesbezüglich untersucht.

Wird hingegen nach dem lebenspraktischen bzw. auf die individuelle Biografie bezogenen Nutzen von Schule gefragt, wird der o. g. Qualifizierungsbegriff aus seiner Engführung auf berufliche Qualifizierung herausgeführt und Schulerfolg noch einmal neu gefasst.

Es ist folglich zu klären:

- Welche Bedeutung hat der Schulabschluss für eine Bestimmung des Schulerfolges?
- Wie lässt sich Schulerfolg sonst – wenn nicht als Schulabschluss – bestimmen?

8.1.1 Schulabschluss

Die Tatsache, dass für Akteure der Schulabschluss soweit entwertet sein kann, dass er als Ziel individuellen Handelns nicht mehr funktioniert, bedeutet nicht unbedingt (vgl. aber Vogel 2006), dass Schulabschluss überhaupt kein Kriterium für Schulerfolg ist. Er ist nur sicher nicht das einzige und kann deshalb im Einzelfall vielleicht auch einmal irrelevant sein.

Der Schulabschluss ist als ein Kriterium von Schulerfolg insofern brauchbar, als er die Allokationsfunktion von Schule realisiert. Er ermöglicht SchülerInnen *formal* den Einstieg ins Berufsleben. Er öffnet – oder erschwert – *formal* den Zugang zu einer Lohnarbeit. Damit ist er eine für die meisten Menschen notwendige Grundlage für eine selbständige Reproduktion als Erwachsener. Das macht seine Bedeutung aus als Kriterium für Schulerfolg. Es ist nicht der reale Qualifizierungsgehalt des Schulabschlusses, der ihn erstrebenswert macht, sondern seine formale Funktion.

Wenn diese jedoch nicht mehr gesichert ist, weil ein Schulabschluss entwertet wurde und keine oder nur wenige, unattraktive Beruf ermöglicht, verliert er seine Bedeutung (vgl. S. 135). Und genau das ist den BUS-SchülerInnen geschehen, geschieht HauptschülerInnen insgesamt. Denn Arbeitslosigkeit trifft vornehmlich sie und zeigt, dass die Allokationsfunktion, die übrigens auch die allgemeine Schulpflicht wesentlich legitimiert, durch einen Arbeitsmarkt begrenzt ist, der keine Verwendung hat für Menschen mit spezifischen Qualifikationsprofilen (vgl. Wieland 2006c). Diese Profile werden als Qualifikation nicht akzeptiert und anscheinend mit dem Hauptschulabschluss in Verbindung gebracht. Der Schulabschluss hat mithin bei genauerem Hinsehen für eine Minderheit der SchülerInnen, nämlich für HauptschülerInnen, allenfalls eine geringe Bedeutung als Kriterium für Schulerfolg.

Aber auch für die Mehrheit der SchülerInnen ist seine Bedeutung eingeschränkt. Der Schulabschluss sagt zwar den beruflichen Erfolg einigermaßen voraus, aber eben nur „einigermaßen". Es bestehen erhebliche Zweifel daran, dass die Qualität des Schulabschlusses die Qualität der in der Schule erworbenen Qualifikationen zuverlässig genug ausdrückt. Überdies wird bezweifelt, dass die in der Schule zu erwerbenden Qualifikationen berufsrelevant sind. Die Klage der Unternehmerverbände ist regelmäßig zu hören. Das in dem Kontext oft bemühte Ziel der „Ausbildungsreife" als Kriterium für Schulerfolg wird anscheinend durch Schulabschlüsse nicht gut repräsentiert.

8.1.2 Die Bestimmung von Schulerfolg

Es ist offenbar notwendig, das formale Erfolgskriterium „Schulabschluss" durch andere Kriterien zu ergänzen. Wie lassen sich solche Kriterien gewinnen? Betrachtet man die Debatte über die Qualität von Schule, so entsteht der Eindruck, dass zwar viele Qualitätskriterien im Angebot sind, es aber unklar ist, auf welchen Gegenstand diese Kriterien anzuwenden sind. Da wird, etwas unscharf, über „Schule" geredet. Damit sind in der Regel nicht die konkreten Schulorganisationen gemeint und erst recht nicht konkrete Interaktionen dort. Eine Bewertung braucht aber einen wohldefinierten Gegenstand, auf den sie bezogen wird. Schulerfolg lässt sich nur bestimmen, wenn klar ist, was genau bewertet werden soll.

Die Bestimmung von Schulerfolg muss sich deshalb in zwei Schritten vollziehen:

a. Es wird bestimmt, was als erfolgreich oder erfolglos bewertet werden soll.
b. Es werden die ethischen Kriterien für diese Bewertung angegeben.

Um diese eher abstrakte Diskussion mit Leben zu erfüllen und sie auf aktuelle Probleme der Bewertung von Schule zu beziehen, wird schließlich die berufliche

Qualifizierung als ein wichtiger Aspekt schulischen Erfolges in Deutschland näher beleuchtet.

8.1.2.1 Die Nutzung von Schule durch SchülerInnen als Bewertungsgegenstand

Schulerfolgskriterien müssen auf die Bestimmung von Schule als Lernumwelt bezogen sein. Dass in der Schule gelernt werden soll und dass daher Schulerfolg etwas mit Lernerfolgen, d.h. mit Kompetenzerwerb zu tun hat, ist nicht nur unstrittig über alle bildungspolitischen Positionen hinweg, sondern ergibt sich v.a. aus der Praxis, die Schule ausmacht: Wenn dort nicht mehr gelernt würde, würde man gar nicht von „Schule" sprechen. Eine inhaltliche Bestimmung von Schulerfolg muss sich auf die Lernresultate, also die *Kompetenzen* beziehen, die *tatsächlich* erworben werden. Dabei können nur die konkret erfassbaren, d. h. messbaren Resultate als Erfolg oder Misserfolg bewertet werden, die eindeutig ein Ergebnis von Schule sind.

Diese Position mag abstrakt und banal erscheinen. Sie hat aber weit reichende Konsequenzen, wenn man sie unter der Prämisse der Aneignungstheorie (vgl. Kapitel 4) einnimmt. Nach dieser Theorie hängt jeder Kompetenzerwerb in erster Linie von der Lernaktivität der SchülerInnen ab (vgl. S. 64). Die wiederum wird von den angebotenen Lerninhalten, v.a. aber von den Interaktionsmustern beeinflusst, bzw. gerahmt, mittels derer diese Inhalte angeeignet werden können. Folglich ergibt sich jeder Schulerfolg nur aus der Nutzung der Lernumwelt Schule durch die SchülerInnen (vgl. Oelerich / Schaarschuch 2005) und ist damit an deren Bedürfnisse und Interessen gebunden. Denn nur diese entscheiden darüber, welche Lernangebote sie wie nutzen.

Das bedeutet nicht, dass nur SchülerInnen Schulerfolg definieren können oder sollen. Es bedeutet aber, dass Schulerfolg an die Aktivitäten der SchülerInnen und nicht an die Aktivitäten der FunktionsträgerInnen gebunden ist. Lehrstrategien oder Strategien der sozialen Beeinflussung sind zwar am Zustandekommen des Schulerfolgs wesentlich beteiligt. Er macht sich aber nur daran fest, wie SchülerInnen diese Interaktionsbeiträge der FunktionsträgerInnen aufgreifen, wie sie sie nutzen.

Wenn SchülerInnen nicht das lernen, was sie lernen sollen, liegt das zu bewertende Resultat von Schule in dem, was sie stattdessen lernen. Das Argument, SchülerInnen könnten nicht entscheiden, was sie lernen wollen, weil ihnen der Überblick für das fehlt, was zu lernen wichtig ist, geht an der Tatsache vorbei, dass SchülerInnen stets nur lernen, was sie lernen wollen: Wenn sie sich widerwillig bestimmten Inhalten der Mathematik oder der Geschichte zuwenden, so tun sie es eben doch, und wenn sie es nicht tun, dann eignen sie sich diese Inhalte eben nicht an sondern andere.

Schulerfolg wird daher nicht nach den Maßgaben bestimmt, die FunktionsträgerInnen aufstellen. *Er wird vielmehr die Nutzung durch die Schüler nach ethisch zu begründenden Maßstäben beurteilt.* Sind solche Maßstäbe für die Nutzungsstrategien von SchülerInnen benannt, kann man die Zielvorgaben der Funktionsträger einer Kritik unterziehen und Schulerfolg davon unabhängig bestimmen.

8.1.2.2 Ethische Grundlagen für die Bewertung der Nutzungsstrategien von SchülerInnen

Um die Nutzung der Angebote schulischer Funktionsträger durch SchülerInnen beurteilen zu können, braucht es, wie oben ausgeführt, explizierte ethische Kriterien. Die finden sich im Konzept vom „guten Leben" (Fenner 2007, Wieland 2009). Dieses Konzept, das auf eine lange Tradition in der abendländischen Philosophie seit der Antike verweisen kann, ist von Honneth (1994) aufgegriffen worden und hat – in Fortführung Hegelscher Positionen – als Theorie der Anerkennung im Kontext Sozialer Arbeit Bedeutung erlangt (vgl. Wieland 2009: 102). Denn die Anerkennungstheorie nach Honneth lässt sich so lesen, dass Anerkennung zum einen die Bereitschaft der Subjekte voraussetzt, für ihre Anerkennung als Subjekte zu kämpfen, zum anderen aber die Bereitschaft der Gemeinschaft, Anerkennung zu gewähren.

Auf der Grundlage dieser Lesart lässt sich die Anerkennungstheorie als ethisches Konzept für die Bewertung der Nutzung von Schule durch Schüler einsetzen. Dafür ist der Rückgriff auf einen Begriff von „Sozialisation" möglich und erforderlich, der lernbezogene Nutzungsstrategien umfasst: Man bezeichnet mit „Sozialisation" einen speziellen Interaktionstypus mit den Akteursgruppen Heranwachsende und Erwachsene, bei dem es v. a. auf Seiten der Heranwachsenden darum geht, etwas zu lernen, um – das ist das dominante Interaktionsziel – erwachsen zu werden.

Für dieses Ziel ist ein Machtüberhang zugunsten der Erwachsenen erforderlich, aus dem heraus diese für die Heranwachsenden sorgen, ihnen relevante kulturelle Bedeutungen und v.a. Kompetenzen vermitteln können, die sie brauchen, um erwachsen zu werden. Zugleich erfordert das o.g. Ziel die Aufhebung dieses Machtüberhanges, d.h. Erwachsene müssen ihre Überlegenheit aufgeben, Heranwachsende ihre Unterlegenheit überwinden (vgl. Wieland 2006b). Sozialisation wird zu einem speziellen Fall des Kampfes um Anerkennung.

Bezogen auf schulische Sozialisation, also die Nutzung der Lernumwelt Schule durch die Schüler, bedeutet das:

a. Diese Nutzung ist „gut" im ethischen Sinne und Schule ist erfolgreich, wenn und weil dadurch SchülerInnen zu kompetenten Erwachsenen werden, die ihrerseits bereit und in der Lage sind, ihren Kindern ein Erwachsenwerden zu ermöglichen.

b. Die Lernumwelt Schule ist erfolgreich, d.h. eine gute Sozialisationsagentur, wenn und weil sie den institutionell gegebenen Machtüberhang gegenüber den SchülerInnen nutzt, so dass diese zu kompetenten Erwachsenen werden können. Dafür muss sie diesen Machtüberhang abbauen. Da Schule eine Institution ist, die Organisation hat, müssen ihre Ziele nach diesen Maßgaben ausgelegt sein, so dass die FunktionsträgerInnen entsprechend handeln (interagieren) können bzw. müssen.

Diese allgemeine Bestimmung von Schulerfolg differenziert und konkretisiert sich, indem Erwachsen-Sein genauer definiert wird. Verschiedene Gesellschaften und Gruppierungen innerhalb von Gesellschaften werden Erwachsen-Sein unterschiedlich praktizieren und können doch den Maßgaben der Anerkennungstheorie verpflichtet sein. Diese Unterschiedlichkeit resultiert aus den unterschiedlichen physischen (klimatischen, geografischen) und sozialen bzw. historischen Bedingungen, unter denen Erwachsen-Sein gelebt wird. Sie bedroht keineswegs den Universalitätsanspruch der Anerkennungstheorie (vgl. Fenner 2007). Sie bleibt als ethisches Kriterium scharf: Konzepte von Erwachsen-Sein, welche die soziale Ausgrenzung bestimmter Lebenspraktiken, bestimmter Ethnien oder Religionen fordern, erfüllen den oben formulierten Anspruch genauso wenig wie Sozialisationsagenturen, die Erwachsenwerden blockieren, indem sie „gute" Aneignungsprozesse unterbinden, Ressourcen zum Erwachsenwerden vorenthalten.

Prüft man die Schulen in Deutschland nach diesen Kriterien, dürfte – so legen die PISA-Ergebnisse nahe – deutlich werden, dass sie in vielerlei Hinsicht und für viele SchülerInnen einen Schulerfolg erschweren, also erfolglos oder wenigstens nicht sehr erfolgreich sind. Das heißt aber nicht, dass diese SchülerInnen Schule erfolglos bewältigen müssen, d. h. nicht nutzen können. Der Schulerfolg als Kriterium für eine Bewertung von Schule ist nicht identisch mit dem Schulerfolg als Kriterium für eine konkrete Schülerkarriere.

Diese Differenz entspricht dem, was oben über die Nutzung von Schule als Gegenstand der Bewertung gesagt wurde und ist deshalb für die Schulsozialarbeit relevant: SchulsozialarbeiterInnen tragen, wenn sie sich zu einem Beitrag für die Sicherung des Schulerfolges verpflichten, Sorge, dass

a. Schule möglichst vielen SchülerInnen möglichst nützlich ist dafür, erwachsen zu werden.

b. auch einzelne SchülerInnen ihren Nutzen aus den Angeboten der Schule ziehen und dadurch erwachsen werden.

Ihre Aufgabe ist somit durch einen systembezogenen und einen individuumsbezogenen Aspekt bestimmt.

8.1.2.3 Schulerfolg und berufliche Qualifizierung

Deutschland ist eine industrialisierte, postmoderne Gesellschaft, wo Erwachsen-Sein in erheblichem Umfang durch Lohnarbeit realisiert wird (vgl. Wieland 2006c). Folglich spielt der Erwerb von Kompetenzen für eine Lohnarbeit eine besondere Rolle und kann als Kriterium für die Beurteilung des Schulerfolges gelten.

Die Schwierigkeiten, die SchülerInnen haben, wenn sie Schule im Hinblick auf eine spätere Lohnarbeit nutzen wollen, wurden unter 7.1.2.5 bereits angeschnitten. Die Probleme, die sich aus dem Umstand ergeben, dass der Schulabschluss nur unzureichende Auskunft darüber gibt, wie gut ein Schüler, eine Schülerin auf das Berufsleben vorbereitet ist, kamen unter 8.1.1 zur Sprache. Dennoch ist ein gewisser Bezug schulischen Lernens zu beruflichen Anforderungen unbestritten – und birgt (mindestens) zwei Probleme:

a. Das Problem vom Verhältnis zwischen Berufsqualifizierung und allgemeiner Qualifizierung (Bildung)

Bei der Nutzung der Lernumwelt Schule durch die SchülerInnen spielen, jedenfalls von einem gewissen Alter an, die folgenden Fragen eine Rolle:

Wie wichtig ist eine Orientierung auf berufliche Anforderungen?

Wie wichtig ist die Orientierung auf einen guten Notendurchschnitt?

Welche Rolle (dürfen) persönliche Lerninteressen spielen?

Aus der Beantwortung dieser Fragen resultieren die Kriterien, nach denen SchülerInnen ihren Schulerfolg messen. Diese werden unterschiedlich sein. Anscheinend spielen jedoch Noten als Ausdruck der Allokationsfunktion für eine Schülermehrheit eine dominante Rolle.

Eine Orientierung auf berufliche Anforderungen bzw. auf das, was in der Unternehmerschaft als Ausbildungsfähigkeit bezeichnet wird, dürfte für SchülerInnen schwierig sein. Zum einen ist die berufliche Ausbildung für die meisten SchülerInnen kein brennendes und inhaltlich genau umrissenes Thema. Ihre Motive gehen in andere Richtungen (vgl. Fend 2000: 368ff). Zum anderen sind die Angebote der FunktionsträgerInnen trotz einiger Verbesserungen der letzten Jahre immer noch rudimentär und anscheinend wenig geeignet, eine entsprechende Motivation aufseiten der SchülerInnen anzuregen (vgl. 7.1.2.5).

Entscheidender als all diese Überlegungen ist, wieweit die Beantwortung der drei o. g. Fragen sich daran orientiert, ob die Vorbereitung auf einen Beruf (unterschiedliche) Wege ins Erwachsen-Sein ebnet. An diesem Punkt setzt die

Debatte „Bildung vs. berufliche Qualifikation" an, die vielleicht neue Impulse bekommt, wenn sie Bildungskonzepte stärker sozialisationsbezogen entwickelt.

b. Das Problem vom Verhältnis zwischen Schulerfolg, beruflicher Qualifizierung und gutem Leben

Berufsqualifizierung als Lernziel bindet Schulerfolg an die Passfähigkeit für den Arbeitsmarkt und verunmöglicht Schulerfolg für jene SchülerInnen, die auf diesem Arbeitsmarkt keine Chance haben (vgl. 8.1.1 sowie Wieland 2006c). Teilen sie diese Orientierung teilen nicht und nutzen Schule eigensinnig, so entsprechen sie damit nicht nur nicht den Vorgaben, welche die FunktionsträgerInnen für eine Nutzung von Schule machen, sondern laufen überdies Gefahr, eine Integration in die Industriegesellschaft zu verfehlen (Wieland 2000c). Für sie hat Schule zwar möglicherweise etwas zu bieten, das sie nutzen können (vgl. Wieland o. J.), sie versagt aber in Hinsicht auf ihre Integrationsfunktion und wird der Aufgabe, Erwachsenwerden zu unterstützen, nur unzureichend gerecht. Denn ein unabhängig von der Orientierung auf Lohnarbeit erreichter Schulerfolg birgt für viele Menschen das Risiko der Ausgrenzung, bzw. verhindert Ausgrenzung nicht.

Auch ein Schulerfolg, der die Nutzung von Schule durch die SchülerInnen angibt und dabei am Konzept des „guten Lebens" orientiert ist, ist keine hinreichende Bedingung für die Realisierung „guten Lebens".

Das ist nicht ein Problem einzelner Akteure in der Schule, sondern ein Problem der Einbindung von Schule in übergeordnete Interaktionssysteme bzw. Institutionen. Aufgrund dieser Systeme ist das Überleben der meisten Menschen an Lohnarbeit gebunden. Daher wird einer Minderheit, die die Voraussetzungen für Lohnarbeit nicht erfüllen kann, ein „gutes Leben" und die Anerkennung als Subjekt verweigert (vgl. Wieland 2006c).

8.2 Die Sicherung des Schulerfolgs

Die Sicherung des Schulerfolges, oder wie es jetzt genauer heißen muss: Die Sicherung des Nutzens, den SchülerInnen aus der Schule ziehen können, lässt sich präziser bestimmen, wenn klar ist, wodurch dieser Nutzen bedroht ist. Zu den Risikofaktoren für eine gelungene Nutzung von Schule, macht das Konzept des Kooperationsmodells drei Aussagen:

- massive soziale Probleme in Umwelten außerhalb der Schule, v.a. in der Familie
- massive soziale Probleme in der Schule, v.a. Mobbing durch Klassenkameraden und Konflikte mit LehrerInnen
- unzureichende intellektuelle Leistungsfähigkeit (vgl. S. 26)

Die Evaluationsergebnisse für das Kooperationsmodell legen eine Reformulierung dieses Risikenmodells nahe, bzw. machen deutlich, dass *für die Arbeit im Kooperationsmodell* nur die sozialen Probleme in der Schule relevant waren.

a. Der Einfluss von krisenhaften Entwicklungen im Familienalltag und die Bedeutung, die es für die Nutzung der Lernumwelt Schule hat, wenn Eltern ihre elterliche Sorge nur eingeschränkt wahrnehmen können, wird durch das Datenmaterial aus der Evaluation eindrucksvoll belegt (Wieland o. J.). Dennoch nehmen die FunktionsträgerInnen diese Risikengruppe nicht als Ansatzpunkt für ihre Bemühungen, den Schulerfolg zu sichern. Sie suchen vielmehr den Kontakt zum Gesundheitswesen, zu niedergelassenen Ärzte und / oder zur Kinder- und Jugendpsychiatrie, oder zur Jugendhilfe, z. B. zum Bereich erzieherischer Hilfen, damit dort die familiären Probleme bearbeitet werden können. Denn, so die Entscheidung der FunktionsträgerInnen, ihr Aufgabenbereich ist die Schule und nicht die Familie (vgl. auch 11.1). Zugespitzt formuliert: die Sicherung des Schulerfolgs beinhaltet nicht die ausführliche Auseinandersetzung und Bearbeitung familiärer Probleme. Dem stimmen Eltern wie SchülerInnen zu: auch sie sehen, dass die Schulprobleme etwas mit ihrer familiären Situation zu tun haben, sehen aber nicht, dass diese deshalb ein Thema für die Schule wäre. Damit wird Elternarbeit als zentraler Ansatz im Modellprojekt auf das Ziel ausgerichtet, die Eltern bei ihrer Schülerelternrolle (vgl. S. 28) zu stützen und nicht rundum zu beraten oder zu unterstützen. Allgemeine familiäre Probleme sind den FunktionsträgerInnen im Modellprojekt häufig bekannt und Anlass für eine Kooperation mit den erzieherischen Hilfen. Sie sind Thema in der Schule aber kein Arbeitsinhalt für die FunktionsträgerInnen dort.

b. Eingeschränktes intellektuelles Leistungsvermögen gerät im Modellprojekt und in der Evaluation im Laufe der Evaluationsdauer immer mehr in den Hintergrund: Sind zunächst in UVAS noch Angebote zur Förderung der Konzentration vorgesehen, werden sie im zweiten Evaluationsjahr aus Zeitmangel an Funktionsträger außerhalb des Kooperationsmodells verlagert.
Überlegungen zur Frage, wie der Schulstoff z. B. den ProB-SchülerInnen mit ihren z. T. gravierenden Leistungsrückständen nahe zu bringen sei, haben da-

gegen für FunktionsträgerInnen und NutzerInnen einiges Gewicht. Sie münden in eine besondere Gestaltung von Lernbedingungen (Unterrichtsdauer, Pausenzeiten, reduzierte Stoffmenge). Eine sorgfältige Analyse kognitiver Struktur bei einzelnen Schülern, an denen die Stoffvermittlung ansetzen könnte, tritt demgegenüber genauso in den Hintergrund wie die Entfaltung spezieller didaktischer Konzepte – deren Existenz aber versichert wird (vgl. Wieland o. J.).

Zudem findet sich unter FunktionsträgerInnen verbreitet die Annahme, die intellektuelle Leistungsfähigkeit sei kein relevantes Problem, da die Lernanforderungen auf der kognitiven Ebene von den weitaus meisten Schülern zu bewältigen seien. Ausnahmen werden eigens als solche kenntlich gemacht (vgl. Wieland o. J.). Dies mag aus besonderen Bedingungen der Mittelstufe / Abschlussklasse an einer Hauptschule resultieren, wenn eine Selektion nach Leistungskriterien längst erfolgt ist. Es irritiert aber doch. Denn die intellektuelle Leistungsfähigkeit von SchülerInnen ist nach unterschiedlichen empirischen Studien ein höchst relevanter Faktor für Schulerfolg, bzw. dafür, dass Schule als Lernumwelt genutzt werden kann (Seel 2003, Mietzel 2007). Die Zuweisung von SchülerInnen zu verschiedenen Schultypen entsprechend ihren Leistungsfähigkeiten wird mit Forschungsergebnissen und der allerdings fragwürdigen Annahme gerechtfertigt, dass eine Lernumwelt optimal durch SchülerInnen mit ähnlichem Leistungsniveau genutzt werden kann (Mietzel 2007). Auch die Eltern erkennen und thematisieren die Leistungsgrenzen ihrer Kinder (vgl. Wieland o. J.), und wenn SchülerInnen sich ihrer Leistungsschwäche schämen (vgl. Wieland o. J.), so zeigen sie damit die subjektive Relevanz dieses Schulerfolgsrisikos.

Die Bedeutung intellektueller Leistungsgrenzen als Risiko für Schulerfolg ist aufgrund der Evaluationsergebnisse nicht recht einzuschätzen. Die wachsende Bedeutung, die lerntherapeutische Ansätze im Schulkontext haben, zeigt aber, dass das Thema im Schulkontext relevant ist und sich neue Bearbeitungswege auftun. Lerntherapie, die meist außerhalb von Schule und selten als Angebot von Schule stattfindet, ist i. d. R. Sache von LehrerInnen mit speziellen Zusatzqualifikationen.

Die Unterrichtsgestaltung und darüber hinaus die soziale Gestaltung der Lernumwelt Schule insgesamt, also *die soziale Seite des schulischen Lernens*, ist für die FunktionsträgerInnen des Kooperationsmodells der zentrale Anknüpfungspunkt für die Sicherung bedrohten Schulerfolgs.

Die sozialen Probleme in der Schule werden im Konzept des Kooperations-modells unter dem Begriff *Ausgrenzung* erfasst. Das trifft auch die Sicht von SchülerInnen und Eltern auf ihr Problem. Die berichten von Ausgrenzungsprozessen, die jede Nutzung der Lernumwelt Schule ausschlossen und die weder sie selbst noch die Funktionsträger in der Schule beeinflussen konnten bzw. wollten. Sie heben hervor, dass dergleichen z. B. im Kontext der ProB-Klasse nicht geschieht oder sich jedenfalls nicht entfaltet (vgl. Wieland o. J.), und bestätigen, dass sie schon deshalb wieder zur Schule gehen und die Lernumwelt Schule nutzen.

Ausgrenzung wird – dies lässt sich ohne weitergehende theoretische Überle-gungen als Erfahrung der Praxis festhalten – am ehesten abgeschwächt, wenn es gelingt, zu den Ausgegrenzten wieder Kontakt herzustellen. Folgerichtig wird das Ziel „Sicherung des Schulerfolges" ausbuchstabiert als: Stabilisierung des Kontaktes zu SchülerInnen, die von Ausgrenzung bedroht sind. Stabilisierung des Kontaktes bedeutet v. a., Sorge zu tragen, dass beim Aushandeln relevanter Interaktionsziele die persönlichen Ziele (und Bedürfnisse) aller Akteure, auch der randständigen, angemessen berücksichtigt werden.

Diese Zielvorgabe hat nicht nur einzelne Schülerinnen und Schüler im Auge, sondern auch ganze Gruppen. Sie fixiert sich nicht nur auf die Ausgegrenzten, son-dern richtet sich auch an die, die Ausgrenzung betreiben oder dulden, an LehrerIn-nen wie Schülerschaft. Sie bezieht sich auf Interaktionsstrukturen und v. a. auch deren Rahmung durch die Ziele der Interaktion und der Interaktionssysteme.

9. Soziale Probleme schulischen Lernens: die inhaltliche Positionsbestimmung von Schulsozialarbeit

Wenn Sicherung des Schulerfolges in erster Linie Sicherung bzw. Aufbau von Kontakt bedeutet zu jenen, die von Ausgrenzung bedroht sind, stellt sich als nächstes die Frage, welchen spezifischen Beitrag Schulsozialarbeit zu diesem Organisationsziel leistet. Das ist die Frage nach der inhaltlichen Positionsbestimmung von Schulsozialarbeit.

SchulsozialarbeiterInnen haben i. d. R. eine Ausbildung als Fachkräfte Sozialer Arbeit (vgl. 10.1) und man kann davon ausgehen, dass sie auf das Soziale, genauer: auf soziale Probleme spezialisiert sind. Allerdings ist bei genauerem Hinsehen keineswegs klar, was soziale Probleme sind, und deshalb muss die inhaltliche Positionsbestimmung von Schulsozialarbeit

a. mit einer allgemeinen Bestimmung von sozialen Problemen beginnen (9.1),

b. diese auf die Nutzung von Schule als Lernumwelt beziehen (9.2),

c. um schließlich den spezifischen Inhalt des Beitrages von Schulsozialarbeit zu o. g. Ziel entfalten zu können (9.3).

9.1 Soziale Probleme

9.1.1 Was sind soziale Probleme?

Auf Mead (1980: 83ff) geht eine handlungsorientierte Definition des Begriffs „Problem" zurück, wonach Probleme das sind, was den Handlungsstrom eines Subjektes unterbricht. Probleme sind Hindernisse bei der Verwirklichung eines Zieles. Diese haben grundsätzlich zwei Seiten, eine subjektive, da sie Probleme nur für ein bestimmtes Subjekt sind, dem sie im Weg stehen, und eine objektive, da sie dem Subjekt als etwas außerhalb seiner selbst entgegentreten.

Auf diese Definition beziehen sich sämtliche Bewältigungsansätze in der Psychologie (vgl. Flammer 1990), da sie menschliches Handeln als Problembewältigung sehen. Diese Definition hat ihre Bedeutung auch für die Soziale Arbeit, v. a. wenn sie methodisch der Strategie der Lösungsorientierung folgt (vgl. Walter / Peller 2002).

Probleme können soziale Probleme sein, wenn das, was sich jemandem in den Weg stellt, das Resultat einer fremden Handlung ist. Dann sind diese beiden Handlungen aufeinander bezogen, beide Akteure interagieren miteinander, allerdings konflikthaft.

Soziale Probleme sind Leiden an anderen Menschen und an sozialen Verhältnissen (subjektive Seite) und zugleich Merkmale von Interaktionen (objektive Seite). Sie kennzeichnen Interaktionen, wo die Akteursziele nur in geringem Maße oder gar nicht kompatibel sind bzw. wo das Interaktionsziel die verschiedenen Akteursziele nicht hinreichend repräsentiert. Soziale Probleme markieren *Konflikte* (vgl. 5.1.1.3) und sind Bestandteil eines jeden Alltags. Sie können aber, wenn ein Konflikt sich zur *prekären Interaktion* weiterentwickelt und schließlich einzelne Akteure aus der Interaktion aussteigen oder herausgedrängt werden, in Ausgrenzung münden (vgl. 5.1.1.3). Dann sollte man differenzierend von *schweren sozialen Problemen* sprechen. Die sind stets Resultat stark ungleichgewichtiger Machtverhältnisse in der Interaktion, die manchmal durch Vorgaben aus den Zielen übergeordneter Interaktionssysteme legitimiert werden (vgl. 5.1.1.3 und Böhnisch 1999). Da prekäre Interaktionen – anders als einfache Konflikte – soziale Strukturen als solche bedrohen und u. U. wichtige Institutionen und Organisationen destabilisieren, sind zu ihrer Bearbeitung spezielle, professionelle Strategien entwickelt worden: Strategien Sozialer Arbeit (vgl. Müller 1994, Heiner 2007).

Man sollte zwischen sozialen Problemen, das sind Merkmale *konkreter* Interaktionen, und den gesellschaftlichen Verhältnissen (gesellschaftliche Probleme) unterscheiden, die die Entstehung von Konflikten oder prekären Interaktionen begünstigen. Denn auch wenn jemand glaubt, die beeinträchtigenden Handlungen anderer Akteure könne er nur wenig beeinflussen, so erkennt er seine Mitakteure doch als Verursacher des sozialen Problems. Die u. U. ungleichgewichtigen Machtverhältnisse stellen ein persönliches Verhältnis konkreter Akteure dar.

Wenn aber ein Organisationsziel oder bestimmte gesellschaftliche Verhältnisse Akteuren eine konflikthafte oder prekäre Interaktion nahe legen, dann gerät den Akteuren leicht aus dem Blick, dass sie selbst den Konflikt realisieren, den Ausgleich unbalancierter Machtverhältnisse verfehlen, *weil* das Organisationsziel oder die Funktion ihrer Institution ihnen gemeinsam diesen Konflikt aufzuzwingen scheint. Dieses Phänomen wurde in der Evaluation des Kooperationsmodells als Ohnmachtssyndrom bezeichnet (vgl. 3.3.2.2 (4), S. 46). Es lässt sich als besonders ausgeprägtes Charakteristikum von sozialen Problemen beschreiben, die weniger aus der konkreten sozialen Dynamik einer Interaktion resultieren, sondern in erheblichem Ausmaß durch organisationelle bzw. institutionelle Vorgaben bedingt sind.

Die Ausgrenzung, die z. B. die SchülerInnen in ProB an ihren „alten Schulen" erfahren haben, scheint oft nicht nur entstanden zu sein, weil die sich mit ihren MitschülerInnen oder den LehrerInnen nicht verstanden haben oder von ihnen ausgegrenzt wurden, sondern weil sie sich den Lehrstoff nicht aneignen konnten, den der Lehrplan vorsieht. Es ist leicht nachvollziehbar, dass eine konkrete Lehrerin, obwohl sie das wahrnimmt, sich dennoch außerstande sieht, die einsetzende Ausgrenzung zu stoppen, weil sie sich dem Lehrplan unterwerfen muss. Es ist ebenso leicht nachvollziehbar, dass diese Ausgrenzung sich in ProB nicht wiederholte, weil die Funktionsträger sich nicht dem gleichen Druck durch „ihre" Schule ausgesetzt sehen, den Lehrplan zu realisieren.

9.1.2 Fachkräfte Sozialer Arbeit als Spezialisten für schwere Soziale Probleme

Soziale Probleme, Ausgrenzungsprozesse und Phänomene sozialer Ungleichheit werden von verschiedenen AutorInnen unter Bezug auf unterschiedliche theoretische Kontexte als Gegenstand Sozialer Arbeit genannt (Staub-Bernasconi 1995, Heiner 2007, Hammerschmidt / Tenstedt 2002, Chassé / Wensierski 2002). Die Fachkräfte Sozialer Arbeit als Spezialisten für soziale Probleme zu kennzeichnen, dürfte kaum auf Widerspruch stoßen. Will man die o. g. Begriffe, v.a. hinsichtlich ihrer Bezüge zueinander, näher kennzeichnen, um die zentralen Strategien Sozialer Arbeit aus einer Gegenstandsbestimmung abzuleiten, hört die Einmütigkeit jedoch auf.

Ausgehend von der oben vorgelegten Definition schwerer sozialer Probleme, ergeben sich Maßgaben für deren Bearbeitung, die sich als Maßgaben für eine allgemeine Strategie Sozialer Arbeit lesen lassen.

1. Die Bearbeitung schwerer sozialer Probleme kann sich nicht auf eine individuell-subjektive Perspektive beschränken.
   Soziale Probleme haben zwar eine subjektive Seite, dürfen aber nicht ausschließlich aus einer individuell-subjektiven Perspektive beschrieben bzw. angegangen werden. Denn sie lassen sich als Interaktionen nur perspektivverschränkend beschreiben und mit Bezug auf die Interaktion als Ganzes bearbeiten. Darin unterscheidet sich Soziale Arbeit von Psychotherapie: Sie befasst sich mit prekären Interaktionen und nicht mit Handlungen einzelner Akteure und deren Regulation.
2. Auch die Bearbeitung schwerer sozialer Probleme kann sich nicht auf die Bearbeitung gesellschaftlicher Probleme beschränken.
   Schwere soziale Probleme sind an Probleme der Machtverhältnisse in Interaktionen und – darüber vermittelt – mehr oder weniger eng an gesellschaftliche Machtverhältnisse gebunden. Sie liegen aber auf der Ebene *konkreter* prekärer Interaktionen und eben nicht auf der Ebene von Interaktionssystemen, wiewohl sie durch diese Ebene entscheidend mitbestimmt, nicht aber vollständig determiniert werden. Daher werden auch schwere soziale Probleme nicht

schon dann gelöst, wenn ihre gesellschaftlichen Voraussetzungen beseitigt sind. Diese dürfen aber nicht aus dem Blick geraten, wenn die Bearbeitung schwer sozialer Probleme nicht zur Sozialtechnologie verkommen will und die Probleme fördern, deren Folgen sie bekämpfen soll. Insofern ist die Bearbeitung schwerer sozialer Probleme grundsätzlich politisch, aber nicht selbst schon Politik.

3. Die Bearbeitung schwerer sozialer Probleme ist nur interaktiv möglich und sollte deshalb sinnvollerweise als Aushandlungsprozess im gegebenen Rahmen gestaltet werden.

So sehr sich Akteure in einer prekären Interaktion unter Druck gesetzt fühlen; sie können grundsätzlich von niemandem zu einem Interaktionsbeitrag gezwungen werden (vgl. Wieland 2006b). Daher kann es geschehen, dass sich die „schwachen" und die „starken" Akteure allen Versuchen widersetzen, die prekäre Interaktion aufzuheben, egal wie fachgerecht diese Versuche sind.

4. Wenn schwere soziale Probleme in einem institutionellen / organisationellen Rahmen bearbeitet werden – und das ist der Fall, wenn sie Gegenstand Sozialer Arbeit werden – dann sollte die Institution / Organisation z. B. durch widersprüchliche Vorgaben nicht selbst prekäre Interaktionen begünstigen. Denn dann werden die FunktionsträgerInnen daran gehindert zu tun, was sie laut Organisationsziel tun sollen und wollen: schwere soziale Probleme bearbeiten. Böhnisch (1999) nutzt zur `Kennzeichnung derartiger Organisationen das Anomiekonzept.

Diese vier Maßgaben kennzeichnen Soziale Arbeit als organisationsgebundene Strategie zur Bearbeitung schwerer sozialer Probleme. Das sind Strategien, die das Ziel verfolgen, prekäre Interaktionen umzuwandeln so, dass daraus Konflikte oder sogar Kooperationen werden (vgl. 5.1.1.3). Das setzt v. a. eine Balancierung der extrem unausgewogenen Machtverhältnisse in der Interaktion voraus. Die schwachen Akteure müssen sich stärken, die starken ihre Ressourcen im Sinne größerer Balance einsetzen. Das ist die zentrale Idee sämtlicher Empowermentstrategien (vgl. Herriger 2006, Keupp / Höfer 1997).

9.2 Soziale Probleme schulischen Lernens

Wenn Schulsozialarbeit – gemeinsam mit anderen Professionen – an der sozialen Seite schulischen Lernens ansetzt, dann besteht ihr spezifischer Beitrag zur Sicherung des Schulerfolges in der Bearbeitung *schwerer sozialer Probleme schulischen Lernens*.

Das ist die inhaltliche Positionsbestimmung von Schulsozialarbeit. Sie hat zwei Implikationen:

1. Schulsozialarbeit bearbeitet schwere soziale Probleme, *die in der Lernumwelt Schule und bei schulischem Lernen auftreten.* Schwere soziale Probleme aus anderen Zusammenhängen werden nur relevant, soweit sie schulisches Lernen beeinflussen. Das entspricht der Entscheidung im Modellprojekt, familiäre Probleme bzw. Probleme aus anderen Umwelten als der Schule nicht zum Gegenstand der Arbeit im engen Sinne zu machen. Es ist zugleich eine klärende Zuspitzung. Denn schwere soziale Probleme, z. B. aus dem Bereich von Peerkontakten, gehören zum Gegenstand von Schulsozialarbeit, aber nur soweit sie das schulische Lernen beeinträchtigen. Eine andere Sichtweise würde Schulsozialarbeit zu Jugendhilfe an Schule machen. Diese Zuspitzung verdeutlicht den Perspektivwechsel, der mit der hier vorgenommenen Positionsbestimmung von Schulsozialarbeit verbunden ist: Es geht um den Schulerfolg als spezielles Element von Sozialisation und nicht um eine allgemeine Förderung und Sicherung derselben, wie sie der Jugendhilfe obliegt. Der inhaltliche Bezugsrahmen für Schulsozialarbeit ist die Schule als Lernumwelt (vgl. Kapitel 7). Ihr Gegenstand sind prekäre Interaktionen in Bezug auf Lernprozesse.

Auch ist Schulsozialarbeit nicht einfach zuständig für *das Soziale* an der Schule. Das wäre eine fatale Arbeitsteilung, weil das Soziale definitionsgemäß Sache aller Akteure in der Schule ist. Sie ist vielmehr (mit) zuständig dafür, dass Lernen als sozialer Prozess gelingt. Dabei wird es auch um pubertätsbedingte, um familienbedingte oder persönlichkeitsbedingte soziale Probleme gehen, aber nur weil sie und insofern sie Lernen beeinträchtigen.

Diese Zentrierung auf den Schulerfolg, d. h. auf die schulbezogenen Nutzungsstrategien von SchülerInnen und v. a. auf ihre Probleme damit entspricht dem Konzept, das die SchülerInnen und alle übrigen Akteure von Schule haben (vgl. Breidenstein 2006 und 3.3.2.4). Sie erfüllt daher deren Erwartungen. Sie steht keineswegs für Ignoranz gegenüber anderen relevanten Problemen der SchülerInnen und der anderen Akteure, wohl aber für die Bedeutung, die die Tatsache, SchülerIn zu sein für die Kinder und Jugendlichen hat. Soziale Gruppenarbeit oder Persönlichkeitsentwicklung sind folglich Methoden und Themen von Schulsozialarbeit insofern, als damit die soziale Arbeit mit Schulklassen und die Unterstützung bei der Entwicklung einer Schüleridentität gemeint sind (vgl. dagegen Drilling 2002).

2. Schulsozialarbeit knüpft an der Perspektive der SchülerInnen an.

Die SchülerInnen sind die Lernenden, deren Lernprozesse durch prekäre Interaktionen im schulischen Lernkontext behindert werden. Die Diagnose muss zwar an den Perspektiven *aller* Akteure anknüpfen, weil sonst die prekäre Interaktion nicht als solche erkannt werden kann. Die Perspektive der *SchülerInnen* hat aber für Schulsozialarbeit ein besonderes Gewicht, wenn und weil es um ihre Lernprozesse geht. Folglich haben die SchulsozialarbeiterInnen in erster Linie die schulbezogenen Nutzungsstrategien und -probleme der SchülerInnen im Blick und richten sich an die anderen Funktionsträger, Eltern und LehrerInnen nur, insofern diese für diese Nutzungsstrategien von Bedeutung sind.

Ein Konzept von den schweren sozialen Problemen schulischen Lernens geht folglich von den Aneignungsproblemen der SchülerInnen, also einem subjektiven Phänomen, aus, klärt dann aber, wieweit diese Aneignungsprobleme mit prekären Interaktionen verknüpft sind. Die Aneignungsprobleme für sich genommen sind Gegenstand des Lehrerhandelns bzw. von Lerntherapie.

Schulsozialarbeit kommt zum Zuge, wenn und weil die Interaktionen, in denen schulisches Lernen stattfindet oder stattfinden soll, prekär sind. Sie kommt zum Zuge, wenn und weil die Akteure – i. d. R- LehrerInnen und SchülerInnen – sich nicht auf ein tragfähiges Interaktionsziel einigen können. Die Orientierung auf die Schülerperspektive dabei rückt einen Teilaspekt dieses Umstandes in den Vordergrund, nämlich den, dass die SchülerInnen die Schule als Lernumwelt nicht nutzen können oder wollen, weil sie dort in erheblichem Ausmaß in prekäre Interaktionen verwickelt sind.

Damit ist der Beitrag der Schulsozialarbeit zur Sicherung des Schulerfolges genauer bestimmt: SchulsozialarbeiterInnen bearbeiten die schweren sozialen Probleme schulischen Lernens. Sie versuchen zu erreichen, dass prekäre lernbezogenen Interaktionen zu Konflikten oder sogar Kooperationen umgewandelt werden, *damit die SchülerInnen Schule wieder als Lernumwelt nutzen können* (vgl. 7.2.3 und 8.2). Sie versuchen Schülerinnen und Schüler davon zu überzeugen, dass es sich auch in der Schule lohnt und möglich ist, eigene Lerninteressen zu verfolgen und die dafür erforderlichen sozialen Lernkompetenzen zu erwerben. Sie beraten Lehrerinnen und Lehrer dahingehend, dass die ihren Machtüberhang einsetzen, um auch „schwierigen" SchülerInnen, das sind solche, die die Lernangebote nicht nutzen, andere Lernangebote zu machen. Sie tragen zur Gestaltung der Lernumwelt Schule bei, indem sie ausgrenzende Strukturen kennzeichnen und zur Disposition stellen.

9.3 Strategien von Schulsozialarbeit

Diese Vorgaben legen den Fachkräften der Schulsozialarbeit strategischen Orientierungen in drei Richtungen nahe, die aufeinander bezogen verfolgt werden müssen: Im Vordergrund steht die Arbeit mit den Schülerinnen und Schülern und deren Nutzungsstrategien in der Schule. Darauf ist die Arbeit mit den LehrerInnen und anderen Fachkräften in der Schule ebenso wie die mit den Eltern bezogen. Es geht um die Frage, wie sie die Nutzungsstrategien der Schülerinnen und Schüler beeinflussen bzw. fördern können. Und schließlich ist die Schule als Institution, die Organisation hat, eine Adressatin von Schulsozialarbeit, insofern sie als Rahmen für die Nutzungsstrategien von SchülerInnen diese fördert oder blockiert, aber auch insofern sie die Handlungsmöglichkeiten von Fachkräften und Eltern einengt oder erweitert.

Dabei sind präventive Strategien, die die Entwicklung prekärer Interaktionen bzw. Interaktionsstrukturen vermeiden sollen, von unmittelbar problemlösenden Strategien zu unterscheiden. Diese Unterscheidung bezieht sich aber auf ihre Funktion, nicht auf die Strategie als konkreten Handlungsplan: Angebote im offenen Ganztag können dazu beitragen, bestehende Blockaden, eine Schüleridentität zu entwickeln, zu beheben und zugleich die Herausbildung solcher Blockaden zu vermeiden.

9.3.1 SchülerInnen in prekären Interaktionen Handlungsoptionen eröffnen

Wenn SchülerInnen in der Schule in prekäre Interaktionen verstrickt sind, brauchen sie Interaktionen, in denen sie ihre Motive und Ziele gut aufgehoben sehen und die ihnen Möglichkeiten eröffnen, auch in den prekären Interaktionen ihren eigenen Anliegen wieder mehr Geltung zu verschaffen oder besonders konfliktträchtige Anliegen durch andere zu ersetzen.

Wenn SchulsozialarbeiterInnen solche Interaktionen in Gang setzen wollen, werden sie nicht einfach an den Zielen und Motiven einzelner SchülerInnen ansetzen. Vielmehr werden sie sich mit ihren Interaktionsbeiträgen auf die Spannung beziehen, die zwischen diesen Motiven und Zielen, den Motiven und Zielen der Mitschüler, der Eltern und LehrerInnen und den Organisationszielen der Schule besteht. Das bedeutet, dass diese Spannung den Schülerinnen und Schülern erkennbar und bearbeitbar gemacht wird, die in der Gefahr sind, aus schulischen Kontexten ausgegrenzt zu werden. Sie brauchen erweiterte Handlungsoptionen.

Eine Schülerin, die sich wegen ihrer schlechten Schulnoten zurückzieht, den Anschluss an ihre Klasse verliert und schließlich die Schule verweigert, kann die Lernumwelt Schule wieder nutzen und eine für sie und ihre Schule passende Schüleridentität entwickeln, wenn sie ihre schlechten Schulnoten zur Kenntnis nimmt als das, was sie sind: Beurteilungen ihrer Leistungsfähigkeit bezogen auf die Inhalte des Lehrplans. Dies eröffnet ihr Optionen auf verschiedene nächste Schritte und zugleich auf unterschiedliche Varianten einer anderen Schüleridentität. Sie kann z. B. versuchen, ihre Schulleistungen zu verbessern und entsprechende Hilfen (Nachhilfe, Betreuung bei den Schularbeiten) anfordern bzw. nutzen. Sie kann aber auch ihre Schulleistungen akzeptieren und versuchen, andere schulrelevante Kompetenzen zu entwickeln, die ihr z. B. zu einer besseren Position in der Klasse verhelfen. SchulsozialarbeiterInnen begleiten und beeinflussen diesen Prozess ausgehend von der Überzeugung, dass Schule für jeden Schüler zu brauchen ist oder sein sollte.

Diese Strategie setzt nicht unbedingt zuerst am einzelnen Schüler, an der einzelnen Schülerin an, auch wenn die Umwandlung prekärer Interaktionen Sache eines jeden einzelnen Akteurs ist. Sie schafft vielmehr die erforderlichen Handlungsoptionen auch durch eine Veränderung sozialer Strukturen, v. a. solcher, die die konkreten prekären Interaktionen begünstigen.

Dies zielt nicht auf eine allgemeine Verbesserung der Integrationsfähigkeit dieser Strukturen (Schulklassen, Familien, Schüler-Lehrer-Beziehungen) oder auf eine allgemeine Verbesserung der sozialen Anpassungsfähigkeit Einzelner, sondern auf eine Vermittlung der Anliegen aller Akteure im Sinne des Ziels, die Lernumwelt Schule kreativ zu nutzen. Daher liegt es nahe, dass SchulsozialarbeiterInnen sich vornehmlich auf Schulklassen beziehen, weil das die sozialen Strukturen schulspezifischer Lernangebote sind. Es geht dabei um schulspezifische soziale Lernkompetenzen bei Einzelnen und Schulklassen wie z. B. die gemeinsame Bewältigung einer schulrelevanten Aufgabe, die gegenseitige Unterstützung bei schulischen Anforderungen, d.h. um ein lernfreundliches Klassenklima als Medium für die Entwicklung einer Schüleridentität. Dabei sind die Inhalte des Lehrplans brauchbare, aber nicht die einzigen Bezugspunkte bei der Bearbeitung prekärer Interaktionsmuster in Klassen.

9.3.2 Die Kooperation mit Fachkräften und Eltern stärken

Die Evaluation des Kooperationsmodells macht die große Bedeutung deutlich, die die Fachkräfte dort ihren Kooperationen untereinander und mit den Schülereltern zumessen (3.3.1.2, 3.3.2.4 sowie 3.3.3.1 (12), (13)). Dabei geht es *allgemein* darum, die Verantwortung wahrzunehmen, die Erwachsene in der Sozialisation gegenüber Heranwachsenden haben (vgl. 5.2.1). Bei der Sicherung des Schulerfolgs geht es darüber hinaus *speziell* darum, Kooperationen zur Sicherung des Schulerfolgs zu etablieren und prekäre Interaktionen unter den Erwachsenen zu vermeiden oder zu beseitigen.

Lehrer stehen in besonderer Weise für die Anforderungen der Schule an die SchülerInnen und entscheiden – v. a. in den Augen der SchülerInnen und Eltern – in erheblichem Ausmaß über den Schulerfolg im Einzelfall. Daran entzünden sich immer wieder Konflikte zwischen diesen beiden Akteursgruppen. Das stellt Fachkräfte Sozialer Arbeit vor die Aufgabe, bei solchen Konflikten zu vermitteln, v. a. wenn sie zu prekären Interaktionen zu werden drohen.

Dabei scheitern sie,

- wenn die LehrerInnen sie als ModeratorInnen nicht für geeignet halten, weil ihnen die Übernahme des Organisationszieles durch sie fragwürdig erscheint, sie nicht „richtig" zu Schule gehören.
- wenn die Eltern sie als VertreterInnen der Schule dem „gegnerischen Lager" zuordnen.

Hilfreich ist, die prekären Interaktionen zwischen Eltern und LehrerInnen dadurch aufzulösen, dass beide Parteien sich auf das Ziel verständigen, alles zu tun, um den SchülerInnen die Nutzung der Lernumwelt Schule zu erleichtern.

Das setzt zum einen voraus, dass die Möglichkeiten der Eltern, dies zu tun, konkret im Blick bleiben. Die Forderung an eine allein erziehende Mutter ohne eigenen Hauptschulabschluss, sie solle die Hausaufgaben aller vier Kinder sorgfältig überprüfen, ist wenig sinnvoll und nur geeignet, erneut unter Beweis zu stellen, was diese Mutter längst zu wissen meint: Ihre Lebenssituation spielt für Funktionsträger der Schule keine Rolle. Ihre Interaktionen dort versprechen keinen Nutzen.

Zum anderen setzt das voraus, dass konkrete Unterstützungen der Eltern durch die Schule auch tatsächlich möglich sind und gewährt werden. Die Einstellung, es sei allein Sache der Eltern, den Schulerfolg ihrer Kinder zu sichern, wirkt sich kontraproduktiv aus.

Der Anerkennung der spezifischen Lebenssituation der Eltern bei der Beurteilung ihrer Möglichkeiten, als Schülereltern wirksam zu werden, entspricht bei der Interaktion zwischen SchulsozialarbeiterInnen und LehrerInnen die wechselseitige Anerkennung fachlicher Kompetenz. Sie ist die Basis jeder Kooperation zwischen Professionen (vgl. 10.2) und muss im Schulkontext auf die unterschiedlichen und / oder gemeinsamen Kompetenzen und Handlungsmöglichkeiten bezogen werden, die beide Akteursgruppen haben, um ihren SchülerInnen die Nutzung der Lernumwelt Schule zu erleichtern.

Die strikte Bindung der LehrerInnen an den Lehrplan wurde in der Evaluation von beiden Berufsgruppen als hinderlich beurteilt und im Kooperationsmodell gelockert (vgl. 3.3.2.2 und 3.3.2.4, sowie 3.3.3.1 (8) und (9)). Es beeinträchtigt die Kooperation beider Professionen, wenn aus dieser Lockerung ein Konflikt entsteht, der eine Auseinandersetzung um den Umgang mit dem Lehrplan im Einzelfall blockiert. Hier wäre es – analog zur flexiblen Haltung, die im Kooperationsmodell auch bei den LehrerInnen entwickelt wurde – auf Seiten der SchulsozialarbeiterInnen erforderlich, den Lehrplan als Maßgabe des Lehrerhandelns zu kennen und grundsätzlich anzuerkennen, so dass die Lockerungen als Ausnahme sichtbar bleiben.

9.3.3 Die Lernumwelt Schule zugänglich machen

Schule ist als Interaktionssystem der Rahmen für sämtliche Interaktionen dort und kann die Entstehung prekärer Interaktionen fördern. Die Evaluationsergebnisse weisen darauf hin (vgl. 3.3.2.3 (4) und 3.3.3.1 (16)). Daher ist Schulerfolg ohne Einflussnahme aller Akteure, v. a. aber der FunktionsträgerInnen auf dieses System nicht denkbar.

Diejenigen Elemente dieses Systems, die für die Entstehung prekärer Interaktionen besonders begünstigend wirken, können SchulsozialarbeiterInnen nicht immer direkt verändern (7.1.2.5). Sie können sie aber möglicherweise neutralisieren: Der oben erwähnte Lehrplan ist ein Beispiel. SchulsozialarbeiterInnen haben in Bezug auf die Schule als Interaktionssystem die Aufgabe, Systemelemente zu identifizieren, die SchülerInnen bzw. Schulklassen die Nutzung der Lernumwelt Schule erschweren. Diese Strategie ist das Kernelement bei der Lösung schwerer sozialer Probleme und hat unter dem Begriff der Gemeinwesenarbeit einen traditionsreichen Platz unter den Strategien Sozialer Arbeit (Hinte / Karas 1989, Mohrlok et al. 1993).

Für SchulsozialarbeiterInnen hat der Begriff „Gemeinwesen" eine doppelte Bedeutung: Er meint die Schule als konkretes Interaktionssystem und das Gemeinwesen, in dem die Schule liegt.

Die Lernumwelt Schule so zugänglich zu machen, dass auch SchülerInnen sie nutzen können und wollen, die erhebliche Zweifel an ihrem Nutzen haben, steht für zwei strategische Orientierungen der Schulsozialarbeit:

a.   die Bearbeitung schwerer sozialer Probleme als Strukturprobleme von Schule
     Schwere soziale Probleme als Strukturprobleme von Schule werden als Probleme des Schullebens bzw. Folge des Schulklimas behandelt. Diese etwas vagen Begriffe täuschen darüber hinweg, dass derartige Klimaprobleme sich in ganz bestimmten prekären Interaktionen besonders augenscheinlich und wirksam realisieren, vor allem dann wenn diese Interaktionen die ganze Schule oder große Bereiche davon beeinflussen. Einen solchen Einfluss haben die Interaktionen in Lehrerkollegien. Daher kommt prekären Interaktionen dort ein besonderes Gewicht zu. Allerdings wäre eine Bearbeitung prekärer Inter-

aktionen in Lehrerkollegien durch SchulsozialarbeiterInnen problematisch. Denn ihre Position in bzw. zu den Lehrerkollegien ist ungeklärt. V. a. besteht aufseiten der SchulsozialarbeiterInnen ein Macht- bzw. Prestigedefizit gegenüber den LehrerInnen. Überdies ist eine Veränderung prekärer Interaktionen ohne Unterstützung durch unbeteiligte Dritte grundsätzlich schwierig.

Daher werden SchulsozialarbeiterInnen in Hinsicht auf prekäre Interaktionen in der Lehrerschaft ihren Beitrag dadurch leisten, dass sie versuchen, die Strategien einzelner Akteure, die in besonderer Weise zum prekären Charakter einer Interaktionsstruktur beitragen, zu neutralisieren.

Um einer Entwicklung prekärer Interaktionsstrukturen an einer Schule vorzubeugen, ist es überdies sinnvoll, wenn sich SchulsozialarbeiterInnen an Schulfesten und am Ausbau nicht-unterrichtlicher Angebote beteiligen, wo SchülerInnen Schule besonders gut für lebensweltliche Themen nutzen können.

b. die Bearbeitung schwerer sozialer Probleme als Strukturprobleme zwischen Schule und Gemeinwesen

Schulen sind unterschiedlich gut in ihren Stadtteil integriert und nehmen eher selten Einfluss auf seine Gestaltung. Vor allem Schulen, die von ihrem Stadtteil gänzlich isoliert sind, weil prekäre Interaktionen zwischen ihnen und Akteuren im Stadtteil dominieren, bieten ihren Schülern wenig Gelegenheit, die Lernumwelt Schule als Brücke in den Stadtteil zu nutzen oder umgekehrt, sich Lernangebote im Stadtteil auch im Sinne schulischen Lernens zu Nutze zu machen. Das wäre v. a. für Schüler hilfreich, deren Familien isoliert leben und viele prekäre Interaktionen nach außen hin haben.

Als Fachkräfte Sozialer Arbeit dürften Schulsozialarbeiter über gute Kompetenzen verfügen, derartige schwere Strukturprobleme zwischen Schule und Stadtteil zu bearbeiten, auch wenn ihre Position in der Schule dafür nicht viele Berechtigungen enthält. Ihre fachliche Nähe zu den Fachkräften Sozialer Arbeit, die als Akteure im Stadtteil wirken, erleichtert ihnen den Kontakt zu diesen. An diesem Punkt liegen auch ihre Möglichkeiten, an der Schnittstelle von Schule und Jugendhilfe wirksam zu werden, sodass dort prekäre Interaktionen beendet oder vermieden werden und SchülerInnen Jugendhilfemaßnahmen für eine bessere Nutzung der Lernumwelt Schule einsetzen können (vgl. Kapitel 11).

10. Schule: die organisationsbezogene Positionsbestimmung von Schulsozialarbeit

Die Position von SchulsozialarbeiterInnen im Schulwesen und in der einzelnen Schule entscheidet in erheblichem Ausmaß darüber, wie leicht es ihnen gelingt, ihren Beitrag zur Sicherung des Schulerfolges zu erbringen, falls er durch prekäre Interaktionen bedroht ist. Dies haben die AutorInnen des Konzepts des Kooperationsmodells „Schule / Jugendhilfe im Südviertel" erkannt und der Kooperation verschiedener Berufsgruppen großes Gewicht beigemessen (vgl. 3.3.3.2).

Diese Entscheidung ist ein Anknüpfungspunkt für die auf S. 25 formulierte pragmatische Setzung, Schulsozialarbeit als Profession bzw. Berufsgruppe in der Schule aufzufassen. Bei der organisationsbezogenen Positionsbestimmung von Schulsozialarbeit stellen sich damit drei Aufgaben:

1. Es muss geklärt werden, was eine Profession bzw. Berufsgruppe ist (10.1).
2. Die Interaktion von Schulsozialarbeit mit anderen Professionen in der Schule muss theoretisch gefasst werden (10.2).
3. Schließlich ist Schulsozialarbeit als Profession im Schulsystem zu skizzieren (10.3).

10.1 Profession / Beruf

Müller (2002) definiert im Anschluss an die Professionalisierungsforschung (Voß 1994: 134f) Profession als Sonderform eines Berufes, die mit besonderen Anforderungen und entsprechenden Privilegien verbunden ist. Er hat dabei, wie alle KontrahentInnen dieser Debatte, die speziellen Berufe der ÄrztInnen, RechtsanwältInnen, ApothekerInnen und PsychologInnen im Blick und spricht von Profession, „wenn die Berufstätigkeit
- besondere zentrale Bereiche menschlichen Lebens betrifft
- den persönlichen Privat- oder gar Intimbereich von anderen Menschen berührt und deshalb
- für diejenigen Personen, denen diese Berufe nützen sollen, besondere Risiken und Verletzungsgefahren einschließen." (Müller 2002, S. 727).

Da er der Auffassung ist, dass die Orientierung dieser Debatte auf berufsgruppenspezifische Privilegien zu kurz greift und auch mit dem Selbstverständnis der meisten SozialarbeiterInnen und -pädagogInnen schwer zu vereinbaren ist, stellt er die Forderung nach einem „eigenen Professionalisierungsmodell Sozialer Arbeit" (Müller 2002: 733) auf. Damit bleibt er der Kernthematik der klassischen Professionalitätsdebatte ex negativo verbunden: insbesondere was den Anspruch auf Privilegien und dessen Legitimierung angeht.

Chassé und v. Wensierski gehen einen anderen Weg. Sie kennzeichnen Soziale Arbeit als „institutionalisiertes und *professionalisiertes* (Hervorhebung durch den A.) Handlungssystem" (2002: 7). Sie benutzen den Begriff Profession als Synonym für Beruf bzw. Berufsgruppe. Damit umgehen sie die fruchtlose Debatte darum, ob Soziale Arbeit eine „echte" Profession ist oder sein soll, oder ob sie vielleicht „nur" eine Semiprofession (Müller 2002, Dewe et al. 1993) ist, und machen den Blick frei für die unbestrittene Tatsache, dass Fachkräfte Sozialer Arbeit einen Beruf ausüben, folglich eine Berufsgruppe sind. Mit dieser Tatsache sind verschiedene soziale und subjektive Merkmale jener Gruppe von Akteuren verbunden, die Soziale Arbeit machen.

Der Weg von Chassé / Wensierski (2002) hat neben der Implikation, dass Schulsozialarbeit als Spezialfall Sozialer Arbeit zu behandeln ist (vgl. 9.1), drei weitere, durch die sich eine Vorstellung von „Profession" erschließt.

a. Schulsozialarbeit als Profession meint eine spezifische Fachlichkeit, d.h. ein mehr oder weniger präzis umrissenes System von Kompetenzen (vgl. 4.2), über das FunktionsträgerInnen verfügen (müssen), die Schulsozialarbeit machen.

b. Schulsozialarbeit als Profession wird bestimmt von professionsspezifischen Zielen, die SchulsozialarbeiterInnen gegenüber den NutzerInnen und gegenüber der Organisation, in der sie arbeiten, sowie gegenüber anderen Professionen in dieser Organisation verfolgen.

c. Schulsozialarbeit als Profession ist in einem doppelten Sinne an Organisationen gebunden:

    ▪ Sie wird nur in der Organisation Schule ausgeübt und folgt daher stets den jeweiligen Organisationszielen (vgl. 5.1.1.5). Von diesen leiten die professionellen Funktionsträger die Berechtigung ab, ihre Funktion in der Organisation auszuüben. Sie ist i. d. R. im Arbeitsvertrag beschrieben.

    ▪ Die Berechtigung, Schulsozialarbeit machen zu dürfen, wird nur in Organisationen erworben. Das sind Ausbildungsorganisationen, die ihre Berufs- oder Bildungsabschlüsse nach inhaltlichen Kriterien vergeben, welche die Befähigung sicherstellen sollen, die beruflichen Anforderungen auch bewältigen zu können (vgl. die Allokationsfunktion von Schule bei Fend 2006).

Der Aspekt „Organisationsbindung" macht Profession zu einem sozialen, der Aspekt „Kompetenz" zu einem psychischen Sachverhalt.

Der *soziale Sachverhalt* meint rechtlich definierte soziale Strukturen, also Interaktionssysteme (vgl. 5.1.1.4), denen Funktionsträger aufgrund eines Berufsabschlusses angehören. Die Existenz einer Profession Schulsozialarbeit hängt allerdings nicht von der Existenz eines Berufsverbandes ab, nicht einmal davon, ob SchulsozialarbeiterInnen Arbeitsgemeinschaften bilden. Es reicht, dass es Schulsozialarbeit als System von Bedeutungen gibt, auf die sich die einzelnen FunktionsträgerInnen zur Legitimation ihres Handelns beziehen. Dies ist durch die Literatur zur Schulsozialarbeit und v. a. dadurch sichergestellt, dass Schulsozialarbeit ein Inhalt der Ausbildung zur Fachkraft Sozialer Arbeit ist. Diese Bedeutungssysteme definieren u. a. die beruflichen Interessen von SchulsozialarbeiterInnen als objektive, d. h. sozial bestimmte Interessen. Sie werden u. U. in der Literatur, der Ausbildung und der unmittelbaren beruflichen Interaktion zur sozialen Wirklichkeit. Wenn z. B. ein Schulsozialarbeiter einen Lehrer um einen Termin bittet, um ein neues Konzept von Trainingsraum abzusprechen, agiert er als Schulsozialarbeiter, realisiert Schulsozialarbeit als sozialen Sachverhalt und verfolgt die beruflichen Interessen von SchulsozialarbeiterInnen.

Diese umfassen zum einen die *materiellen Interessen* der FunktionsträgerInnen einer bestimmten Profession und zum anderen ihre *Fachlichkeit*. Die materiellen Interessen wie z. B. die Bezahlung, die Arbeitsorganisation, die Eigenständigkeit bei Arbeitsabläufen und die Berechtigungen, die der Profession in konkreten Organisationen verliehen sind, kann man unter dem Begriff „berufsständische Interessen" zusammenfassen. Sie legitimieren sich durch die *Fachlichkeit* der Profession. Diese umfasst die professionstypischen Konzepte zum Arbeitsgegenstand und die Methoden seiner Bearbeitung. Beides wird ins Feld geführt, um die Anerkennung der Profession / Berufes und ihres Nutzens zu sichern. Diese Anerkennung bildet das Herzstück sämtlicher Berufsinteressen. Sie ist an den grundsätzlichen – nicht auf Einzelfälle bezogenen – Nachweis professioneller Kompetenz gebunden. Der Begriff „professionelle *Kompetenz*" verweist auf die andere Seite von Profession, die Profession als *psychischen Sachverhalt*.

Diese Seite bezieht sich auf Kompetenzen, die jemand tatsächlich hat, und auf das Bewusstsein, einer bestimmten Profession anzugehören und über die professionstypischen Kompetenzen zu verfügen. Dieses Bewusstsein entspricht dem beruflichen Selbstbild, welches sich auf die o. g. sozialen Bedeutungen zwar bezieht, aber auch eine individuelle Note hat. Die subjektive Seite von Profession sichert, da sie das professionelle Handeln der Einzelnen steuert, den Einfluss der Profession als System von Bedeutungen in den konkreten beruflichen Interaktionen. Sie bestimmt darüber, wie ein professioneller Akteur in der Organisation seine professionsspezifischen Interessen gegenüber NutzerInnen, anderen professionellen Akteuren und gegenüber der Organisation vertritt.

Um eine Vermengung beider Aspekte des Begriffs „Profession" zu vermeiden, soll im Folgenden nur der soziale Sachverhalt als Profession bezeichnet werden, der psychische hingegen als Professionalität.

Profession und Professionalität sind mit spezifischen Ressourcen, mit unterschiedlichen Formen von Macht verbunden. Professionsmacht wird mit dem Eintritt in eine Organisation verliehen. Sie besteht in der formalen Berechtigung, ist aber nicht notwendig mit der tatsächlichen Befähigung verbunden, die verliehene Funktion auszuüben. Die Macht der Professionalität, Thibaut und Kelley sprechen von Expertenmacht (1959), beruht auf den Kompetenzen, die ein professioneller Funktionsträger tatsächlich hat und sichert die faktische Bewältigung der übertragenen Aufgaben.

Aus der Differenz zwischen Profession und Professionalität und den entsprechenden Machtformen ergeben sich spezifische Konflikte zwischen Professionen, die in einer Organisation interagieren (müssen).

10.2 Die Interaktion von Professionen: Arbeitsteilung und Machtverhältnisse

10.2.1 Interaktionen höherer Ordnung

Der Begriff „Interaktion" bezeichnet ein System von aufeinander bezogenen Handelungen einzelner Menschen (vgl. 5.1.1.1). Folgt man diesem Gedankengang, gibt es keine Interaktion zwischen Organisationen oder gar Organisationssystemen (vgl. aber Wieland 2001), so auch nicht zwischen Jugendhilfe und Schule (vgl. van Santen /Seckinger 2003). Es gibt nur Interaktionen zwischen FunktionsträgerInnen unterschiedlicher Organisationen. Eine gewagte Position in Zeiten, in denen Fragen der Kooperation – denn meist geht es um diese Sonderform von Interaktion – sich auf die Kooperation von Institutionen oder Organisationen, Staaten und Staatenbünde beziehen. Offenbar meinen AutorInnen, die von der Kooperation zwischen Staaten oder von Konflikten zwischen Organisationen sprechen, nicht das, was oben als Interaktion bezeichnet wurde.

Eine Interaktion von Organisationen wird „auf dem Papier festgelegt" als Übereinkunft zur Interaktion, und es werden Organisationsziele vereinbart, z. B. eine andere Organisation zu schädigen oder zu beseitigen. „Interaktion" meint in diesem Kontext einen Aspekt des *Organisationsziels*. Daher muss Interaktion in diesem Sinne zwar, wie Organisation überhaupt, in konkreten Interaktionen realisiert werden, sie besteht aber auch unabhängig von diesen konkreten Interaktionen, so wie jedes Organisationsziel unabhängig davon, ob es in jedem Einzelfall eingelöst wird, gültig ist.

Anders die Interaktion zwischen Akteuren: Sie existiert nur, wenn und solange die Akteure tatsächlich aufeinander bezogen handeln. *Die Absicht zu interagieren ist noch keine Interaktion.*

Um beide Begriffsverwendungen zu unterscheiden, sollte von Interaktion im ursprünglichen Sinne und von *Interaktionen höherer Ordnung* in Abgrenzung von *Interaktionen* im ursprünglichen Sinne des Begriffs gesprochen werden. Interaktionen höherer Ordnung werden durch Organisationsziele bestimmt. Sie können als Kooperation beschrieben sein, also als Kooperationsvereinbarung aufgeschrieben sein. Das schließt auf der Ebene der konkreten Interaktionen Konkurrenz oder Konflikt nicht aus. Die Akteure können miteinander konkurrieren und streiten und dabei das auf Kooperation ausgerichtete Organisationsziel bzw. die Kooperationsvereinbarung zweier oder mehrerer Organisationen boykottieren, vielleicht sogar aushebeln. Dennoch bleibt die Kooperationsvereinbarung gültig. Umgekehrt können, wenn Organisationen in Konkurrenz stehen oder sich bekämpfen, einzelne Akteure dies ignorieren und trotz gegenläufiger Vorgaben miteinander kooperieren.

10.2.2 Die soziale und subjektive Seite der Interaktion von Professionen

Sind die Interaktionen von Professionen Interaktionen höherer Ordnung oder gibt es für diesen Kontext eine weitere Bedeutung von Interaktion zu unterscheiden? Die Klärung dieser Frage ergibt sich aus dem in 10.1 skizzierten Doppelcharakter von Profession als sozialem und subjektivem bzw. psychischem Sachverhalt.

Fasst man Profession als sozialen Sachverhalt auf, so ist die Interaktion zwischen Professionen eine Interaktion höherer Ordnung. Dies ist offensichtlich in Fällen, wo Professionsorganisationen, wie Fach- oder Berufsverbände interagieren. Bei der Schulsozialarbeit und besonders im evaluierten Kooperationsmodell liegen die Verhältnisse um Nuancen anders, auch wenn es im Wesentlichen um das Gleiche geht. Im Kooperationsmodell werden die Professionen als Teilbereiche der Organisation Schule aufgefasst (vgl. 10.3). Als solche sind sie durch das Organisationsziel gehalten, miteinander zu interagieren bzw. zu kooperieren.

Die Evaluationsergebnisse zur Interaktion der Professionen (vgl. 3.3.1.2 (3); 3.3.3.1), weisen auf einen weiteren Aspekt hin, der die Interaktion von Professionen kennzeichnet: Das Bewusstsein, einer bestimmten Profession anzugehören – das entspricht dem subjektiven Aspekt von „Profession" -, beeinflusst die Akteursziele und damit auch die Interaktionsziele (vgl. Wieland o. J. S. 29f, sowie S. 38). Es gibt also analog zu „Profession" und „Professionalität" zwei Bedeutungen von „Interaktion der Professionen":

a. Professionen sind Organisationen oder (häufiger) Teilbereiche von Organisationen, und die gehen Interaktionen höherer Ordnung ein, wenn das im Organisationsziel festgelegt ist.
b. Wenn Vertreter verschiedener Professionen miteinander interagieren, beeinflusst das Bewusstsein, einer Profession anzugehören, deren Akteursziele in besonderer Weise. Dann meint z. B. der Begriff „Kooperation von Professionen", dass die Vertreter verschiedener Professionen daran interessiert sind, mit den Vertretern der jeweils anderen Professionen als solchen zu kooperieren und keine Konkurrenz bzw. keine Konflikte aufkommen zu lassen. Ein Aspekt des Interaktionsziels reflektiert die Zugehörigkeit der Akteure zu unterschiedlichen Professionen und kann dann z. B. für die Übereinkunft stehen, mit anderen Professionen zu kooperieren.

Wenn im Folgenden von der Interaktion der Professionen die Rede ist, sind beide Bedeutungen gemeint.

10.2.3 Interaktion von Professionen: Arbeitsteilung und Machtverhältnisse
Die Organisationsziele, die eine Interaktion höherer Ordnung festlegen, definieren im Falle der Kooperation eine Arbeitsteilung zwischen den interagierenden Organisationen bzw. Organisationsteilen (Wieland 2001). Dabei spielt die Unterschiedlichkeit der Professionen als Träger dieser Arbeitsteilung eine zentrale Rolle. Ihre Fachlichkeit begründet die Arbeitsteilung inhaltlich und rechtlich: Sie leisten ihren Beitrag zum Organisationsziel, weil (nur) sie diesen Beitrag leisten *können* und auch nur deshalb leisten *dürfen*.

Die Interaktion von Professionen beinhaltet spezifische Machtverhältnisse. Die rein sachliche Beschreibung einer Arbeitsteilung verführt zu der Annahme, dass die Machtverhältnisse dort ausschließlich durch die Fachlichkeit und ihren Nutzen im Sinne des Organisationszieles legitimiert werden. Bei genauem Hinsehen zeigt sich jedoch, dass neben dem Nutzen auch das Prestige ein wichtiger Machtfaktor ist. Das ist das Ansehen, welches eine Profession genießt, und das hängt keineswegs nur von deren Nutzen ab. Es hängt auch davon ab, wie gut es einer Profession gelingt, sich Prestige zu erwerben. Das wiederum setzt berufspolitische Organisation und Aktivität voraus.

10.3 Schulsozialarbeit: eine Profession in der Schule

Begreift man Schulsozialarbeit als Profession, sind drei Fragen zu ihrer Einbindung in die Organisation Schule zu klären:

- Professionen sind organisationsgebunden. In welche Organisation soll Schulsozialarbeit strukturell eingebunden sein, welchem Organisationsziel soll sie zuarbeiten?
- Die Einbindung in eine Organisation ist i. d. R. rechtlich geregelt. Welche rechtlichen Vorgaben existieren für Schulsozialarbeit, welche wären wünschenswert?
- Professionen interagieren im Kontext gegebener Machtverhältnisse. Wie sehen diese für Schulsozialarbeit aktuell aus und was wäre erstrebenswert?

Diese Fragen sollen in drei Schritten behandelt werden:

a. Skizze der Debatte über Schulsozialarbeit (10.3.1)
   Die aktuelle Debatte um die Schulsozialarbeit bezieht sich auf die Frage, ob Schulsozialarbeit strukturell der Jugendhilfe oder der Schule zugeordnet werden soll.

b. Argumente für eine mögliche Position (10.3.2)
   Das Modellprojekt bezieht Schulsozialarbeit strikt auf die Schule, bindet sie aber strukturell in Jugendhilfe ein. Welche Position lässt sich daraus und aus der bisherigen Argumentation ableiten?

c. Perspektiven dieser möglichen Position: die multiprofessionelle Schule (10.3.3)

10.3.1 Die Strukturdebatte zur Schulsozialarbeit: ein Angebot der Schule oder der Jugendhilfe?
Viele AutorInnen, die sich mit Schulsozialarbeit befassen, betrachten sie unhinterfragt als Teil (Profession) der Jugendhilfe. Sie sprechen z. B. von Schulsozialarbeit als Jugendhilfe an Schule (Drilling 2002, Vögeli-Mantovani 2005, Olk et al. 2000). Zugleich zeigt Speck (2007), der Schulsozialarbeit an der Schnittstelle zwischen Jugendhilfe und Schule verortet und sie insofern der Jugendhilfe zuordnet, dass eine erkleckliche Anzahl von Schulsozialarbeitsprojekten an den kommunalen Schulträger angebunden sind (a.a.O. S. 16ff), also organisatorisch zu Schule gehören. Die Auffassungen in dieser Frage sind also uneinheitlich.
Die Debatte bewegt sich auf drei Ebenen:

a. auf einer inhaltlichen Ebene, auf der versucht wird, die o. g. Frage anhand der Zielsetzungen beider Organisationssysteme zu beantworten

b.   auf einer formal-rechtlichen Ebene, auf der rechtliche und z. T. pragmatische Argumente zusammengetragen werden

c.   auf der Ebene der Machtverhältnisse zwischen den beiden Organisationssystemen Schule und Jugendhilfe

10.3.1.1 Inhaltliche Ebene

Speck (2007) greift eine vorherrschende Argumentationsfigur auf, wenn er die von Anfang an unterschiedlichen Zielsetzungen und historisch getrennten Entwicklungswege der beiden Systeme, Schule und Jugendhilfe, betont: Jugendhilfe hat die Integration und Unterstützung der Benachteiligten und Ausgegrenzten, Schule hingegen die Wissensvermittlung für alle Kinder und Jugendlichen im Blick. Daraus leitet er ab, dass Schulsozialarbeit schon aufgrund ihrer inhaltlichen Orientierung auf soziale Probleme unter die Organisationsziele von Jugendhilfe fällt. Er erwähnt aber, dass auch Schule, genauer: die Reformschulen seit der ersten Hälfte des 19. Jahrhunderts, die sozialen Belange ihrer SchülerInnen im Auge hatten, keineswegs auf Wissensvermittlung reduziert waren und sich auch der Themen Ausschluss und Benachteiligung kompetent annahmen. Dieser Verweis auf die Reformschulen erinnert an das Stichwort „sozialpädagogische Schule", das an verschiedenen Orten zu finden ist (vgl. Thimm 2000), und relativiert letztlich die Position von Speck, zumal derartige Schulen auch heute noch existieren und funktionieren (Röhrs 1986, Negt 2002). Die von Speck angeführte Differenz zwischen Schule und Jugendhilfe ist historisch und aktuell dominant, offenbar aber nicht alternativlos. Dies wird durch einen Blick über Deutschland hinaus bestätigt. Die o. g. Aufgabenverteilung zwischen Schule und Jugendhilfe findet sich am deutlichsten in Deutschland. Andere (europäische) Länder organisieren ihre Angebotssysteme für Kinder und Jugendliche oft schulbezogen.

10.3.1.2 Formal-rechtliche Ebene

Die Frage nach der organisatorischen Zuordnung der SchulsozialarbeiterInnen hat neben der inhaltlichen noch eine formal-rechtliche Seite. Speck (2007) stellt fest, dass diese aktuell ungeklärt ist. Denn Schulsozialarbeit wird im SGB VIII nicht erwähnt und ist deshalb rechtlich gesehen kein Bereich von Jugendhilfe (Speck 2007, Hartnuß / Maykus 2000).

In den verschiedenen Schulgesetzen ist die Sicherung des Schulerfolges durch den Unterricht – und das ist nach sämtlichen Schulgesetzen der Ort, wo der Schulerfolg „gemacht" wird –, Sache der LehrerInnen (vgl. Füssel / Münder 2005) und eine hoheitliche Aufgabe. Andere Professionen werden erwähnt, ihre Aufgaben jedoch nicht ausgeführt (vgl. z. B. SchGNRW § 58). Die Schulgesetze geben für die rechtliche Positionsbestimmung von Schulsozialarbeit derzeit nichts her.

Speck (2007) zieht aus dieser Situation den Schluss, dass das SGB VIII novelliert und der Schulsozialarbeit dort in einem neu zu schaffenden § 13a ein expliziter Platz eingeräumt werden sollte. Andererseits hält er eine Finanzierung der SchulsozialarbeiterInnen ausschließlich aus Jugendhilfemittel für unangemessen und spricht sich für Mischfinanzierungen aus. Das ist nicht konsequent, entspricht aber der uneinheitlichen Praxis in dieser Frage. Diese entspringt offenbar v. a. pragmatischen Überlegungen: Man organisiert und finanziert – ohne allzu sorgfältige Rücksicht auf rechtliche Rahmenbedingungen – Schulsozialarbeit so, wie die Bedingungen vor Ort es nahe legen. Die verbreiteten Mischfinanzierungen von Projekten der Schulsozialarbeit fördern in der Praxis der Schulsozialarbeit eine Indifferenz gegenüber der eingangs gestellten Frage, ob Schulsozialarbeit formal-rechtlich an Schule oder an Jugendhilfe anzubinden sei.

10.3.1.3 Ebene der Machtverhältnisse zwischen Schule und Jugendhilfe

Einige AutoreInnen spitzen die eingangs skizzierte inhaltliche Argumentation zu. Sie kennzeichnen Schule als eine Institution, die nicht nur gegenüber (ihren) sozialen Problemen blind ist, sondern sogar Ausgrenzung betreibt und Benachteiligung herstellt (Drilling 2002). Sie knüpfen damit an die Schulsozialarbeitsdebatte der siebziger Jahre an (Homfeldt et al. 1977 und Holthaus et al. 1980) und warnen vor einer Vereinnahmung der Schulsozialarbeit durch die von fragwürdigen Zielsetzungen gesteuerte Schule. Denn die Erfahrung hatte die SchulsozialarbeiterInnen der Bildungsreformära gelehrt, dass ihre Vorstellung von einer umfassenden Reform des Schulsystems an diesem, konkret an den LehrerInnen vor Ort scheiterte. Damals entstand bei SozialarbeiterInnen das Feindbild vom Lehrer, der, wenn überhaupt, Schulsozialarbeit „nur" als Reparaturbetrieb für SchülerInnen akzeptieren wollte, die die Schule selbst beschädigt hatte. Daraus resultierte ein Modus der Abgrenzung von Schule, den auch aktuelle AutorInnen aufgreifen: „Es geht Schulsozialarbeit nicht darum, die Lernfähigkeit von Schülerinnen und Schülern zu verbessern oder zur Schulhausentwicklung beizutragen. Dies kann allenfalls ein Nebenprodukt schularbeiterischen Wirkens sein. In erster Linie geht es um die Unterstützung der Persönlichkeitsentwicklung einer Schülerin oder eines Schülers." (Drilling 2002, S. 13).

Derartige Abgrenzungstendenzen sind in den neunziger Jahren einer eher pragmatischen Haltung von SchulsozialarbeiterInnen gegenüber Schule gewichen (Speck 2007, Thimm 2000, Olk et al. 2000). Dennoch spielen in der Debatte um Schulsozialarbeit Fragen der Machtverhältnisse zwischen Schule und Jugendhilfe eine Rolle: JugendhilfevertreterInnen fürchten eine Vereinnahmung durch Schule, Schule wünscht sich maximalen Nutzen von Schulsozialarbeit im Sinne ihrer Organisationsziele.

Ein Blick auf die Sachlage macht die neue Qualität des aktuellen Konflikts um Schulsozialarbeit deutlich: Der Ruf nach Schulsozialarbeit kommt inzwischen nicht nur von BildungsreformerInnen oder aus der Jugendhilfe. Er kommt aus der Schule selbst und das immer lauter. Immer mehr PraktikerInnen und WissenschafterInnen verorten in der Schule Probleme, die die Lehrerschaft als Hauptprofession von Schule nicht allein und aus eigener Professionalität zu lösen vermag (vgl. Baumert et al. 2002, Prenzel et al. 2007, Prenzel et al. 2008, Allmendinger / Leibfried 2005). Schule sieht sich inzwischen auch selbst als ein System, das seinen Aufgaben nicht mehr zufrieden stellend nachkommen kann. Das ist ein Merkmal von Schwäche. Zugleich ist Schule gegenüber Jugendhilfe das bei weitem größere System, das auch sehr viel mehr gesellschaftliches Interesse und öffentliche Finanzmittel bindet. Auch steht nicht unbedingt zur Debatte, die Zielsetzung von Schule von Grund auf zu verändern, wie die geringe Resonanz zeigt, die VertreterInnen der „sozialpädagogischen Schule" (vgl. Thimm 2000 und Giesecke 1996) oder Konzepte von Reformschulen in der Schulpädagogik haben.

Es geht also um Prestige und Definitionsmacht. Beide Organisationssysteme wollen die Definition „des Problems" und die Wege seiner Lösung bestimmen.

Wenn sich dabei die VertreterInnen beider Systeme auf je spezifische Weise auf die Interessen der NutzerInnen, also der SchülerInnen und ihrer Eltern, beziehen, ist Skepsis geboten. Es ist keineswegs von vorneherein klar, dass Jugendhilfe die Interessen von SchülerInnen und ihren Eltern nur deshalb schon besser wahrnimmt als Schule (vgl. Oelerich / Schaarschuch 2005), weil der Beitrag, den das Organisationssystem Schule zur Ausgrenzung und Benachteiligung von Kindern und Jugendlichen leistet, seit PISA schwer zu bestreiten ist (Baumert et al. 2001). Genauso wenig sind die Interessen der SchülerInnen und ihrer Eltern im Schulsystem schon deshalb besonders gut aufgehoben, weil dort die formalen Mitwirkungsmöglichkeiten von Eltern und SchülerInnen besser verankert sind als in der Jugendhilfe.

In diesem Kontext vertreten Braun / Wetzel (2006) mit ihren Vorstellungen von Sozialer Arbeit in der Schule eine Minderheitsposition, die in den letzten Jahren aus der oben benannten pragmatischen und grundsätzlich wohlwollenden Umgehensweise mit Schule heraus an Boden gewinnt. Die beiden Autoren setzen an den Problemen an, die Schule hat und mit denen auch ihre NutzerInnen konfrontiert sind. Sie setzen NutzerInneninteressen nicht gegen Schule ein und verorten Soziale Arbeit in der Schule, entfalten den Auftrag von Schulsozialarbeit als Antwort auf die „Krisenzonen des Schulsystems" (a.a.O. S. 15ff). Dabei bleiben sie der Jugendhilfepraxis verbunden, insofern sie die einzelnen Teilaufträge der Schulsozialarbeit nach deren Muster ausführen: Erlebnispädagogik, Soziales Lernen, Sozialpädagogische Beratung, geschlechterdemokratische Bildung und Erziehung sowie berufsbezogene Jugendbildung könnten auch Jugendhilfeaufgaben umschreiben. Die Autoren beziehen sich zugleich bei ihrer Problemanalyse auf VertreterInnen der Schulforschung. Die Machtverhältnisse zwischen Schule und Jugendhilfe spielen bei ihnen keine Rolle, wohl aber die Machtverhältnisse, in denen Schule und Jugendhilfe funktionieren.

10.3.2 Schulsozialarbeit: Eine Sache von Schule

Im Kooperationsmodell „Schule/ Jugendhilfe im Südviertel" werden die Fachkräfte Sozialer Arbeit inhaltlich auf den Schulerfolg, ein Organisationsziel von Schule, verpflichtet und arbeitsrechtlich an verschiedenen Jugendhilfeträgern angebunden. Dieser Konstruktion liegt eine Kooperationsvereinbarung zwischen sämtlichen Trägern zugrunde (vgl. auch 11.1.). Sie entspricht den praktischen Bedingungen vor Ort, nicht theoretisch motivierten Überlegungen und Systematiken: die Finanzierung des Modells war am ehesten durch das kommunale Jugendamt und sehr viel schlechter durch den kommunalen Schulträger zu realisieren. Schon die Erlaubnis, vom Regelschulbetrieb abzuweichen, war vom überörtlichen Schulträger nicht so leicht zu bekommen.

Das Kooperationsmodell ist ein Beispiel für eine Reihe ähnlich strukturierter Projekte, die die Alternative Schule oder Jugendhilfe als Ausgangspunkt der Debatte über Schulsozialarbeit aus der Praxis heraus in Frage stellen. Dennoch bleibt diese Alternative systematisch relevant, solange man Schulsozialarbeit als Profession auffasst. Dann muss nämlich die organisationsbezogene Anbindung dieser Profession geklärt werden.

Ausgehend von der normativen Festlegung von Schulsozialarbeit auf das Ziel „Sicherung des Schulerfolges" und von der inhaltsbezogenen Positionsbestimmung „Bearbeitung schwerer sozialer Probleme schulischen Lernens" wird hier die Position vertreten, dass SchulsozialarbeiterInnen in die Struktur des Schulsystems eingebunden sein sollten. Diese Position ist derzeit eine Minderheitsposition und es wird sich zeigen, welche Dynamik die hier vertretenen Argumente theoretisch, v. a. aber praktisch entfalten werden.

Mit dieser organisationsbezogenen Positionsbestimmung von Schulsozialarbeit sind vier Vorteile verbunden:

Vorteil 1

Da die Sicherung des Schulerfolges in erster Linie eine Aufgabe von Schule ist, entspricht die organisationsbezogene Einbindung von Schulsozialarbeit in das Schulsystem der oben formulierten inhaltlichen Positionsbestimmung von Schulsozialarbeit, an der Sicherung des Schulerfolges mitzuwirken. Die inhaltlichen Vorgaben für Schulsozialarbeit kommen so mit den strukturellen Vorgaben zur Deckung.

Vor dem Hintergrund der Übereinstimmung struktureller und inhaltlicher Maßgaben ist der Vorschlag von Speck (2007), in einem § 13a eine Rechtsgrundlage für Schulsozialarbeit zu schaffen, fragwürdig: Speck macht strukturelle Vorgaben für Schule, und die können nur in den Schulgesetzen geregelt werden, nicht im SGB VIII. Dort sind nur Regelungen möglich, welche der Jugendhilfe eine Kooperation mit Schule vorschreiben.

Vorteil 2

Die Einbindung der Schulsozialarbeit in das Schulsystem öffnet die Perspektive einer flächendeckenden Ausstattung von Schulen mit SchulsozialarbeiterInnen, v. a. weil diese Einbindung inhaltlich auf die soziale Seite des Lernens bezogen ist. Denn damit ist klar: schwere soziale Probleme schulischen Lernens gibt es an jeder Schule und nicht nur an solchen, die eine „ besonders problematische" Schülerschaft haben. Deshalb ist Schulsozialarbeit als Regelangebot für Schulen zu konzipieren.

Vorteil 3

Mit der Anbindung der SchulsozialarbeiterInnen an die Schule ist deren Legitimation gesichert und muss nicht in Kooperationsvereinbarungen zwischen Schule und Jugendhilfe immer wieder neu ausgehandelt werden. Zugleich ist das System Schule gezwungen, einen strukturellen Ort zu definieren, von dem aus die SchulsozialarbeiterInnen wirksam werden können. Das bietet SchulsozialarbeiterInnen und LehrerInnen einen schulinternen und insofern sicheren Rahmen für ihre Kooperation. Dies alles hilft zu verhindern, dass Schulsozialarbeit als Angebotsstruktur ein Fremdkörper in der Schule bleibt.

Vorteil 4

Innerhalb dieses Rahmens können und müssen die Machtverhältnisse zwischen LehrerInnen und SchulsozialarbeiterInnen ausgehandelt und festgelegt werden. Dabei wirkt es sich zum Vorteil für die SchulsozialarbeiterInnen aus, dass sich der Nutzen ihres Beitrages auf die Sicherung von Schulerfolg bezieht und daher seitens der Lehrer grundsätzlich problemlos anerkannt werden kann (vgl. aber 10.2.3). Die Sicherung des Schulerfolges ist der Strang, an dem beide Professionen ziehen.

Diese vier Vorteile werden nur wirksam, wenn Schule die Hindernisse beseitigen kann, die die Wirksamkeit von Schulsozialarbeit im o. g. Sinne beeinträchtigen. Es sind dies v.a. drei Hindernisse:

- Hindernis 1: die Fixierung von Schule auf die inhaltliche Seite des Lernens bzw. die Lernresultate
- Hindernis 2: die unklare strukturelle Position von SchulsozialarbeiterInnen in der Schule
- Hindernis 3: die unklare und unzureichende Finanzierung von Schulsozialarbeit im Schulsystem

1. Hindernis 1 und seine Beseitigung

   Solange entscheidende Akteure im Schulsystems nur die inhaltliche Seite des Lernens und mehr noch die Lernresultate im Blick haben und sich dabei strikt an Schulfächern orientieren, bleiben die Möglichkeiten, welche eine Profession Sozialer Arbeit dafür hat, in der Schule schwere soziale Probleme zu lösen, begrenzt. Denn die schweren sozialen Probleme schulischen Lernen werden dann nicht als Elemente des Lernens selbst betrachtet und ihre Bearbeitung kann deshalb Institutionen und Organisationen außerhalb von Schule zugeschoben werden. Ohne eine Neuorientierung der Organisation Schule auf die soziale Seite des Lernens fehlt der strukturellen Anbindung von SchulsozialarbeiterInnen an die Schule die inhaltliche Grundlage. Ohne sie ist der Beitrag, den diese Fachkräfte aufgrund ihrer Professionalität leisten können, gegenüber den fachspezifischen Lernresultaten von untergeordneter Bedeutung.

   Wenn sich das Schulsystem auf eine Arbeitsteilung unter Bezug auf die soziale Seite des Lernens einlässt und die bislang dominante Fixierung auf die fachspezifischen Inhalte zu vermittelnden Wissen aufgibt, wird die sowieso unbestrittene Tatsache auch akzeptiert, dass Lernen und Lehren soziale Prozesse sind. Diese soziale Orientierung von Schule ist nicht identisch mit dem bekannten Konzept der sozialpädagogischen Schule (vgl. Thimm 2000, Speck 2007, Giesecke 1996), weil sie sich nicht nur auf soziale Probleme von SchülerInnen und LehrerInnen bezieht, sondern auf den sozialen Charakter von Lernen überhaupt.

   Das hat Konsequenzen für die sozialen Positionen der LehrerInnen und SchulsozialarbeiterInnen auch im Verhältnis zueinander Diese können dann *formal-rechtlich* ausformuliert werden. Dazu einige Ideen:

   a. Die LehrerInnen sind die Fachleute für den Unterricht als sozialen Prozess. Das waren sie immer schon, werden darauf aber nicht vorbereitet, solange Unterricht nur von seinem Ergebnis her betrachtet und Didaktik nur als Wissensvermittlung gesehen wird. Die Stärkung dieser Seite des Lehrerprofils setzt eine entsprechende Veränderung der Lehrerausbildung voraus und verspricht wegen der damit verbundenen inhaltlichen Annäherung an die Orientierung von Fachkräften Sozialer Arbeit eine Erleichterung für die Zusammenarbeit mit ihnen.

b. SchulsozialarbeiterInnen, die schwere soziale Probleme schulischen Lernens bearbeiten, treten hinsichtlich ihrer Bedeutung für die Sicherung des Schulerfolges und damit ihres Stellenwertes für die Schule gleichrangig neben die LehrerInnen. Da liegt es nahe, sie an den hoheitlichen Aufgaben zu beteiligen, die LehrerInnen mit dem Unterrichten wahrnehmen (vgl. Füssel / Münder 2005). Das setzt voraus, den Tätigkeitsbereich der SchulsozialarbeiterInnen in den Schulgesetzen ausführlich zu definieren. Dies wiederum würde eine Grundlage für die rechtliche Bestimmung von Schulsozialarbeit und für deren Finanzierung im Schulsystem schaffen.

c. Eine Beteiligung von SchulsozialarbeiterInnen an den hoheitlichen Aufgaben der LehrerInnen lässt sich nicht nur als Machtverlust für diese sondern auch als Unterstützung für sie deuten. Denn die LehrerInnen leiden unter der tendenziellen Widersprüchlichkeit hoheitlicher und pädagogischer (sozialer) Aufgaben (Rothland 2007), die sich in ihrem z. T. engen Gestaltungsspielraum für die soziale Seite des Lernens niederschlägt. Natürlich wird damit das Machtverhältnis zwischen LehrerInnen und SchulsozialarbeiterInnen berührt: Die Unterordnung von SchulsozialarbeiterInnen wird relativiert, ohne die Sonderstellung der LehrerInnen abzubauen. Denn Schule dreht sich um Unterricht und der liegt in der Verantwortung der LehrerInnen.

d. Damit SchulsozialarbeiterInnen ihre Aufgabe wahrnehmen können, brauchen auch sie die Fähigkeit und die Bereitschaft, *in der Schule* wirksam zu sein. Dies setzt zum einen eine schulbezogene berufliche Identität voraus und zum anderen Kenntnisse über das Schulsystem, die es ihnen ermöglichen, Schule als Organisation zu nutzen (vgl. 7.2.1.4). Beides sollte im Rahmen einer spezialisierten Ausbildung erworben werden.

2. Hindernis 2 und seine Beseitigung
Mit der Forderung nach einer Einbindung von SchulsozialarbeiterInnen in die Schule ist noch nicht gesagt, wie diese genau aussehen soll. Es sind drei Aspekte zu klären:

a. die Gestaltung der Arbeitsteilung zwischen LehrerInnen und SchulsozialarbeiterInnen

b. die Regelung der professionsinternen Kooperation

175

c. die Zuordnung der SchulsozialarbeiterInnen zur Schulstruktur

ad (a)

In der Literatur finden sich Hinweise darauf, dass die Arbeitsteilung zwischen LehrerInnen und SchulsozialpädagogInnen von Misstrauen und dem Bemühen gekennzeichnet ist, gegenüber der anderen Profession einen eigenständigen Tätigkeitsbereich zu sichern (vgl. Olk et al. 2000 und Vogel 2006). Dies beeinträchtigt die Wirksamkeit sämtlicher Beiträge zum Kooperationsziel. Im Kooperationsmodell war das anders. Hier gab es nur im BUS-Projekt Vorgaben darüber, wie die Arbeitsteilung zwischen den Professionen zu gestalten sei. Im ProB-Projekt entwickelte sich ohne derartige Vorgaben eine unkonventionelle Arbeitsteilung: der Sozialpädagoge übernahm unterrichtliche Funktionen (vgl. S. 46), die psychosozialen Angebote an die Eltern teilten sich Lehrerin und Sozialpädagoge auf.

Formale Vorgaben über professionsbezogene Zuständigkeiten sind offenbar nicht unbedingt erforderlich, solange die konkreten FunktionsträgerInnen ihre – auch professionsspezifischen – Kompetenzen im Sinne der Organisationsziele einbringen. Der Erfolg des Kooperationsmodells hängt nicht an der möglichst präzisen Beschreibung der Zuständigkeiten der verschiedenen Professionen, sondern daran, dass die FunktionsträgerInnen ihre Arbeitsteilung aushandeln und sich dabei auf ihre professionsspezifischen und ihre persönlichen Kompetenzen ebenso beziehen wie auf die Organisationsziele. In diesem Sinne ist die inhaltliche Positionsbestimmung von Schulsozialarbeit nicht als ausschließliche Zuständigkeit für prekäre Interaktionen im Lernkontext zu handhaben sondern als Aufgabenschwerpunkt der SchulsozialarbeiterInnen.

Diese im Kooperationsmodell praktizierte Form der Arbeitsteilung ist aufgrund zweier Umstände möglich:

(1) Die FunktionsträgerInnen sind sich ihrer Professionalität bewusst und sind bereit und auch in der Lage, Aufgaben zu übernehmen, die am Rande der eigenen Profession liegen oder auch jenseits davon. Das setzt voraus, dass die Arbeit weitestgehend vom Organisationsziel und seinen Teilzielen bestimmt und dass diese Ziele allen bewusst und wichtig sind. Dann haben Themen professionsspezifischen Prestiges einen geringeren Stellenwert. Dafür ist es von Vorteil, wenn die Professionen formal gleichberechtigt sind und z. B. nicht nur die LehrerInnen hoheitliche Aufgaben wahrnehmen dürfen bzw. müssen (vgl. oben).

(2) Es stehen Zeiträume für die vermehrt erforderlichen Absprachen zwischen den Professionen und innerhalb der Professionen zur Verfügung. Das Fehlen

solcher Zeiträume ist in der Evaluation des Modellprojektes als ein großes Hindernis für die Sicherung bedrohten Schulerfolges herausgestellt worden (vgl. S. 57). Arbeitsteilung, wenn sie kooperativ gestaltet sein soll, braucht Zeit für Absprachen und kommt mit den üblichen Gesprächen zwischen Tür und Angel nicht aus. Das bedeutet einen erheblichen Eingriff in die üblichen Organisationsroutinen von Schule, die z. B. neben den Lehrerkonferenzen nur wenige Zeiträume für Absprachen explizit vorsehen (vgl. Köhler / Krammling-Jöhrens 2000, Bambach 1994).

ad (b)

Berufliche Identität und die entsprechende Schärfung der eigenen Professionalität sind eine entscheidende Voraussetzung dafür, dass eine Arbeitsteilung praktiziert wird, wie oben skizziert. Nur wer weiß, wo seine Stärken und Aufgaben liegen, kann sich auf neue und fremde Gebiete wagen, wenn das aktuell erforderlich ist, ohne Konflikte mit Angehörigen anderer Professionen zu riskieren. Eine solche kooperationsfreundliche Schärfung der eigenen Professionalität ist ihrerseits von einem intensiven Austausch innerhalb einer Profession abhängig. Wenn und weil häufig nur eine Fachkraft Sozialer Arbeit an einer Schule arbeitet, besteht diese Problemlösemöglichkeit oft nicht. Abhilfe ist nur möglich, wenn auf schulübergreifende Kontexte zurückgegriffen werden kann. Das setzt entsprechende schulübergreifende Strukturen voraus, wie sie derzeit höchstens informell bestehen.

ad (c)

Die strukturelle Einordnung in das Schulsystem ist mit der Frage nach der Einordnung in die Schulhierarchie verbunden. Eine Zuordnung der SchulsozialarbeiterInnen zum Schulleiter / zur Schulleiterin wird, weil die i. d. R. fachfremd sind, als problematisch gesehen (Speck 2007). Eine Lösung könnte in der Umgestaltung der Schulleitung hin zu einem Leitungsteam bestehen, zu dem auch ein(e) SchulsozialarbeiterIn gehören kann. Das legt wiederum analoge Strukturen auf der Ebene der Schulträger nahe. In Schulen mit nur einer Fachkraft Sozialer Arbeit besteht –wie unter (b) ausgeführt – die Möglichkeit, das Problem durch schulübergreifende Strukturen zu lösen.

3. Hindernis 3 und seine Beseitigung

Mit der Anbindung von SchulsozialarbeiterInnen an die Schule wird deren Finanzierung dem Schulsystem übertragen. Dieses verfügt weder über klare Routinen, um eine solche Finanzierung zu gewährleisten, noch bestehen Standards zur Ausstattung von Schulen mit SchulsozialarbeiterInnen. Es ist daher zu befürchten, dass die Vorteile, die eine flächendeckende Ausstattung der Schulen mit SchulsozialarbeiterInnen mit sich bringt, nicht ausgeschöpft werden. Daher muss die flächendeckende Einbindung von SchulsozialarbeiterInnen ins Schulsystem durch Bedarfsermittlungen vorbereitet sein, die die unterschiedlichen Bedingungen an den Schulen berücksichtigen und eine entsprechende Ausstattung mit SchulsozialarbeiterInnen quantitativ festlegen.

Die Implikationen, die eine strukturelle Anbindung von Schulsozialarbeit an das Schulsystem haben sollte, damit sich die erwünschten Effekte einstellen und der Schulerfolg besser als bisher gesichert werden kann, sind enorm und kaum ein Programm für nur die nächsten fünf Jahre. Dennoch kann die Orientierung auf eine Einbindung der Schulsozialarbeit in das Schulsystem auch jetzt schon Wirkung entfalten, insofern sie die inhaltliche Orientierung der SchulsozialarbeiterInnen auf die Sicherung des Schulerfolgs festschreibt. Diese bedeutet eine *inhaltliche* Neuausrichtung der Profession und kann von den SchulsozialarbeiterInnen selbst umgesetzt werden.

Ob sie dann auch im Sinne einer strukturellen Anbindung an die Schule wirksam wird, hängt von den politischen und fiskalischen Rahmenbedingungen der nächsten Jahre ab. Denn anders als die inhaltliche Positionsbestimmung von Schulsozialarbeit ist ihre strukturelle Positionsbestimmung im Kontext dieser Argumentation eine Frage der Schul- und Bildungspolitik, nicht der Jugendhilfepolitik. Die aber wird nur in geringem Ausmaß von Fachkräften Sozialer Arbeit gemacht. Das ist ein Problem.

10.3.3 Schulsozialarbeit in einer multiprofessionellen Schule
Die bis hierher entfalteten Überlegungen zur Positionsbestimmung von Schulsozialarbeit sehen die Profession grundsätzlich in der Interaktion mit anderen Professionen, in erster Linie mit LehrerInnen. Im Kooperationsmodell Schule / Jugendhilfe im Südviertel gibt es diese Interaktionen auch mit anderen Professionen, so mit den im Übermittagsbereich tätigen ErzieherInnen oder mit dem im Beirat der TrägervertreterInnen mitwirkenden Schulpsychologen, der den MitarbeiterInnen für Beratung und Fortbildung zur Verfügung steht (vgl. S. 20).

Es liegt also nahe, die Positionsbestimmung von Schulsozialarbeit in ein Konzept für eine multiprofessionelle Schule einzubetten. Dieses Konzept beinhaltet folgende Grundsätze:

- Die verschiedenen Professionen einer Schule richten sich und damit auch ihre Kooperation am Ziel aus, den Schulerfolg aller SchülerInnen zu sichern, d. h. sie darin zu unterstützen, Schule als Lernumwelt zu nutzen.
- Die verschiedenen Professionen einer Schule haben einen strukturellen Platz im Schulsystem, der ihnen eine optimale Erbringung ihres Beitrages zu diesem Ziel ermöglicht.
- Hinsichtlich ihrer Beiträge zur Sicherung des Schulerfolges unterscheiden sich die verschiedenen Professionen voneinander und gleichzeitig ergänzen sie sich.

Jede Unterstützung von SchülerInnen, die Lernumwelt Schule zu nutzen, ist eine Interaktion mit ihnen. Auf diese beziehen sich die spezifischen Beiträge unterschiedlicher Professionen in der multiprofessionellen Schule:

1. Interaktionen im Hinblick auf Lerninhalte sind unbestrittene Domäne von *LehrerInnen*, v. a. wenn es sich um curriculare Inhalte handelt.
2. Andere Inhalte, wie der Erwerb handwerklicher, musischer, sozialer oder sportlicher Kompetenzen, können auch die Sache anderer Fachleute sein, z. B. von *HandwerkerInnen, KünstlerInnen, SportlerInnen und natürlich von SchulsozialarbeiterInnen*.
3. Die Gestaltung der sozialen Seite des Lernens ist, v.a. wenn es um unterrichtliche Interaktionen geht, Aufgabe der *LehrerInnen*. Sie können dabei von *SchulsozialarbeiterInnen* unterstützt werden. Diese sind insbesondere dann am Zuge, wenn schwere soziale Probleme im Lernkontext auftreten.
4. Für außerunterrichtliche Interaktionen, v. a. im Ganztagsbetrieb haben sich *ErzieherInnen und SchulsozialarbeiterInnen* bewährt. Letztere sind v. a. dann unverzichtbar, wenn es um schwere soziale Probleme geht. Andere Themen werden dagegen auch von anderen Fachleuten, z. B. LehrerInnen, vertreten.
5. Die subjektive Seite der Interaktionen, d. h. alles was sich um die Schüleridentität und die schulbezogenen Motive gruppiert, ist in erster Linie Ansatzpunkt für *PsychologInnen*. Fragen, die den Körper und die Gesundheit betreffen, sind Sache von *MedizinerInnen bzw. Pflegefachkräften sowie Ernährungsfachleuten*.

Diese Aufzählung ist allenfalls ein roher Entwurf für den Ansatz der multiprofessionellen Schule, in der auch Schulsozialarbeit ihren Platz hat. Sie ist als Denkanregung gemeint, die immerhin schon, v. a. im Bereich der Reformschulen, auf bestehende Projekte verweisen kann, die den Gedanken der multiprofessionellen Schule ausdrücklich oder implizit verwirklichen.

11. Schulsozialarbeit und die Kooperation von Schule und Jugendhilfe

Wenn man Schulsozialarbeit, betraut mit der Aufgabe, schwere soziale Probleme schulischen Lernens zu bearbeiten, um den Schulerfolg zu sichern, wo er bedroht ist, dem Schulsystem zuordnet und sie nicht mehr als Jugendhilfe in der Schule definiert, dann stellt sich die Frage nach ihrem Beitrag in der Kooperation von Schule und Jugendhilfe. Diese Kooperation behält ihre Bedeutung und ist zu skizzieren (11.1), bevor der Stellenwert der Schulsozialarbeit darin umrissen werden kann (11.2).

11.1 Die Kooperation von Schule und Jugendhilfe

Die Kooperation von Schule und Jugendhilfe ist eine Interaktion höherer Ordnung (vgl. 10.2, S. 159) und findet zwischen einer konkreten Schule und einer oder mehrerer Organisationen der Jugendhilfe statt. Sie wird durch z. T. schriftlich fixierte Kooperationsvereinbarungen gesteuert. Das Kooperationsmodell Schule / Jugendhilfe im Südviertel ist ein gutes Beispiel für eine solche Interaktion.

Die Organisationssysteme Schule und Jugendhilfe folgen unterschiedlichen Zielen: Die Schule ist v. a. für Bildung und Erziehung zuständig sowie für die Zuweisung von Schülerinnen und Schülern zu verschiedenen Berufskarrieren (vgl. Fend 1980, 2006; Thimm 2000). Sie erfasst alle Heranwachsenden.

Die Jugendhilfe soll Sozialisation im Sinne einer Kompensation ungleicher Chancen fördern und sie in den Fällen sichern, wo sie bedroht ist (§ 1 Abs. 3 SGB VIII). Sie bezieht sich auf Heranwachsende, deren Wohl gefährdet ist (§§ 14, 42, 43 SGB VIII, v. a. im Zusammenhang mit §1666 BGB) und sie macht Angebote zur Sicherung und Förderung der Sozialisation, deren Annahme durch Eltern und Heranwachsende mehr oder weniger freiwillig erfolgt. Im Kontext der Kompensation ungleicher Sozialisationschancen spielen in Bezug auf den Bildungsaspekt von Sozialisation die außerschulische Bildungsarbeit (§ 11 Abs. 3 SGB VIII) und die Jugendsozialarbeit (§ 13 SGB VIII) eine besondere Rolle.

Die Ziele von Schule und Jugendhilfe haben folglich einen gemeinsamen Bezugspunkt: die Sozialisation Heranwachsender. Dieser gemeinsame Bezugspunkt ist die Grundlage sämtlicher Kooperationsvereinbarungen zwischen Jugendhilfe und Schule. Er begründet zwei unterschiedliche Kooperationsqualitäten, eine rechtsverbindliche und eine optionale:

a. Der Schulerfolg ist ein wichtiger Aspekt gelungener Sozialisation. Jugendhilfe und Schule sind zu seiner Sicherung aufeinander angewiesen.

b.   Jugendhilfe und Schule haben beide einen Bildungsauftrag und fördern auf
diese Weise, jede nach besonderen Maßgaben, die Sozialisation. Durch eine
Kooperation können sie die Qualität ihrer Leistungen verbessern.

11.1.1 Die Sicherung des Schulerfolges

Jugendhilfe und Schule sind aufeinander angewiesen, wenn es um die Sicherung des
Schulerfolges geht. Diese obliegt in erster Linie der Schule. Sie setzt nämlich den in
Art. 7 GG gewährleisteten Bildungsanspruch in erster Linie um (vgl. Füssel / Mün-
der 2005), indem sie Unterricht organisiert. Schulerfolg wird auf der Ebene der
Schulgesetze in den Ländern an den Unterricht in der Regelschule gebunden.

Die Jugendhilfe tritt erst ein, wenn der Schulerfolg aufgrund *sozialer Benachteili-
gungen* oder *individueller Beeinträchtigungen* (vgl. § 13 Abs. 1 SGB VIII) bedroht ist, oder
wenn sie die Funktion der Eltern, ihren Beitrag zur Sicherung des Schulerfolges zu
leisten, ersetzen oder stützen muss (vgl. §§ 27 ff). Die Risiken für den Schulerfolg,
für deren Bewältigung die Jugendhilfe Angebote bereithalten muss, liegen nach
dieser Sicht der Dinge in sozialen Verhältnissen außerhalb von Schule. Die schulinternen Risikofaktoren spielen lt. SGB VIII keine Rolle und gehören insofern nicht
zu den Aufgaben von Jugendhilfe.

Damit ist die Kooperation zwischen Jugendhilfe und Schule für beide zwingend erforderlich: jedes System ist auf das andere angewiesen, wenn es die Funktionen erfüllen will, derentwegen es besteht (vgl. Wieland 2001). Wenn Jugendhilfe
nach § 13 Abs. 3 SGB VIII eintritt, braucht sie den Kontakt zur Schule, die den
Schulerfolg definiert. Wenn Schule den in § 13 Abs. 1 SGB VIII definierten Fall als
gegeben sieht oder mit Eltern konfrontiert ist, die ihre elterlichen Funktionen nicht
oder nur mithilfe von Fachleuten der Jugendhilfe ausüben, braucht sie den Kontakt
zur Jugendhilfe, die entsprechende Hilfen einleitet bzw. gewährt. Damit ist eine
Grundlage für Kooperationsvereinbarungen beschrieben, welche die Ziele, denen
die Kooperationspartner jeweils für sich folgen, ebenso unberührt lässt wie die
systemspezifischen Mittel und Wege ihrer Verwirklichung. Erforderlich ist für eine
derartige Kooperation nur, dass beide Partner, bzw. deren VertreterInnen die relevanten Ziele und Programmaspekte wechselseitig kennen und bereit sind, die Kooperation durch konkrete Interaktionen auch zu vollziehen: SchulpädagogInnen
sollten rudimentäre Vorstellungen davon haben, wie Jugendhilfe funktioniert und
den Kontakt zu ihren Fachkräften aufnehmen; Fachkräfte der Jugendhilfe sollten
Schule kennen, und das nicht nur aus der Schüler- oder Elternperspektive, und
bereit sein, in ihrer Eigenschaft als Funktionsträger mit LehrerInnen zu interagieren.
Von einer Veränderung von Schule oder Jugendhilfe durch diese Kooperation ist in
dem Kontext keine Rede.

Genau das aber ist ein Hauptkritikpunkt der Jugendhilfe an Schule (vgl. Olk et al. 2000, Thimm 2000, Drilling 2002, Vogel 2006), der als Forderung nach einer Kooperation auf gleicher Augenhöhe daher kommt. Es geht den AutorInnen keineswegs einfach um den Beitrag, den Jugendhilfe zur Sicherung des Schulerfolges leisten könnte, sondern es geht ihnen darum, Schule dazu zu bringen, sich zu verändern und dadurch den Schulerfolg besser zu sichern als bisher. Das ist aber keine Motivation für eine Kooperation, sondern ein an einen potentiellen Interaktionspartner gerichtetes Anliegen. Nicht dass die Kritik, die in diesem Rahmen inhaltlich vorgebracht wird, haltlos ist. Sie wird aber im falschen Kontext formuliert. Solange Jugendhilfeeinrichtungen tun, was ihnen das SGB VIII vorschreibt, bleiben Konflikte zur Schule auf Einzelfälle beschränkt: man kommt nicht zu konkreten Fallabsprachen, die Informationen fließen nicht optimal u.ä.. Wenn man aber versucht, einander vorzuschreiben, wie die gemeinsame Sache anzufassen wäre, ist die Kooperation als solche bedroht, entsteht ein Problem auf der Ebene der interagierenden Systeme. Denn dann wird die Fachlichkeit des Partners infrage gestellt. In dieser Hinsicht liegen die Kritik einer Lehrerin an einer Mitarbeiterin des Jugendamtes, sie setze die Familie zu wenig unter Druck und sei uneffektiv, weil der Sohn nach wie vor Ärger im Unterricht mache, und die Kritik der Sozialpädagogin einer Einrichtung stationärer Jugendhilfe, der Lehrer überfordere den Jugendlichen und stelle ihn im Unterricht mit seinem Unwissen bloß, auf einer Ebene. Denn Interaktionen höherer Ordnung werden nur dann optimal umgesetzt, wenn die FunktionsträgerInnen ihre Fachlichkeit wechselseitig anerkennen (vgl. Wieland 2001).

11.1.2 Zwei Bildungsaufträge

Bildung bzw. Unterricht als Bildungsmittel, ist das Kerngeschäft von Schule. Die Frage, wie Bildung inhaltlich definiert, wie sie organisiert und konkret gestaltet werden soll, ist deshalb eine Kernfrage der Schulpädagogik.

Bildung ist nach § 11 SGB VIII aber auch eine Aufgabe von Jugendhilfe, freilich mit der Spezifikation, dass sie „außerschulisch" erfolgt. Darin kann man mit gutem Grund eine Nachrangigkeit des Bildungsauftrages der Jugendhilfe gegenüber dem Bildungsauftrag von Schule vermuten. Er wird in Abgrenzung vom schulischen Bildungsauftrag bestimmt, gewissermaßen als Restmenge. Die außerschulische Bildung wird vom Staat auch nicht annäherungsweise in dem Maße gefördert und geregelt, wie die schulische.

Mit einem, wie auch immer inhaltlich beschriebenen „gemeinsamen" Bildungsauftrag ist eine Kooperationsmöglichkeit gegeben, die aus einer Bestimmung von Bildung abgeleitet werden kann, die nicht nur schulische Bildung und schon gar nicht nur die Inhalte von Lehrplänen umfasst (vgl. Kapitel 5 und 7.2.4). Der gemeinsame Bildungsauftrag begründet eine Kooperationsmöglichkeit, keine Kooperationsverpflichtung. Je nach dem, wie Bildung, schulische und außerschulische, gefasst wird, sind gemeinsam zu verfolgende Ziele denkbar und es können entsprechende Kooperationsvereinbarungen ausgehandelt werden. Tatsächlich findet dergleichen in Ganztagsschulen statt, wo Träger der Jugendhilfe schulische Ressourcen nutzen, um Bildungsangebote zu machen, die traditionell als außerschulisch bezeichnet werden, die aber nunmehr in der Schule stattfinden. Ob sie damit zu einem Bestandteil des schulischen Bildungsauftrages werden oder ob sie einem gemeinsamen Bildungsauftrag zuzurechnen sind, bleibt offen. Es geht um Sportangebote, Theaterspiel oder um Projekte zur Stadtteilerkundung u. ä. Die KooperationspartnerInnen müssen derartige Kooperationsvereinbarungen daraufhin prüfen, ob sie mit ihren Organisationszielen vereinbar sind. An dieser Stelle melden einige VertreterInnen der Jugendarbeit höchst relevante Bedenken an, weil sie Spezifika ihres Jugendhilfeangebotes bedroht sehen, wenn ihr spezifisches Bildungsangebot in den ganz anders strukturierten Schulkontext eingepasst wird oder sogar schulischen Zielsetzungen untergeordnet wird.

11.2 Der Beitrag der Schulsozialarbeit für die Kooperation von Schule und Jugendhilfe

Mit der in den Kapiteln 8-10 entfalteten Positionsbestimmung von Schulsozialarbeit ist für die Interaktion zwischen Schule und Jugendhilfe verbunden,

a.   dass Schulsozialarbeit nicht als Jugendhilfe in der Schule agiert. Sie muss nicht die jugendhilfetypischen Organisationsziele in der Interaktion mit LehrerInnen vertreten. Das müssen z. B. VertreterInnen des Jugendamtes tun, die an bestimmten Tagen in der Woche an einer Schule präsent und für LehrerInnen wie SchülerInnen ansprechbar sind. Gleiches gilt für VertreterInnen anderer Professionen, wie etwa TheaterpädagogInnen, die im Auftrage ihres Jugendhilfeträgers im Ganztagsbetrieb ihre spezifischen Angebote machen.

b.   dass Schulsozialarbeit in der Interaktion mit Jugendhilfe die Organisationsziele von Schule vertritt.

Das kann sie gut, aus mindestens drei Gründen:

1.   SchulsozialarbeiterInnen verstehen die KollegInnen aus der Jugendhilfe besser als ihre LehrerkollegInnen das tun, weil ihre Fachlichkeiten, bzw. Fachsprachen ähnlich sind und die Problembestimmungen sowie Zielsetzungen ähnlichen theoretischen Vorgaben folgen.

2. SchulsozialarbeiterInnen können die Organisationsziele von Schule, die Organisationsprogramme, die formalen Verfahren u. ä. ihren KollegInnen aus der Jugendhilfe leichter nahe bringen als dies LehrerInnen i. d. R. könnten. Sie kennen die Anlässe für Irritation, können in Konflikten mit LehrerInnen vermitteln, wenn diese aus der unterschiedlichen Fachlichkeit entstanden sind.

3. SchulsozialarbeiterInnen wissen mehr über Jugendhilfe als ihre LehrerkollegInnen und können Jugendhilfe deshalb auch besser im Interesse von Schule nutzen.

Es ist demnach ganz im Sinne der Schule, die SchulsozialarbeiterInnen in besonderer Weise mit der Gestaltung der Interaktion von Schule und Jugendhilfe zu beauftragen. Es ist im Sinne der SchulsozialarbeiterInnen als Profession, diese Aufgabe zu übernehmen und ihre Fachlichkeit in dieser Richtung zu schärfen: als Fachleute der Schule für die Jugendhilfe. Es ist im Sinne der Jugendhilfe, wenn sie bei der Interaktion mit Schule auf Fachlichkeiten stößt, denen ihre Zielsetzungen und Strategien vertraut sind – v. a. ist es im Sinne von Eltern und SchülerInnen. Für sie ist Jugendhilfe nicht unbedingt ein Organisationssystem, das zu nutzen ihnen nahe liegt. Die Zugangsschwellen sind z. B. im Bereich erzieherischer Hilfen recht hoch. Jugendhilfe in Anspruch zu nehmen, ist schambesetzt oder erscheint gefährlich. Evtl. gibt es im konkreten Fall negative Erfahrungen mit Einrichtungen der Jugendhilfe und die Bereitschaft, es erneut zu versuchen, kann nur dann geweckt werden, wenn dafür eine Unterstützung zur Seite steht. Diese Unterstützung können SchulsozialarbeiterInnen leisten und so zu Türöffnern werden für die Fachkräfte der Jugendhilfe, die ihren Teil zur Sicherung des Schulerfolges beitragen wollen.

Eine vergleichbare Brückenfunktion wie bei der Sicherung des Schulerfolges können SchulsozialarbeiterInnen im Kontext eines gemeinsamen Bildungsauftrages wahrnehmen. Denn sie können Bildungsangebote der Jugendhilfe, die diese in der Schule anbietet, an Schulstrukturen anpassen. Wichtiger noch als diese organisationsbezogene Hilfe ist, dass SchulsozialarbeiterInnen den Blick der FunktionsträgerInnen in der Schule für Bildungsangebote öffnen können, die nicht eng an die Lehrpläne und nicht an Unterricht gebunden sind. Dies ist auf drei Ebenen denkbar:

a. Das Thema kann ins Schulprogramm aufgenommen werden und damit zu einem Fachthema zwischen den Professionen an der Schule werden.

b. Die SchulsozialarbeiterInnen können selbst außerunterrichtliche Bildungsangebote machen, z.B. zu sozialem Lernen oder Sexualität und damit eine bestimmte Art solcher Angebote, nämlich die mit einem Schwerpunkt im Sozialen, an der Schule verankern.

c. Sie können die FunktionsträgerInnen an der Schule in Kontakt bringen mit Bildungsangeboten außerhalb der Schule, z. B. aus dem Stadtteil. Damit lässt sich eine Öffnung von Schule hin zum Stadtteil begünstigen, die der Schule zusätzliche Ressourcen erschließt und die Jugendhilfe einlädt, auf „neutralem Boden" Interaktionsmöglichkeiten mit der Schule zu entwickeln, die für die Kinder, Jugendlichen und Eltern neue Nutzungen bereithalten.

Literatur

Aebli, H. (Hrg.) (1969): Ergebnisse der sowjetischen Psychologie. Stuttgart: Klett

Ainsworth, M. (1968): Object relations, dependancy and attachment: a theoretical review of the infant-.mother relationship. In: Child Development, 40: 969-1025

AK-Südviertel (o. J.): Kooperationsmodell Schule-Jugendhilfe im Südviertel. Münster

Allmendiger, J. / Leibfried, S. (2005): Bildungsarmut. In: Opielka (Hrg.) (2005): 45-60

Arbeitsgruppe Bielefelder Soziologen (Hrg.)(1973): Alltagswissen, Interaktion und gesellschaftliche Wirklichkeit. Reinbek: Rowohlt

Argyle, M. (1975): Soziale Interaktion. Köln

Bambach, H. (1994): Ermutigungen. Nicht Zensuren. Ein Plädoyer in Beispielen. Lengwil: Libelle-Verlag

Baumert, J. / Klieme, E. / Prenzel, M. / Schiefele, U. / Schneider, W. / Stanat, P. / Tillmann, J. / Weiss, M. (Hrg.) (2001): PISA 2000. Basiskompetenzen von Schülerinnen und Schülern im internationalen Vergleich. Opladen: Leske&Budrich

Blömeke, S. / Eichler, D. / Müller, Ch. (2003): Rekonstruktion kognitiver Strukturen von Lehrpersonen als Herausforderung für die empirische Unterrichtsforschung. In: Unterrichtswissenschaft 31. Heft 2

Böttcher, W. / Holtappels, H.G.,/ Brohm, M. (2006): Evaluation im Bildungswesen Weinheim/München: Juventa

Böhnisch, L. (1999): Abweichendes Verhalten. Weinheim München: Juventa

Bornschier, V. (Hrg.)(1991): Das Ende der sozialen Schichtung? Zürcher Arbeiten zur gesellschaftlichen Konstruktion von sozialer Lage und Bewusstsein in der westlichen Zentrumsgesellschaft. Zürich: Seismo

Bowlby, J. (2002); Bindung: Historische Wurzeln, theoretische Konzepte und klinische Relevanz. In: Spangler / Zimmermann (Hrg.) (2002): 17-26

Braun, K.-H. (2004): Raumentwicklung als Aneignungsprozess. In: Deinet / Reutlinger (2004): S. 19 – 48

Braun, K.-H. / Wetzel, K. (2006): Soziale Arbeit in der Schule. München und Basel: Ernst Reinhardt

Breidenstein, G. (2006): Teilnahme am Unterricht. Ethnografische Studien zum Schülerjob. Wiesbaden: VS Verlag für Sozialwissenschaften

Bromme, R./ Hömberg, E. (1977).:Psychologie und Heuristik. Darmstadt

Bromme, R. / Hömberg, E. (1981): Die andere Hälfte des Arbeitstages. Institut für Didaktik der Mathematik der Univ. Bielefeld. Bd. 25

Burkard, Ch. / Eikenbusch, G. (2000) Praxishandbuch Evaluation in der Schule. Berlin

BUS-Projekt (o. J.): BUS-Projekt der Geistschule Förderklasse im letzten Pflichtschuljahr. Münster o.J.

Chassé, K. / v. Wensierski, H.-J.(2002): Praxisfelder der Sozialen Arbeit, Weinheim

Cicourel, A. (1973): Basisregeln und normative regeln im Prozess des Aushandelns von Status und Rolle. In: Arbeitsgruppe Bielefelder Soziologen (1973). : S. 147 – 188

Crozier, M. / Friedberg, E. (1993): Die Zwänge kollektiven Handelns. Über Macht und Organisation. Frankfurt/ M. : Verlag Anton Hain

Deinet, U. / Reutlinger, Ch. (Hrg.) (2004): „Aneignung" als Konzept der Sozialpädagogik. Wiesbaden: VS Verlag für Sozialwissenschaften

Dewe, B. / Ferchhoff, W./ Scherr, A. / Stüwe, G.(1993): Professionelles soziales Handeln. Weinheim München: Juventa

Dreikurs, R.. (2003): Disziplinprobleme. Weinheim

Dolic, R. / Schaarschuch, A. (2005): Strategien der Nutzung sozialpädagogischer Angebote. In: Oelerich / Schaarschuch (2005): 99 – 116

Drilling, M. (2002): Schulsozialarbeit. Bern

Ebbinghaus, H. (1885): Über das Gedächtnis. Leipzig

Erikson, E. (1988): Jugend und Krise. Die Psychodynamik im sozialen Wandel. Stuttgart: Klett-Cotta

Erler, M. (1994): Soziale Arbeit. Weinheim u. München: Juventa

Fend, H. (1980): Theorie der Schule. München: Urban und Schwarzenberg

Fend, H. (1997): Der Umgang mit Schule in der Adoleszenz. Aufbau und Verlust von Lernmotivation, Selbstachtung und Empathie. Bern

Fend, H. (2006): Neue Theorie der Schule. Wiesbaden: VS Verlag für Sozialwissenschaften

Fenner, D. (2007): Das gute Leben. Berlin: de Gruyter

Flammer, A. (1990): Erfahrung der eigenen Wirksamkeit. Bern

Flanders, N. A. (1970): Analyzing Teaching Behavior. Massachusets 1970

Foppa, K. (1965): Lernen, Gedächtnis, Verhalten . Köln: Kiepenheuer und Witsch

Fremmer-Bombik, E. (2002): Innere Arbeitsmodelle von Bindung. In: Spangler / Zimmermann (Hrg.)(2002): 109-119

Frey, D. / Jonas, E. / Frank, E. / Greve, W. (2000): Das Wissen über sich selbst im eigenen Handeln nutzen. In: Greve (Hrg.)(2000): 338-358

Friebertshäuser,B./ Prengel, A. (2003): Handbuch Qualitative Forschungsmethoden in der Erziehungswissenschaft. Weinheim und München: Juventa

Friedlmeier, W. / Holodynski, M. (Hrg) (1999):.Emotionale Entwicklung. Heidelberg und Berlin: Spektrum-Verlag

Füssel, H.-P. / Münder, J. (2005): Das Verhältnis von Jugendhilfe und Schule unter rechtlicher Perspektive. In: Sachverständigenkommission Zwölfter Kinder- und Jugendbericht (Hrg.)(2005): 239-296

Galperin, P. J. (1969): Die Entwicklung der Untersuchungen über die Bildung geistiger Operationen. In: Aebli, H. (1969): S. 367 – 405

Galperin, P. J. (1973): Zum Problem der Aufmerksamkeit. In: Lompscher (1973): S. 15 – 23 Sowjetische Beiträge zur Lerntheorie, Köln 1973

Garz, D. / Kraimer, K. (1991): Qualitativ-empirische Sozialforschung. Opladen

Gehlen, A. (1956): Urmensch und Spätkultur. Bonn: Athenäum

Giesecke, H. (1996): Wozu ist Schule da? Die neue Rolle von Eltern und Lehrern. Stuttgart

Glaser, B. / Strauss, A. (1967): The Discovery of Grounded Theory. Chicago

Goffman, E. (1973): Asyle. Frankfurt / M.:Suhrkamp

Graf, M. / Lamprecht, M. (1991) Der Beitrag des Bildungssystems zur Konstruktion von sozialer Ungleichheit. In: Bornschier, V. (1991): S. 73 – 96

Greve, W. (Hrg.)(2000): Psychologie des Selbst. München: Beltz

Grossmann, K. / Grossmann, K. (2004): Bindungen – das Gefüge innerer Sicherheit. Stuttgart: Klett-Cotta

Hammerschmidt, P. / Tenstedt, F. (2002): Der Weg zur Sozialarbeit: Von der Armenpflege bis zur Konstituierung des Wohlfahrtstaates in der Weimarer Republik. In: Thole (Hrg.)(2002): S. 63-76

Hartnuß, B. / Maykus, S. (2000): Kooperation von Jugendhilfe und Schule – Zur Neuverortung im KJHG. In: Theorie und Praxis der Sozialen Arbeit. H 5, 176-181

Heckhausen, H. (1989): Motivation und Handeln. Berlin: Springer

Heiner, M. (2007): Soziale Arbeit als Beruf. München und Basel: Reinhardt 2007

Helsper, W. / Böhme, J. (2008): Handbuch der Schulforschung. Wiesbaden: VS Verlag für Sozialwissenschaften

Herriger, N. (2006): Empowerment in der Sozialen Arbeit. Stuttgart

Hildebrand-Nilshon, M. (1980): Die Entwicklung der Sprache. Frankfurt: Campus 1980

Hinte, W. / Karas, F. (1989): Studienbuch Gruppen- und Gemeinwesenarbeit. Frankfurt: Luchterhand

Hofmann, H. / Pekrun, R. (1999): Lern- und leistungsthematische Emotionen. In: Friedlmeier / Holodynski (Hrg.) (1999): 114-132

Holodynski, M. (1992): Leistungstätigkeit und soziale Interaktion. Ein tätigkeitstheoretisches Modell zur Entstehung der Leistungsmotivation. Heidelberg: Asanger

Holodynski, M. (1999): Handlungsregulation und Emotionsdifferenzierung. In: Friedlmeier / Holodynski (1999): S. 29 – 51

Holodynski, M. / Friedlmeier, W. (1999): Emotionale Entwicklung und Perspektiven ihrer Erforschung. In: Friedlmeier / Holodynski (Hrg.)(1999):1-28

Holthaus, L. / Meusel, J. / Ruback, C. (1980): Schulsozialarbeit – Aufgabe der Jugendhilfeträger. Neue Praxis, 10. Jg., H 2, 224-240

Holzkamp, K. (1975): Sinnliche Erkenntnis – Historischer Ursprung und gesellschaftliche Funktion der Wahrnehmung. Frankfurt: Fischer Athenäum

Homfeldt, H./ Lauff, W./ Maxeiner, J. (1977): Für eine sozialpädagogische Schule. München

Honneth, A. (1994): Kampf um Anerkennung. Frankfurt: Suhrkamp 1994

Huber, G. / Mandl, H. (1982): Verbale Daten. Weinheim und Basel: Beltz

Hurrelmann, K. / Wolf, K. (1986): Schulerfolg und Schulversagen im Jugendalter. Weinheim und München: Juventa

Ingenkamp, K. (1971): Die Fragwürdigkeit der Zensurengebung. Weinheim

Jung, Th. / Müller-Doohm, St. (1994): Kultursoziologie. In: Kerber, H. / Schmieder, A. (1994): S. 473 – 497

189

Internationale Gesellschaft f. Erzieherische Hilfen (IGfH)(Hrg.)(2001): Dialog und Kooperation von Jugendhilfe und Drogenhilfe. Dokumentation eines ExpertInnengespräches der IGfH in Kooperation mit dem FDR und dem EREV am 28. / 29. Mai 2001 in Berlin. Frankfurt: IGfH-Eigenverlag

Kanfer, F. / Goldstein, A. (1977): Möglichkeiten der Verhaltensänderung. München: Urban und Schwarzenberg

Kerber, H. / Schmieder, A.(Hrg.) (1994): Spezielle Soziologien. Hamburg: Rowohlt

Keupp, H. / Höfer, R. (1997): Identitätsarbeit heute. Frankfurt: Suhrkamp

Kleiber, D. (1981): Handlungstheorie in der Anwendung. Tübingen

Köhler. W. (1917) Intelligenzprüfungen an Anthropoiden. Berlin: Kgl. Akademie der Wissenschaften

Köhler, U. / Krammling-Jöhrens, D. (2000): Die Glockseeschule. Bad Heilbrunn: Klinkhardt

Krämer, W. (2006): Statistik verstehen. Piper 2006

Krappmann, L./ Oswald, H. (1995): Der Alltag der Schulkinder, Weinheim 1995

Kriz, J. (1973): Statistik in den Sozialwissenschaften. Hamburg: rororo

Krüger, L. (Hrg.)(1970): Erkenntnisprobleme der Naturwissenschaften. Köln: Kiepenheuer und Witsch

Lau, E. E. (1978) Interaktion und Institution. Berlin 1978

Lazarus, R. S. / Folkman, S. (1984): Stress, Appraisal, Coping. Berlin: Springer

Lindenau, M. (Hrg.)(2009): Jugend im Diskurs – Beiträge aus Theorie und Praxis. Festschrift zum 60. Geburtstag von Jürgen Gries

Leont´ev, A. A. (1982): Psychologie des sprachlichen Verkehrs. Weinheim und Basel: Beltz

Leont´ev, A.N. (1973): Probleme der Entwicklung des Psychischen. Berlin: Volk und Wissen

Leont´ev, A.N. (1979): Tätigkeit, Bewusstsein, Persönlichkeit. Berlin: Volk und Wissen

LMSWFNRW (2001):Betrieb und Schule. Düsseldorf

Lompscher, J. (Hrg.) (1973): Sowjetische Beiträge zur Lerntheorie. Köln: Pahl-Rugenstein

Mayer, O. (2002): Interview und schriftliche Befragung. München Wien: Oldenbourg

Maslow, A. H. (1999): Motivation und Persönlichkeit. Hamburg: Rowohlt

Mayntz, R. (1963): Soziologie der Organisation. Hamburg: Rowohlt

Mead, G.H.(1980): Gesammelte Aufsätze. Bd 1. Frankfurt : Suhrkamp

Meuser, M. / Nagel, U. (2003): Das ExpertInneninterview – Wissenssoziologische Voraussetzungen und methodische Durchführung. In: Friebertshäuser / Prengel (2003): S. 481 – 491

Meuser, M. / Nagel, U. (1991): ExpertInneninterviews – vielfach erprobt, wenig bedacht. Ein Beitrag zur qualitativen Methodendiskussion. In: Garz / Kraimer (1991): S. 441 – 471

Mietzel, G. (2002): Wege in die Entwicklungspsychologie. Kindheit und Jugend. Weinheim: Beltz

Mietzel, G. (2007): Pädagogische Psychologie des Lernens und Lehrens. Göttingen: Hogrefe

Möller, J. / Köller, O. (Hrg.) (1996): Emotionen, Kognitionen und Schulleistung. Weinheim: PVU

Mohrlok, M. / Neubauer, M. / Neubauer, R. / Schönfelder, W. (1993): Let´s Organize. Gemeinwesenarbeit und Community Organization im Vergleich. München: AG SPAK M 113

Montada, L. (2002): Die geistige Entwicklung aus der Sicht Jean Piagets. In: Oerter, / Montada, (2002): S. 418 – 442

Müller, B. (2002): Professionalisierung. In: Thole (Hrg.) (2002): S. 725-744

Müller, C. W. (1994): Wie Helfen zum Beruf wurde. Bd 1 und Bd 2. Weinheim und Basel: Beltz

Negt, O. (2002): Kindheit und Schulen in einer Welt der Umbrüche. Göttingen: Steidl

Neuenschwander, M. / Herzog, W. / Holder, M. (2001): Schulkontext und Identitätsentwicklung im Jugendalter. Forschungsbericht Nr. 22. Institut für Pädagogik, Abt. Päd. Psychologie. Bern

Nörber M. (2003): Peer Education. Bildung und Erziehung von Gleichaltrigen durch Gleichaltrige. Weinheim: Beltz

Norman, D. / Rumelhart, D. (1978): Strukturen des Wissens. Wege der Kognitionsforschung. Stutt-gart: Klett-Cotta

Oelerich, G./ Schaarschuch, A. (Hrg) (2005): Soziale Dienstleistungen aus Nutzersicht. München: Ernst Reinhard

Oelerich, G./ Schaarschuch, A. (2005a): Theoretische Grundlagen und Perspektiven sozialpädagogischer Nutzerforschung. In: Oelerich (Schaarschuch (2005): S. 9 – 27

Oelerich, G./ Schaarschuch, A. (Hrg) (2005b): Der Nutzen Sozialer Arbeit. In: Oelerich / schaarschuch (2005): S. 80 – 98

Oerter, R. / Montada, L. (2002): Entwicklungspsychologie. Weinheim und Basel: Beltz

Oerter, R. (2002a): Kindheit. In: Oerter / Montada (Hrg.) (2002): 209-257

Oesterreich, R. (1981): Handlungsregulation und Kontrolle, München

Olk, Th./ Bathge, B.-W./ Hartnuss, B. (2000): Jugendhilfe und Schule. Weinheim

Opielka, M. (Hrg.)(2005): Bildungsreform als Sozialreform. Wiesbaden: Verlag für Sozialwissenschaften

Parsons, T. (1975): Gesellschaften. Frankfurt/M.: Suhrkamp Verlag

Peek, R. / Dobbelstein, P. (2006): Zielsetzung: Ergebnisorientierte Schul- und Unterrichtsentwicklung. Potentiale und Grenzen der nordrhein-westfälischen Lernstandserhebungen. In: Böttcher / Holtappels / Brohm (Hrg.)(2006): 177-194

Pekrun, R. / Jerusalem, M. (1996): Leistungsbezogenes Denken und Fühlen: Eine Übersicht zur psychologischen Forschung. In: Möller, J. / Köller, O. (Hrg.)(1996): 3-22

Piaget, J. (1969a). Das Erwachen der Intelligenz beim Kinde. Stuttgart: Klett

Piaget, J. (1969b): Nachahmung, Spiel und Traum. Stuttgart. Klett

Piaget, J. (2003): Meine Theorie der geistigen Entwicklung. Weinheim und Basel: Beltz

Prenzel, A. / Artelt, C. / Baumert, J. / Blum, W. / Hammann, M. / Klieme, E. / Pekrun, R. (Hrg.) (2007): PISA 2006. Die Ergebnisse der dritten internationalen Vergleichsstudie. Münster

Prenzel, M. / Baumert, J. (Hrg) (2008): Vertiefende Analysen zu PISA 2006. ZfE. Sonderheft 10.

Preuss-Lausitz, U. (1993): Die Kinder des Jahrhunderts. Zur Pädagogik der Vielfalt im Jahr 2000. Weinheim und Basel

ProB (o. J.): Pro B Klasse zur Reintegration von Schülerinnen und Schülern der Geistschule. Münster

Rauh, H. (2002): Vorgeburtliche Entwicklung und frühe Kindheit. In: Oerter / Montada (2002): S. 131 – 161

Reckwitz, A. (2003): Grundelemente einer Theorie sozialer Praktiken. Eine sozialtheoretische Perspektive. In: Zeitschrift für Soziologie (32), H 4, S. 282-301

Reinhard, W. (2004): Lebensformen Europas. Eine historische Kulturanthropologie. München: Beck

Röhrs, H. (Hrg.)(1986): Die Schulen der Reformpädagogik heute. Handbuch reformpädagogischer Schulideen und Schulwirklichkeit. Düsseldorf

Rogers, C. R. (1972): Die klient-bezogene Gesprächstherapie. München: Kindler

Rothland, M. (Hrg.)(2007): Belastung und Beanspruchung im Lehrerberuf. Wiesbaden: Verlag für Sozialwissenschaften

Sachverständigenkommission Zwölfter Kinder- und Jugendbericht (Hrg.) (2005): Kooperationen zwischen Jugendhilfe und Schule. Bd. 4. München: Verlag Deutsches Jugendinstitut

Schlick, M. (1970): Über das Fundament der Erkenntnis. In: Krüger, L. (Hrg.)(1970). Köln: Kiepenheuer u. Witsch. S. 41-56

Schneewind, K. (2002): Familienentwicklung. In: Oerter / Montada (Hrg. (2002): 105-127

Seel, N. (2003): Psychologie des Lernens. München und Basel: Ernst Reinhardt Verlag

Selvini-Palazolli, M. / Anolli, L. / Di Blasio, P. / Giossi, L. / Pisano, J. / Ricci, C. / Sacchi, M. / Ugazio, V. (1984). Hinter den Kulissen der Organisation. Stuttgart: Klett-Cotta

Sève, L. (1973): Marxismus und Theorie der Persönlichkeit, Frankfurt

Simon, T. (1996): Raufhändel und Randale. Sozialgeschichte aggressiver Jugendkulturen und pädagogischer Bemühungen vom 19. Jahrhundert bis zur Gegenwart. Weinheim und München: Juventa

Spangler, G. / Zimmermann, P. (Hrg.)(2002): Bindungstheorie. Stuttgart: Klett-Cotta

Speck, K. (2007): Schulsozialarbeit. München Basel: Ernst Reinhardt

Spies, A. / Tredop, D. (Hrg.)(2006): Risikobiografien. Wiesbaden: VS Verlag für Sozialwissenschaften

Spitzer, M. (2002): Gehirnforschung und die Schule des Lebens. Heidelberg Berlin: Spektrum

Staub-Bernasconi, S. (1995): Systemtheorie, Soziale Probleme und Soziale Arbeit: lokal, national, international. Bern, Stuttgart, Wien: Haupt

Stern, D. (1999): Tagebuch eines Babys. München und Zürich: Piper

Thibaut, , J. W. / Kelley, H. H.(1959): The Social Psychology of Groups. New York 1959

Thimm, K. (2000): Schulverweigerung, Münster: Votum

Thiersch, H. (1997): Schule von der Sozialpädagogik her gesehen. In: Thiersch (Hrg.)(1979): 142-159

Thiersch, H. (Hrg)(1997): Lebensweltorientierte Soziale Arbeit. Weinheim München: Juventa

Thole, W. (Hrg.)(2002): Grundriss Soziale Arbeit. Opladen: Leske&Budrich

Tillmann, K.-J. (1976): Sozialpädagogik in der Schule. München

UVAS (o. J.): Unterstützung für verhaltensauffällige Schülerinnen und Schüler in der Orientierungsstufe der Geistschule. Münster

van Santen, E. / Seckinger, M. (2003): Kooperation: Mythos und Realität einer Praxis. München

Vester, F. (2002): Denken, Lernen, Vergessen. Was geht in unserem Kopf vor, wie lernt das Gehirn, und wann lässt es uns im Stich? Stuttgart: dtv

Vögeli-Mantovani, U. (2005): Die Schulsozialarbeit kommt an! Trendbericht SKBF Nr. 8. Aarau

Vogel, Ch. (2006): Schulsozialarbeit. Wiesbaden: VS Verlag für Sozialwissenschaften

von Spiegel, H. (2008): Methodisches Handeln in der Sozialen Arbeit. München und Basel : Ernst Reinhardt Verlag

von Spiegel, H. (2000): Jugendarbeit mit Erfolg. Münster : Votum

Voß, G. G. (1994): Berufssoziologie. In: Kerber, H. / Schmieder, A. (Hrg.)(1994): S. 128-148

Walter, O. (2008): Herkunftsassoziierte Disparitäten im Lersen, der Mathematik und der Naturwissenschaften: ein Vergleich zwischen PISA 2000, PISA 2003 und PISA 2006. In: Prenzel, M. / Baumert, J. (Hrg.)(2008): 149 – 168

Walter, J. L. / Peller, J. E. (2002): Lösungsorientierte Kurztherapie. Dortmund: Verlag modernes Lernen

Watzlawick, P./ Beavin, J.H. / Jackson, D.D. (1972): Menschliche Kommunikation. Bern: Huber

Weber, M. (1972): Wirtschaft und Gesellschaft. Grundriss der Verstehenden Soziologie. Tübingen

Wieland, N. (2001): Kooperation von Drogenhilfe und Jugendhilfe aus der Sicht der Jugendhilfe. In: IGfH(Hrg.)(2001): S. 47-59

Wieland, N. / Marquardt, U. / Panhorst, H. / Schlotmann, H.-O. (1991): Ein Zuhause – kein Zuhause. Lebenserfahrungen und -entwürfe heimentlassener junger Erwachsener. Untersuchungsbericht. Caritasverband der Diözese Münster

Wieland, N. (2006a): Männlichkeit in prekären Lebenslagen. in: Zander, M. / Hartig, L. / Jansen, I. (Hrg.)(2006): S. 220-244

Wieland N. (2006b):....und bist Du nicht willig. Vortrag im Rahmen der Tagung Pädagogik und Zwang aus pädagogischer Sicht. LVR Köln 18.5.2006

Wieland, N. (2006c): Benachteiligung als Merkmal schulischer Interaktion. In: Spies, A. / Tredop, D. (2006): S. 191-206

Wieland, N. (2009): Hilft Jugendhilfe? In: Lindenau, M. (hrg.)(2009): S. 99-118

Wieland, N. (o. J..): Abschlussbericht der Evaluation zum Kooperationsmodell Schule / Jugendhilfe im Südviertel. Unveröff. Manuskript. Münster

Wöhler, K. (1978): Organisationsanalyse. Stuttgart: Enke 1978

Wong, W.-C. (1996): Subjektive Theorien und soziale Repräsentationen von Erziehungszielen bei deutschen und chinesischen Lehrern. Frankfurt/M.

Wunderlich, D. (1972): Linguistische Pragmatik. Frankfurt: Athenäum

Wygotski, L. S. (1972): Denken und Sprechen. Stuttgart: S. Fischer

Ziegenspeck, J. (1999): Handbuch Zensur und Zeugnis in der Schule. Bad Heilbrunn

Zander, M. / Hartwig, L. / Jansen, I. (Hrg) (2006): Geschlecht Nebensache?. Wiesbaden: VS Verlag für Sozialwissenschaften

Handbücher Soziale Arbeit

Kirsten Aner / Ute Karl (Hrsg.)
Handbuch Soziale Arbeit und Alter
2009. ca. 550 S. Br. ca. EUR 39,90
ISBN 978-3-531-15560-9

Soziale Arbeit für und mit älteren und alten Menschen meint mehr als nur Altenhilfe. Vor dem Hintergrund des demografischen Wandels, der vor allem eine Zunahme der Altenpopulation mit sich bringt, eröffnet sich ein breites Handlungsfeld für die Soziale Arbeit. Mit dem Handbuch werden zum einen die gegenwärtigen Strukturprobleme sozialer Altenarbeit aufgezeigt und gleichzeitig wird das Spektrum, das weit über die reine ‚Altenpflege' hinaus geht, vorgestellt.

Bernd Dollinger /
Henning Schmidt-Semisch (Hrsg.)
Handbuch Jugendkriminalität
Kriminologie und Sozialpädagogik im Dialog
2010. ca. 650 S. Br. ca. EUR 49,90
ISBN 978-3-531-16067-2

Kriminalität Jugendlicher erweist sich regelmäßig als mediales und politisches Ereignis. Wenig relevant sind in diesen Zusammenhängen kriminologische und sozialpädagogische Befunde, die wissenschaftlich fundiert tatsächlich vorliegen. An einer Schnittstelle von Sozialpädagogik und Kriminologie setzt dieses Handbuch an und fasst die gegenwärtigen Diskurse für die (Fach-)Öffentlichkeit zusammen. Thematisiert werden zentrale Diskussionsfelder der aktuellen Auseinandersetzung um die Erscheinung und Bearbeitung jugendlicher Kriminalität.

Ulrich Deinet /
Benedikt Sturzenhecker (Hrsg.)
Handbuch Offene Kinder- und Jugendarbeit
3., völlig überarb. Aufl. 2005. 662 S.
Geb. EUR 59,90
ISBN 978-3-8100-4077-0

Barbara Kavemann /
Ulrike Kreyssig (Hrsg.)
Handbuch Kinder und häusliche Gewalt
2., durchges. Aufl. 2007. 475 S.
Br. EUR 39,90
ISBN 978-3-531-15377-3

Werner Thole (Hrsg.)
Grundriss Soziale Arbeit
Ein einführendes Handbuch
2., überarb. und akt. Aufl. 2005. 983 S.
Br. EUR 44,90
ISBN 978-3-531-14832-8

Der „Grundriss Soziale Arbeit" ist ein sozialpädagogisches Lehrbuch mit der Funktionalität eines Nachschlagewerks und ein sozialpädagogisches Nachschlagewerk mit ausgesprochenem Lehrbuchcharakter.

Erhältlich im Buchhandel oder beim Verlag.
Änderungen vorbehalten. Stand: Januar 2009.

www.vs-verlag.de

VS VERLAG FÜR SOZIALWISSENSCHAFTEN

Abraham-Lincoln-Straße 46
65189 Wiesbaden
Tel. 0611.7878-722
Fax 0611.7878-400

Thema Ganztagsbildung

If you have any concerns about our products,
you can contact us on
ProductSafety@springernature.com

In case Publisher is established outside the EU,
the EU authorized representative is:
Springer Nature Customer Service Center GmbH
Europaplatz 3, 69115 Heidelberg, Germany

Printed by Libri Plureos GmbH
in Hamburg, Germany